अंतरिक्ष के रोचक अभियान

काली शंकर

राकेश शुक्ला

ज्ञान गंगा, दिल्ली

प्रकाशक : ज्ञान गंगा, 2/42, अंसारी रोड, दरियागंज, नई दिल्ली-110002
सर्वाधिकार : सुरक्षित / संस्करण : 2025 / मूल्य : पाँच सौ रुपए
मुद्रक : नरुला प्रिंटर्स, दिल्ली ISBN 978-81-907341-6-5

ANTRIKSHA KE ROCHAK ABHIYAN
by Shri Kali Shankar & Rakesh Shukla ₹ 500.00
Published by **GYAN GANGA**
2/42, Ansari Road, Daryaganj, New Delhi-110002

अंतरिक्ष के रोचक अभियान

दो शब्द

आज अंतरिक्ष अन्वेषण एक महत्त्वपूर्ण विषय बन गया है। कुछ समय पहले वैज्ञानिक अंतरिक्ष अन्वेषण के लिए पृथ्वी आधारित टेलीस्कोपों और फोटोग्राफिक प्लेटों का इस्तेमाल करते थे, लेकिन आज हम अंतरिक्ष अन्वेषण के कार्य अंतरिक्ष से ही कर रहे हैं तथा अनेकों उच्च कोटि के अंतरिक्ष मिशन अंतरिक्ष में प्रमोचित किए गए हैं। आज हमें पता है कि 200 से भी अधिक ग्रह ब्रह्मांड में अन्य स्टारों के चक्कर लगा रहे हैं। आज की तिथि तक हमने ब्रह्मांड के लगभग अनेक पिंडों—सूर्य, बुध, शुक्र, पृथ्वी का चंद्रमा, मंगल ग्रह, बृहस्पति, शनि, यूरेनस, नेप्चून, प्लेटो तथा अनेक क्षुद्र ग्रहों और पुच्छलतारों के लिए अभियान भेजे हैं, जो काफी उच्च कोटि की क्षमता रखते हैं। अंतरिक्ष स्टेशनों ने अंतरिक्ष अन्वेषण के क्षेत्र में विशेष भूमिका निभाई है तथा वर्तमान में निर्माण के दौर से गुजर रहा अंतरराष्ट्रीय अंतरिक्ष स्टेशन 'अल्फा' इसका ज्वलंत उदाहरण है।

अनेक वर्षों से क्षुद्र ग्रहों के अन्वेषण में बहुत कार्य किए गए हैं। क्षुद्र ग्रहों में मानव के लिए अनेक उपयोगी संसाधन, धातु, खनिज, सिलिकन, कार्बन आदि छिपे हुए हैं, जिनके उपयोग से अंतरिक्ष अन्वेषण में और भी तेजी लाई जा सकती है। क्षुद्र ग्रह मिशन 'डान' प्रथम अंतरिक्ष अभियान है, जो एक साथ दो क्षुद्र ग्रहों सेरेस और वेस्टा को विजिट करेगा। सूर्य ऊर्जा का विशाल भंडार है तथा इसके अध्ययन के लिए अनेक मिशन भेजे गए हैं। अंतरिक्षयानों, रेडियो संचार, जी.पी.एस. तंत्रों, पावर तंत्रों की कार्यशीलता में बाधक 'सब स्टार्म' अथवा 'उप तूफान' के संसूचन और उनकी सक्रियता को समझने के लिए (जो ध्रुवीय ज्योतियों से जनित होते हैं) के लिए थीमिस मिशन भेजा जा चुका है। मंगल ग्रह फीनिक्स मिशन 25 मई, 2008 को मंगल ग्रह की सतह पर उतर चुका है तथा उसने मंगल ग्रह की अभूतपूर्व जानकारी प्रदान की है।

स्पेस शटल पृथ्वी ग्रह की सबसे जटिल मशीन है तथा वर्ष 2010 में यह रिटायर की जानेवाली है और इसे एक अन्य नवीन अंतरिक्ष परिवहन 'ओरियन' से

बदला जाएगा। प्रथम स्पेस शटल उड़ान (वर्ष 1981) से आज तक स्पेस शटल निष्पादन अनेक उतार-चढ़ावों के बीच से गुजरा है। अंतरिक्ष की विस्तृत जानकारी के लिए अनेक देशों ने अपने यहाँ अंतरिक्ष केंद्र खोले हैं।

प्रस्तुत पुस्तक 'अंतरिक्ष के रोचक अभियान' में विभिन्न रोमांचक और रोचक अंतरिक्ष अभियानों की अनेक बातों और बारीकियों को विस्तृत रूप से भलीभाँति समझाया गया है। आशा है, पाठक गण इस पुस्तक से ज्ञानार्जन की दृष्टि से अत्यधिक लाभान्वित होंगे। अंत में लेखक का उन सभी विद्वानों और संस्थानों के प्रति आभार, जिनसे इस पुस्तक के लिखने में प्रत्यक्ष अथवा अप्रत्यक्ष रूप से सहायता मिली।

—काली शंकर

—राकेश शुक्ला

विषय-सूची

1

मानव के चतुर्मुखी विकास में अंतरिक्ष स्टेशनों की भूमिका

अंतरिक्ष स्टेशन एक कृत्रिम ढाँचा होता है, जिसका निर्माण बाह्य अंतरिक्ष में इसलिए किया जाता है, जिससे मानव वहाँ रह सके। अब तक ये अंतरिक्ष स्टेशन केवल पृथ्वी की निम्न कक्षा में ही बनाए जा सके हैं, इसीलिए इन्हें कक्षीय स्टेशन भी कहते हैं। एक अंतरिक्ष स्टेशन मानव-युक्त अंतरिक्ष यान से इस दृष्टि से भिन्न होता है कि अंतरिक्ष स्टेशन में नोदन (प्रॉपल्शन) अथवा लैंडिंग की सुविधाएँ नहीं होतीं। इसके विपरीत मानवयुक्त अंतरिक्ष यान का उपयोग अंतरिक्ष स्टेशन से पृथ्वी और पृथ्वी से अंतरिक्ष स्टेशन के बीच परिवहन के तौर पर किया जाता है। अंतरिक्ष स्टशनों का निर्माण अंतरिक्ष में मध्यम समय की अवधियों—सप्ताहों, महीनों या वर्षों तक रहने के लिए किया जाता है। वर्तमान में कार्यरत और प्रयोग में लाया जा रहा अंतरिक्ष स्टेशन केवल अंतरराष्ट्रीय अंतरिक्ष स्टेशन 'अल्फा' है। अब तक अंतरिक्ष में कुल दस स्टेशन स्थापित किए गए, जिनमें नौ अपनी निर्धारित सेवाएँ प्रदान करने के बाद निष्क्रिय हो चुके हैं। वर्तमान में इन स्टेशनों का उपयोग मानव शरीर पर अंतरिक्ष उड़ान के दीर्घकालीन प्रभावों के अध्ययन के लिए किया गया तथा अब अंतरिक्ष में एक ऐसे प्लेटफॉर्म के स्थापन की दृष्टि से सोचा जा रहा है, जहाँ अधिक अवधि के वैज्ञानिक परीक्षण किए जा सकें। इसका प्रमुख कारण यह है कि अन्य अंतरिक्ष यानों में (अंतरिक्ष स्टेशनों के अलावा) लंबी अवधि के वैज्ञानिक परीक्षणों की सुविधा नहीं होती है। लंबी अवधि के अंतरिक्ष-प्रवासों के रिकॉर्ड अंतरिक्ष स्टेशनों पर ही बनाए गए हैं। सन् 1994 से 1999 के बीच रूस के डॉ. वैलेरी पालिकोव ने एक समय में मीर अंतरिक्ष स्टेशन में 437.7 दिन लगातार

रहने का अंतरिक्ष-प्रवास का रिकॉर्ड बनाया। सन् 2000 के अंत तक तीन अंतरिक्ष यात्रियों ने मीर अंतरिक्ष स्टेशन में लगातार एक वर्ष से भी अधिक का समय गुजारा।

अंतरिक्ष स्टेशनों के प्रकार

अंतरिक्ष-स्टेशनों को दो श्रेणियों में विभाजित किया जा सकता है—मोनोलिथिक और मॉडुलर। सैल्युट और स्काईलैब अंतरिक्ष स्टेशन मोनोलिथिक थे, क्योंकि इनमें पूरा-का-पूरा अंतरिक्ष स्टेशन एक भाग (सिंगल पीस) में प्रमोचित किया गया तथा बाद में उनकी संरचना में और कुछ नहीं जोड़ा गया। मोनोलिथिक अंतरिक्ष स्टेशनों को पहले मानवरहित स्थिति में अंतरिक्ष में छोड़ा जाता था और अंतरिक्ष यात्री बाद में भेजे जाते थे। इस प्रकार मोनोलिथिक अंतरिक्ष स्टेशनों की आपूर्ति और उपकरण प्रमोचन के समय ही मौजूद रहते थे तथा स्टेशन के निष्क्रिय हो जाने के बाद उन्हें ऐसे ही छोड़ दिया जाता था।

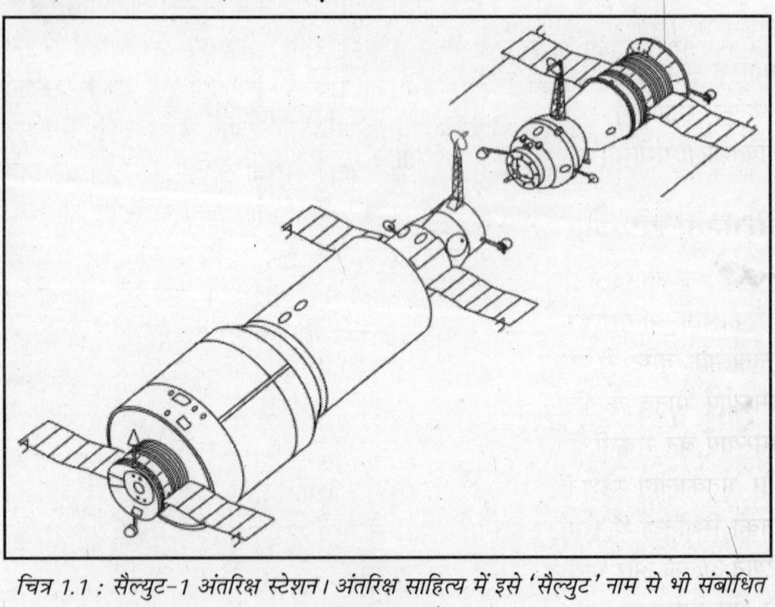

चित्र 1.1 : सैल्युट-1 अंतरिक्ष स्टेशन। अंतरिक्ष साहित्य में इसे 'सैल्युट' नाम से भी संबोधित किया जाता है।

सैल्युट-6 और सैल्युट-7 से अंतरिक्ष स्टेशनों में एक परिवर्तन का माहौल आया तथा ये दो डाकिंग (जुड़नेवाले) पोर्टों के साथ निर्मित किए गए, जिससे दूसरा अंतरिक्ष यात्री दल भी वहाँ आ सके और एक नया अंतरिक्ष यान स्टेशन से जुड़

सके। इसके कारण एक अंतरिक्ष यात्री दल अंतरिक्ष स्टेशन को काफी दिन तक क्रियाशील रख सकता था। दूसरे, डाकिंग पोर्ट की उपस्थिति से प्रोग्रेस आपूर्ति और कार्गो अंतरिक्ष यान स्टेशन से आकर जुड़ सकता था तथा स्टेशन को आवश्यक खाद्य-सामग्री और उपकरण पहुँचा सकता था। यह प्रणाली सैल्युट-7 में भी अपनाई गई और इसी के आधार पर मानव मस्तिष्क में अंतरिक्ष स्टेशनों के निर्माण में मॉडुलर तकनीकी को प्रयोग करने का विचार आया।

मॉडुलर तकनीकी आधारित अंतरिक्ष स्टेशन

बाद के स्टेशन—अंतरिक्ष स्टेशन मीर एवं अंतरराष्ट्रीय अंतरिक्ष स्टेशन 'अल्फा' मॉडुलर तकनीक से बनाए गए तथा इन अंतरिक्ष स्टेशनों के प्रारंभिक प्रमोचन में पहले 'कोर' इकाई प्रमोचित की गई और विशिष्ट माड्यूल बाद में विशिष्ट उपयोगों को ध्यान में रखते हुए अंतरिक्ष में ही जोड़े गए। मीर अंतरिक्ष स्टेशन के लिए ये मॉड्यूल अलग से प्रमोचित किए गए, जबकि अंतरराष्ट्रीय अंतरिक्ष स्टेशन के अधिकांश मॉड्यूल स्पेस शटल के द्वारा अंतरिक्ष में ले जाकर 'अल्फा' स्टेशन से जोड़े गए। यह तरीका प्रचालन में काफी आसानी ला देता है तथा शक्तिशाली प्रमोचन यान की आवश्यकता को नकार देता है।

अंतरिक्ष स्टेशनों के आवासीय मुद्दे

इन अंतरिक्ष स्टेशनों से संबंधित और भी अनेक मुद्दे हैं, जो उनमें मानव के दीर्घकालीन आवासीय मुद्दे को सीमित करते हैं, जैसे—निम्न री-साइक्लिग रेट, तुलनात्मक दृष्टि से उच्च विकिरण स्तर और गुरुत्व की कमी। इनमें से कुछ समस्याएँ मानव के लिए आरामदेह नहीं होती हैं तथा वे दीर्घकालीन स्वास्थ्य समस्याएँ बन सकती हैं। सौर ज्वालाओं (सोलर फ्लेयर) के संदर्भ में वर्तमान के और भूतकालीन स्टेशनों को पृथ्वी की चुंबकीय फील्ड से बचाया गया है तथा उनकी स्थितियाँ वॉन एलेन विकिरण पेटी से नीचे रखी गईं। वर्तमान के अंतरिक्ष स्टेशन अल्फा और भविष्य के अंतरिक्ष आवासीय मॉड्यूलों के डिजाइन में इस बात की ओर विशेषकर ध्यान दिया जा रहा है कि उनमें लोग लंबे अरसे तक आरामदेह स्थिति में रह सकें। कुछ डिजाइन इस प्रकार के भी हो सकते हैं, जिनमें अधिक संख्या में लोग रह सकें, जिन्हें भविष्य में 'अंतरिक्ष में शहर' नाम से संबोधित किया जा सकता है और जहाँ पर लोग अपने घर बना सकेंगे। वैसे अभी तक इस प्रकार का कोई डिजाइन निर्मित नहीं किया गया है, क्योंकि एक छोटे से स्टेशन के लिए भी

अतिरिक्त उपकरण काफी महँगे होते हैं तथा उनका अंतरिक्ष में स्थापन वर्तमान कीमत (सन् 2007) पर काफी महँगा है।

अंतरिक्ष स्टेशन मानव-कल्याण के लिए कैसे उपयोगी हो सकते हैं?

अंतरिक्ष स्टेशन मानव-कल्याण में महत्त्वपूर्ण भूमिका निभा सकते हैं। इन स्टेशनों के कुछ महत्त्वपूर्ण उपयोग इस प्रकार हैं—

1. मछलियों के प्राप्ति-स्थान का पता लगाना।
2. समुद्री यातायात में महत्त्वपूर्ण जानकारी देने में।
3. खनिज पदार्थों के सर्वेक्षण में।
4. हवाई यातायात नियंत्रण में।
5. प्रदूषण नियंत्रण में।
6. जल-प्रबंधन में।
7. कृषि क्षेत्र में।
8. वन-प्रबंधन में।
9. औद्योगिक उपयोग—इनमें निम्न चीजें शामिल हैं—
   (क) निर्वात पर्यावरण में धातुओं का शुद्धीकरण, मिश्र धातुओं का पिघलाना, पदार्थों का विकासीकरण, वेल्डिंग, विभिन्न प्रकार की ग्लास-ट्यूबों का निर्माण।
   (ख) फार्माकोलॉजी।
   (ग) प्रोटीन जैसे क्रिस्टलों का अंतरिक्ष में दक्षता से विकास।
   (घ) कंप्यूटरों की गति बढ़ानेवाली चिपों का निर्माण।
   (ङ) कुछ विशेष प्रकार के मापन जैसे रक्त की श्यानता (विस्कोसिटी)।
   (च) जैविक पदार्थों से विभिन्न अवयवों को अंतरिक्ष में अलग करना आसानी से होता है।
10. अंतरिक्ष स्टेशनों के द्वारा अंतरिक्ष में उपग्रहों की मरम्मत।

अतीत और भविष्य के अंतरिक्ष स्टेशनों की विवेचना

अब तक नौ अंतरिक्ष-स्टेशन अंतरिक्ष में स्थापित किए गए, जो अंतरिक्ष अन्वेषण की निर्धारित सेवाएँ प्रदान करने के बाद निष्क्रिय हो गए। अंतरराष्ट्रीय अंतरिक्ष स्टेशन 'अल्फा' दसवाँ अंतरिक्ष स्टेशन है, जिसका अंतरिक्ष में असेंबली

कार्य नवंबर 1998 से चल रहा है तथा यह कार्य लगभग वर्ष 2010 में पूरा होगा। सभी अंतरिक्ष स्टेशनों का विवरण सारणी 1.1 में दिया गया है। इसमें सैल्युट-2 को शामिल नहीं किया गया है, क्योंकि यह प्रमोचन के बाद ही नष्ट हो गया था। (चित्र 2.1)

प्रथम स्टेशन सोवियत संघ का स्टेशन था, जिसे सैल्युट अथवा सैल्युट-1 नाम से संबोधित करते हैं। इसका प्रमोचन रूस के बेकानूर कास्मोड्रोम से 19 अप्रैल, 1971 को किया गया। इसकी अपोजी (पृथ्वी से इष्टतम दूरी) 222 कि.मी. तथा पेरिजी (पृथ्वी से निम्नतम दूरी) 200 कि.मी. थी। यह 88.5 मिनट में पृथ्वी का एक चक्कर लगाता था। इसने अपने जीवनकाल में पृथ्वी की 2,824 परिक्रमाएँ कीं। यह प्रथम पीढ़ी का अंतरिक्ष स्टेशन था तथा इसमें एक डाकिंग पोर्ट था।

द्वितीय स्टेशन का नाम सैल्युट-2 था। इसने तेरह दिन कार्य किया तथा इसका प्रमोचन 3 अप्रैल, 1973 को किया गया। यह मिलिटरी का प्रथम पीढ़ी का अंतरिक्ष स्टेशन था।

चित्र 1.2 : अमेरिकी स्काईलैब प्रयोगशाला।

अमेरिका का प्रथम अंतरिक्ष स्टेशन 'स्काईलैब' प्रयोगशाला थी। इसकी अपोजी 437 कि.मी. और पेरिजी 434 कि.मी. थी तथा यह 93.2 मिनट में पृथ्वी का एक चक्कर लगाती थी। इसने अपने जीवनकाल में पृथ्वी की 34,978 परिक्रमाएँ कीं। इसमें तीन अंतरिक्ष यानों के द्वारा तीन अंतरिक्ष यात्री दल—स्काईलैब-1, स्काईलैब-2 एवं स्काईलैब-3 आए और अंतरिक्ष अन्वेषण के कार्य किए। (चित्र 1.2)

चौथा अंतरिक्ष स्टेशन सैल्युट-3 भी सोवियत संघ का अंतरिक्ष स्टेशन था तथा इसकी अपोजी और पेरिजी क्रमशः 270 कि.मी. व 219 कि.मी. थी। इसने पृथ्वी के 3,430 चक्कर लगाए। यह भी मिलिटरी का प्रथम पीढ़ी का अंतरिक्ष स्टेशन था।

पाँचवाँ स्टेशन सैल्युट-4 था। इसका प्रमोचन प्रोटॉन रॉकेट द्वारा बेकानूर कास्मोड्रोम से किया गया। इसकी अपोजी और पेरिजी क्रमशः 270 कि.मी. और 219 कि.मी. थी तथा अपने जीवनकाल में इसने पृथ्वी की 12,188 परिक्रमाएँ कीं। इसमें भी एक डाकिंग-पोर्ट था।

विश्व का छठा अंतरिक्ष स्टेशन सैल्युट-5 था। इसकी अपोजी और पेरिजी क्रमशः 260 कि.मी. एवं 219 कि.मी. थी और इसने पृथ्वी के 6,630 चक्कर लगाए। इसमें भी एक डाकिंग-पोर्ट था, लेकिन इसमें किसी प्रकार की आपूर्ति अथवा ईंधन नहीं पहुँचाया जा सका। सातवाँ अंतरिक्ष स्टेशन सैल्युट-6 था। यह दूसरी पीढ़ी का अंतरिक्ष स्टेशन था, जिसमें दो डाकिंग-पोर्ट थे। इसमें सोयुज एवं प्रोग्रेस कार्गो यान आए और इससे जुड़े। इसने पृथ्वी के 27,785 चक्कर लगाए।

चित्र 1.3 : सैल्युट-7 अंतरिक्ष स्टेशन। भारत के अंतरिक्ष-यात्री राकेश शर्मा इस स्टेशन में आए थे।

सैल्युट शृंखला के अंतरिक्ष स्टेशनों में सैल्युट-7 अंतरिक्ष स्टेशन काफी महत्त्वपूर्ण था। यह 15 मीटर लंबा तथा 4.15 मीटर व्यास का था। भारत के राकेश शर्मा, रूसी कॉस्मोनट मैलिशेव और गेनेडी स्ट्रिकलोव के साथ इस अंतरिक्ष स्टेशन

में लगभग एक सप्ताह रहे। राकेश शर्मा ने इस स्टेशन में यौगिक अभ्यास भी किए। भारत-सोवियत संयुक्त अंतरिक्ष अभियान के दौरान भारत की तत्कालीन प्रधानमंत्री इंदिरा गांधी ने राकेश शर्मा से बातचीत की थी तथा उन्होंने पूछा था कि अंतरिक्ष से भारत कैसा दिखता है ? राकेश शर्मा ने सैल्युट-7 अंतरिक्ष स्टेशन से जवाब दिया था, 'सारे जहाँ से अच्छा हिंदोस्ताँ हमारा…'। सैल्युट-7 अंतरिक्ष स्टेशन की अपोजी एवं पेरिजी क्रमशः 278 कि.मी. और 219 कि.मी. थी। (चित्र 1.3)

मीर अंतरिक्ष स्टेशन विश्व का नौवाँ तथा विश्व का प्रथम स्थायी अंतरिक्ष स्टेशन था। इसका प्रमोचन 19 फरवरी, 1986 को किया गया। रूसी भाषा में 'मीर' शब्द का अर्थ होता है 'शांति'। प्रमोचन के बाद इसमें 31 मार्च, 1987 को क्वांट-1; 26 नवंबर, 1989 को क्वांट-2; 31 मई, 1990 को क्रिस्टल; 20 मई, 1995 को स्पेक्टर; 12 नवंबर, 1995 को डाकिंग तथा 23 अप्रैल, 1996 को प्रिरोदा मॉड्यूल इससे अंतरिक्ष में जोड़े गए।

नवंबर 1998 से अंतरिक्ष में निर्मित हो रहा अंतरराष्ट्रीय अंतरिक्ष स्टेशन अंतरिक्ष इतिहास की सबसे बड़ी परियोजना है तथा अमेरिका को मिलाकर विश्व के सोलह सोलह देश इस परियोजना में काम कर रहे हैं। इस अंतरराष्ट्रीय अंतरिक्ष स्टेशन का नाम 'अल्फा' है तथा यह विश्व का दसवाँ अंतरिक्ष स्टेशन है। हाल ही में अंतरिक्ष यात्रा से लौटी भारतीय मूल की द्वितीय महिला अंतरिक्ष यात्री सुनीता विलियम्स् ने अपना अंतरिक्ष-प्रवास (195 दिन का) अंतरराष्ट्रीय अंतरिक्ष स्टेशन अल्फा में पूरा किया। पहले इस अंतरिक्ष स्टेशन का नाम 'फ्रीडम' रखा गया था, लेकिन बाद में इसका नाम 'अल्फा' रखा गया।

विश्व के सभी अंतरिक्ष स्टेशनों का विवरण सारणी-1.1 में दिया गया है।

मीर अंतरिक्ष स्टेशन (चित्र 1.4)

वर्तमान में मीर अंतरिक्ष स्टेशन का सबसे बड़ा रिकॉर्ड यह है कि इसने अंतरिक्ष में सबसे लंबी लगातार मानव उपस्थिति बनाने में महत्त्वपूर्ण योगदान दिया। यह अवधि लगभग दस वर्ष की थी, जिसमें केवल आठ दिन कम थे। यह स्टेशन अंतरराष्ट्रीय दृष्टि से सभी अंतरिक्ष यात्रियों को उपलब्ध था। 23 मार्च, 2001 को इसे जान-बूझकर (इसकी बढ़ती हुई समस्याओं के कारण) कक्षा से बाहर पृथ्वी पर उतार लिया गया। इस स्टेशन में अन्य अंतरिक्ष यानों की डाकिंग के लिए पाँच पोर्ट थे। प्रारंभ में इसका जीवनकाल सात वर्ष का रखा गया था, लेकिन अंतरराष्ट्रीय अंतरिक्ष स्टेशन 'अल्फा' से संबंधित समुचित अनुभव पाने की दृष्टि से इसका

चित्र 1.4 : विश्व का प्रथम स्थायी अंतरिक्ष स्टेशन मीर।

जीवनकाल बढ़ा दिया गया था। 23 मार्च, 2001 को जब यह पृथ्वी पर वापस लाया गया तो रिकॉर्ड की दृष्टि से अंतरिक्ष से पृथ्वी पर गिरनेवाला यह सबसे भारी पिंड था।

मीर अंतरिक्ष स्टेशन में लगभग 30 हजार वैज्ञानिक परीक्षण किए गए। मानव-युक्त अंतरिक्ष अन्वेषण की दृष्टि से 6,400 से भी अधिक परीक्षण तकनीकी संभावना की जाँच के लिए किए गए। सुदूर संवेदन के क्षेत्र में लगभग 2,400 परीक्षण किए गए। जीव-विज्ञान से संबंधित परीक्षण 1.5 वर्ष तक किए गए। इसके अलावा विभिन्न देशों के उपकरणों का प्रयोग करते हुए लगभग 7,000 मेडिकल, तकनीकी और अन्य प्रयोग संपन्न किए गए। मीर अंतरिक्ष स्टेशन में बारह देशों के लगभग 27 अंतरराष्ट्रीय मिशन संपन्न किए गए। अल्फा स्टेशन के अंतरिक्ष में स्थापन संबंधी समुचित अनुभव प्राप्त करने के उद्देश्य से अमेरिकी स्पेस शटल नौ

सारणी-1.1

विश्व के अब तक अंतरिक्ष में स्थापित किए जा चुके अंतरिक्ष स्टेशनों के सांख्यिकीय आँकड़े *

अंतरिक्ष स्टेशन का नाम	प्रमोचन तिथि	कार्यकाल के बाद पृथ्वी के वायुमंडल में प्रवेश तिथि	प्रयोग में लाया गया (दिन) कक्षा में	मानव-युक्त	इसमें आनेवाले अंतरिक्ष यात्री संख्या	भार (कि.ग्रा.)
1. सैल्युट-1	19.4.71	11.10.71	175	24	3	18,425
2. स्काईलैब	14.5.73	11.7.79	2,249	171	9	77,088
3. सैल्युट-3	25.6.74	24.1.75	213	15	2	18,500
4. सैल्युट-4	26.12.74	3.2.77	770	92	4	18,500
5. सैल्युट-5	22.6.76	8.8.77	412	67	4	19,000
6. सैल्युट-6	29.9.77	29.7.82	1,764	683	33	19,000
7. सैल्युट-7	19.4.82	7.2.91	3,216	816	26	19,000
8. मीर	19.2.86	22.3.2001	5,511	4,594	137	1,24,340
9. अंतरराष्ट्रीय अंतरिक्ष स्टेशन	20.11.98	अभी कक्षा में है	2,898**	2,185**	153**	2,06,040

* सैल्युट-2, 3.4.72 को प्रमोचन के बाद ही फेल हो गया।

** 27.10.2006 तक की स्थिति।

बार मीर अंतरिक्ष स्टेशन में अंतरिक्ष से जुड़ा। मीर अंतरिक्ष स्टेशन के निर्माण के लिए 600 नवीन तकनीकें विकसित की गईं, जो उद्योग जगत् के लिए बहुत उपयोगी सिद्ध साबित हुईं। मीर के उपकरणों को 27 देशों ने बनाया।

अंतरराष्ट्रीय अंतरिक्ष स्टेशन अल्फा (चित्र. 1.5)

अंतरराष्ट्रीय अंतरिक्ष स्टेशन 'अल्फा' वास्तव में एक मानवयुक्त अंतरिक्ष प्रयोगशाला है, जिसका निर्माण वर्तमान में अंतरिक्ष में किया जा रहा है। इसका

चित्र 1.5 : नवंबर 1998 से अंतरिक्ष में बन रहा अंतरराष्ट्रीय अंतरिक्ष स्टेशन अल्फा, जो अंतरिक्ष इतिहास की सबसे बड़ी परियोजना है।

निर्माण कार्य लगभग वर्ष 2010 में पूरा होगा। वर्तमान में इसकी क्षमता 3 की है। इसमें दो प्रकार के अंतरिक्ष यात्री आते हैं—असेंबली कार्यकर्ता, जो यहाँ संक्षिप्त अवधियों के लिए आते हैं तथा असेंबली कार्य करके वापस चले जाते हैं। दूसरे प्रकार के कार्यकर्ता स्थायी अंतरिक्ष यात्री दल के होते हैं, जो यहाँ लंबी अवधियों के लिए आते हैं तथा कई-कई महीने रहकर अल्फा अंतरिक्ष स्टेशन के रख-रखाव का कार्य करते हैं। अब तक इस स्टेशन में पाँच अंतरिक्ष पर्यटक—डेनिस टिटो, मार्क शटलवर्थ, ओल्सेन ग्रेगोरी, अनोसेह अंसारी और चार्ल्स सिमोनी अपनी अंतरिक्ष यात्रा का खर्च स्वयं उठाकर आ चुके हैं। 1 फरवरी, 2003 को कोलंबिया शटल की दुर्घटना के कारण अल्फा अंतरिक्ष स्टेशन के असेंबली कार्य में बाधा आई, क्योंकि

चित्र 1.6 : अंतरराष्ट्रीय अंतरिक्ष स्टेशन अल्फा के ज्वेज्डा मॉड्यूल के अंदर रूसी कॉस्मोनॉट सरगेई क्रिकालेव। सरगेई क्रिकालेव का विश्व रिकॉर्ड है कि उन्होंने अपनी सभी अंतरिक्ष उड़ानों के द्वारा अंतरिक्ष में कुल 803 दिन गुजारे।

शटल दुर्घटना के बाद स्पेस शटल कार्यक्रम दो वर्ष के लिए स्थगित रहा। वर्तमान में 'अल्फा' अंतरिक्ष स्टेशन के केवल 4 दाबयुक्त मॉड्यूल हैं—दो रूसी मॉड्यूल—जरया और ज्वेज्डा तथा दो अमेरिकी मॉड्यूल—डेस्टिनी और नोड-1। अल्फा अंतरिक्ष स्टेशन के वर्तमान दाबयुक्त अन्य सेक्शन हैं—'क्वेस्ट' एयरलॉक और 'पीर्स' एयरलॉक। अन्य दाबयुक्त मॉड्यूल, जिनका अभी प्रमोचन किया जाना है, वे हैं—बहु उद्देशीय प्रयोगशाला मॉड्यूल नोड-3 एवं क्युपोला मॉड्यूल और रूसी अनुसंधान मॉड्यूल। (चित्र 1.6)

सारणी-1.2

अंतरराष्ट्रीय अंतरिक्ष स्टेशन अल्फा के तकनीकी गणक (20.6.2007 तक)

1.	भार	:	2,13, 843.4 कि.ग्रा. (22.2.07 तक) 4,71, 444 कि.ग्रा. (पूरा होने पर)
2.	लंबाई	:	58.2 मीटर (22.2.07 तक)—ट्रसों के आर-पार

3.	चौड़ाई	:	44.5 मीटर—डेस्टिनी माड्यूल से ज्वेज्डा मॉड्यूल
4.	ऊँचाई	:	27.4 मीटर (22.2.07 तक)
5.	आवासीय आयतन	:	424.75 घन मीटर
6.	अंदर का वायुमंडलीय दाब	:	101.3 कि. पैस्कल (29.91 इंच पारा)
7.	पेरिजी (पृथ्वी से इष्टतम दूरी)	:	319.6 कि.मी.
8.	अपोजी (पृथ्वी से निम्नतम दूरी)	:	346.9 कि.मी.
9.	कक्षीय झुकाव	:	51. 63 डिग्री
10.	औसत कक्षीय गति	:	27,743.8 कि.मी. प्रति घंटे
11.	प्रतिदिन पृथ्वी की परिक्रमाएँ	:	15.79
12.	कक्षा में रहने की अवधि (दिन)	:	3,029
13.	मानव-युक्त दशा में (दिन)	:	2,316
14.	पृथ्वी की पूरी की गई कुल परिक्रमाएँ	:	47,466
15.	अंतरिक्ष स्टेशन के द्वारा अंतरिक्ष में चली गई कुल दूरी	:	2,00,00,00,000 कि.मी. (1,10,00,00,000 नॉटिकल मील)

आर्थिक कारणों से अल्फा अंतरिक्ष स्टेशन के कुछ अवयवों को रद्द कर दिया गया है, जिनमें विभिन्न अवयव हैं—सेंट्रीफ्यूग एकम्मोडेशन मॉड्यूल, यूनीवर्सल डॉकिंग मॉड्यूल, डॉकिंग एवं स्टोवेज मॉड्यूल, अंतरिक्ष यात्री वापसी मॉड्यूल, नोदन मॉड्यूल और विज्ञान।

अनेक विशिष्टताओं से भरा हुआ अंतरराष्ट्रीय अंतरिक्ष स्टेशन 'अल्फा'

पूरी तरह बन जाने पर 'अल्फा' अंतरिक्ष स्टेशन का भार लगभग 500 टन होगा। स्टेशन का आकार इतना विशाल होगा कि यह एक विशाल फुटबॉल के बराबर का क्षेत्र कवर करेगा। इसके अंदर काम करने के लिए लगभग 46,000 वर्ग फीट दाबयुक्त स्थान होगा, जो कि एक 747 जंबो जेट के केबिन आयतन के समतुल्य है। बिजली पैदा करनेवाले इसके 4 सौर एरे लगभग आधा एकड़ क्षेत्र में अंतरिक्ष में फैले होंगे। विद्युत् ऊर्जातंत्रों और स्टेशन के विभिन्न उपतंत्रों को जोड़ने के लिए इसमें 8 मील लंबी केबल का प्रयोग किया जाएगा। इसमें प्रयुक्त बैटरियों की संख्या इतनी अधिक होगी कि यदि इन्हें एंड-टु-एंड जोड़कर एक रेखा में रखा

जाए तो इनकी लंबाई लगभग आधा मील होगी।

अल्फा अंतरिक्ष स्टेशन का नियंत्रण अंतरिक्ष में 52 कंप्यूटर करेंगे, जिनमें 4,00,000 लाइनों का सॉफ्टवेयर लोड किया जाएगा तथा ये कंप्यूटर इस सॉफ्टवेयर के माध्यम से 2,000 संवेदकों, इफेक्टरों और हार्डवेयर नियंत्रकों के द्वारा विभिन्न प्रकार के स्टेशन प्रचालन कार्य करेंगे। इस स्टेशन में एक रोबोटिक भुजा स्थापित कर दी गई है, जिसकी भार वहन क्षमता 125 टन की है। इसकी आश्चर्यजनक बात यह है कि यह स्पेस के ऑरबिटर को पकड़कर उठा सकती है। अल्फा स्टेशन के निर्माण में लगभग 1,00,000 लोग और सैकड़ों कंपनियाँ कार्यरत हैं। सारणी-1.2 में अल्फा अंतरिक्ष स्टेशन के विभिन्न गणक दिए गए हैं।

□

2

अतिरिक्त सौर ग्रह (एक्सट्रासोलर प्लेनेट्स) और उनकी खोज के विभिन्न अभियान

हमारे सौरतंत्र के बाहर के ग्रह को अतिरिक्त सौर ग्रह या 'एक्सट्रासोलर प्लेनेट्स' अथवा 'एक्सोप्लेनेट' कहते हैं। जुलाई 2007 तक अतिरिक्त सौर ग्रहों की संख्या (जिनके विषय में मालूम पड़ा) 246 थी। इनमें से अधिकांश का संसूचन प्रतिबिंबन के बजाय अप्रत्यक्ष तरीकों से किया गया है। इनमें से अधिकांश बृहस्पति ग्रह से मिलते-जुलते हैं तथा ये सभी पृथ्वी ग्रह से बड़े हैं। ज्ञात-अज्ञात ग्रहों में सभी ग्रहीय तंत्रों के सदस्य हैं, जो एक तारे का चक्कर लगाते हैं। कुछ मुक्त प्लवनशील ग्रहीय पिंडों की अप्रमाणिक सूचनाएँ भी प्राप्त हुई हैं, जिन्हें कभी-कभी शठ ग्रह (रोग प्लेनेट) कहते हैं तथा ये किसी भी तारे का चक्कर नहीं लगाते हैं। चूँकि इस प्रकार के पिंड अंतरराष्ट्रीय खगोलिकी संघ के द्वारा प्रदत्त 'ग्रह' की परिभाषा में खरे नहीं उतरते हैं और उनका अस्तित्व भी अनिश्चित रहता है,

चित्र 2.1 : इस चित्र में यह दिखाया गया है कि जब एक लघु पिंड किसी विशाल पिंड का चक्कर लगाता है तो वह विशाल पिंड की स्थिति और गति में परिवर्तन लाता है।

इसलिए इस प्रकार के पिंडों का वर्णन यहाँ नहीं किया जाएगा।

अतिरिक्त सौर ग्रहों का विषय उन्नीसवीं शताब्दी के मध्य में वैज्ञानिक जाँच का एक प्रमुख विषय बन गया। खगोल-विज्ञानियों की आम धारणा रही है कि इनमें से कुछ अस्तित्व में हैं; लेकिन वे कितने सामान्य थे तथा सौर तंत्र से वे कितने मिलते-जुलते थे, यह काफी समय तक एक रहस्य बना रहा। अतिरिक्त सौर ग्रहों का प्रथम अप्रमाणिक संसूचन सन् 1990 में किया गया तथा 2002 से इनका 20 अतिरिक्त सौर ग्रह प्रति वर्ष के हिसाब से संसूचन किया जा रहा है। अब ऐसा अनुमान लगाया जा रहा है कि कम-से-कम 10 प्रतिशत सूर्य के समान वाले तारों के अपने ग्रह हैं और वास्तव में यह संख्या अधिक हो सकती है। अतिरिक्त सौर ग्रहों का विषय और प्रश्न इस दृष्टि से और भी महत्त्वपूर्ण बन जाता है कि क्या इनमें से कुछ में जीवन को सपोर्ट करने की क्षमता है ? वर्तमान में 'ग्लीसे 581 सी' जो कि लाल ड्वार्फ स्टार (पृथ्वी से लगभग 20 प्रकाश वर्ष दूर) का दूसरा ग्रह है, वह अतिरिक्त सौर ग्रह का सर्वोत्तम उदाहरण है, जो अपने तारे का चक्कर लगाता है।

अतिरिक्त सौर ग्रहों के संसूचन का इतिहास

सन् 1988 तक अज्ञात विषय के रूप में अतिरिक्त सौर ग्रहों को काफी समय से प्रशंसा और अनुमान की दृष्टि से देख जाता रहा है, जो कुछ निर्धारित तारों का चक्कर लगाते हैं। यह धारणा अठारहवीं शताब्दी से चली आ रही थी। अतिरिक्त सौर ग्रहों के संसूचन के दावे उन्नीसवीं शताब्दी से किए जाते रहे हैं। सन् 1855 में ईस्ट इंडिया कंपनी की मद्रास प्रेक्षणशाला ने यह सूचना दी कि कक्षीय अनिश्चितताएँ इस बात की संभावना बढ़ा देती हैं कि इस प्रकार के तंत्रों में ग्रहीय पिंड हो सकते हैं। सन् 1890 में शिकागो विश्वविद्यालय के थॉमस जे.जे. सी तथा अमेरिका की नौसेना प्रेक्षणशाला ने सूचित किया कि कक्षीय अनिश्चितताएँ '70 ओफीउची' तंत्र में एक डार्क-बॉडी के अस्तित्व को दरशाती हैं। अतिरिक्त सौर ग्रहों की खोज से संबंधित प्रथम प्रकाशित कार्य सन् 1988 में कनाडा के खगोलशास्त्रियों ब्रूस कैंपबेल, जी.ए.एच. वॉकर और एस. वैंग के द्वारा किया गया। उनके द्वारा किए गए अरीय (रेडियल) प्रेक्षण से यह मालूम हुआ कि एक ग्रह गामा सेफी स्टार (जिसे अलराय भी कहा जाता है) का चक्कर लगा रहा था। उसके अगले वर्ष अतिरिक्त प्रेक्षणों का भी प्रकाशन किया गया, जिसमें गामा-सेफी के इर्द-गिर्द चक्कर लगा रहे ग्रहों की वास्तविकता का जिक्र था। यद्यपि सन् 1992 में इसमें कुछ शक भी किए गए लेकिन सन् 2003 में उच्च कोटि की तकनीकों ने चक्कर लगा रहे ग्रह (गामा सेफी स्टार के

इर्द-गिर्द) की पुष्टि की। सन् 1991 में एंड्रयू लाइने, एम. बेल्स और एस.एल. शेमर ने एक पल्सर ग्रह का पता किया, जो एक स्टार 'पी.एस.आर. 1829-10' का चक्कर लगा रहा था। सन् 1992 में रेडियो-खगोल विज्ञानी अलेक्जेंडर ओल्सजन (पोलैंड) और डेल फ्रेल (कनाडा) ने कुछ खोजों का खुलासा किया, जिनके अनुसार कुछ ग्रह एक अन्य पल्सर 'पी.एस.आर. 1257+12' का चक्कर लगा रहा था। इस खोज का शीघ्रता से सत्यापन किया गया तथा इसे अतिरिक्त सौर ग्रहों का प्रथम पारिभाषिक संसूचन माना जाता है।

6 अक्तूबर, 1995 को जेनेवा विश्वविद्यालय के माइकल मेयर और डिडिर क्वेलोज ने एक अतिरिक्त सौर ग्रह के प्रथम परिभाषित संसूचन की पुष्टि की, जो एक स्टार '51 पेगासी' का चक्कर लगा रहा था। इस खोज ने आधुनिक अतिरिक्त सौर ग्रह संसूचन तकनीकी के क्षेत्र को एक नया आयाम प्रदान किया। बाद में उच्च तकनीकों के विकास (विशेषकर उच्च विभेदन स्पेक्ट्रोस्कोपी के क्षेत्र में) ने नए-नए अतिरिक्त सौर ग्रहों की खोज में एक तेजी प्रदान की। इन उन्नतिशील तकनीकों ने खगोल-विज्ञानियों को इन अतिरिक्त सौर ग्रहों के ऊपर अप्रत्यक्ष तरीकों से कई मापन करने में मदद की, जिसमें इन अतिरिक्त सौर ग्रहों के द्वारा अपने पितृ-तारे पर डाला जानेवाला गुरुत्व-बल भी था।

आज तक 247 अतिरिक्त सौर ग्रहों का पता लगाया जा सका है, जिनमें सन् 1980 के दशक में इस संदर्भ में की गई कुछ विवादास्पद खोजें भी शामिल हैं। इनमें से अधिकांश खोजें कैलीफोर्निया विश्वविद्यालय की लिक और केक प्रेक्षणशाला के ज्योफ्रे मैर्की और आर. पॉल की टीम द्वारा की गईं।

अतिरिक्त सौर ग्रहों के संसूचन तरीके

अपने पितृ-तारे की तुलना में अतिरिक्त सौर ग्रह धीमे प्रकाश स्रोत होते हैं। दृष्टिगोचर तरंग दैर्घ्यों पर उनका चमकीलापन अपने पितृ-तारे की तुलना में 10 लाखवाँ हिस्सा होता है। नैज (इंट्रिंजिक) समस्या के अलावा इस प्रकार के मंद प्रकाश स्रोत के संसूचन के अलावा अन्य दूसरी समस्या यह होती है कि पितृ-तारे एक चमकीलापन पैदा करता है, जो मंद प्रकाश को भगा देता है। इसीलिए वर्तमान की दूरबीनें अतिरिक्त सौर ग्रहों का कुछ विशिष्ट परिस्थितियों में केवल प्रतिबिंबन ही कर सकती हैं। इस विशिष्ट परिस्थिति का अर्थ है कि वह अतिरिक्त सौर ग्रह बृहस्पति ग्रह से भी बड़ा हो तथा यह अपने पितृ-तारे से काफी अधिक दूरी पर हो और यंग (अर्थात् बहुत अधिक उम्र का न हो) जिससे यह गरम हो तथा तीव्र

इनफ्रारेड विकिरण का उत्सर्जन कर रहा हो। अधिकांश अतिरिक्त सौर ग्रहों का संसूचन निम्नलिखित छह तरीकों द्वारा किया गया है तथा ये सभी अप्रत्यक्ष तरीके हैं—

1. **खगोलमिति :** खगोलमिति का अर्थ है किसी तारे की स्थिति का आकाश में सूक्ष्मता से मॉनीटरन करना तथा उन तरीकों का प्रेक्षण करना, जिनके अंतर्गत वह स्थिति समय के साथ परिवर्तित होती है। यदि तारे का कोई ग्रह है तो ग्रह का गुरुत्व प्रभाव तारे को स्वयं ही प्रभावित करेगा तथा इसके कारण तारे और द्रव्य केंद्र (सेंटर ऑफ मास) के चारों ओर एक लघुवृत्तीय अथवा परवलय आकार की कक्षा में भ्रमण करेगा।
2. **रेडियल गति :** इसे डॉप्लर विधि भी कहते हैं। गति में वह परिवर्तन, जिसके द्वारा तारा पृथ्वी की ओर अथवा पृथ्वी से दूर जाता है (अर्थात् पृथ्वी के सापेक्ष में तारे की रेडियल गति में परिवर्तन), उसका मापन पितृ-तारे की स्पेक्ट्रल लाइनों के स्थानांतरण (डॉप्लर प्रभाव के कारण) द्वारा किया जा सकता है। यह काफी उपयोगी तकनीक है, जिसका उपयोग ग्रह आविष्कारकों द्वारा किया जाता है।
3. **स्पंद तारा (पल्सर) टाइमिंग :** एक स्पंद तारा अपने घूर्णन के दौरान लगातार रेडियो तरंगों का उत्सर्जन करता है। प्रेक्षित रेडियो पल्सों की टाइमिंग में जरा सी असामान्यता का प्रयोग स्पंद तारों की गति में होने वाले परिवर्तनों का पता करने के लिए किया जा सकता है तथा गति में यह परिवर्तन ग्रहों की उपस्थिति को दरशाता है।
4. **ट्रांजिट विधि :** यदि कोई ग्रह अपने पितृ-ग्रह की डिस्क के सामने से गुजरता है (अर्थात् ट्रांजिट करता है) तो तारे का दृष्टिगोचर चमकीलापन एक लघु मात्रा से कम हो जाता है। वह मात्रा, जिससे चमकीलापन मंद हो जाता है, वह तारे के आकार और ग्रह के आकार पर निर्भर करता है।
5. **गुरुत्व-माइक्रोलेंसिग :** माइक्रोलेंसिग प्रक्रिया तब घटित होती है जब किसी स्टार की गुरुत्व फील्ड एक लेंस की भाँति कार्य करती है तथा इस प्रक्रिया के तहत वह सुदूर स्टार के बैकग्राउंड प्रकाश का आवर्द्धन (मैग्नीफाई) करती है। यदि अग्रभूमि (फोरग्राउंड) लेंसिग स्टार का कोई ग्रह है तो उस ग्रह की अपनी गुरुत्व फील्ड लेंसिग प्रभाव में एक संसूचनीय योगदान प्रदान कर सकती है।

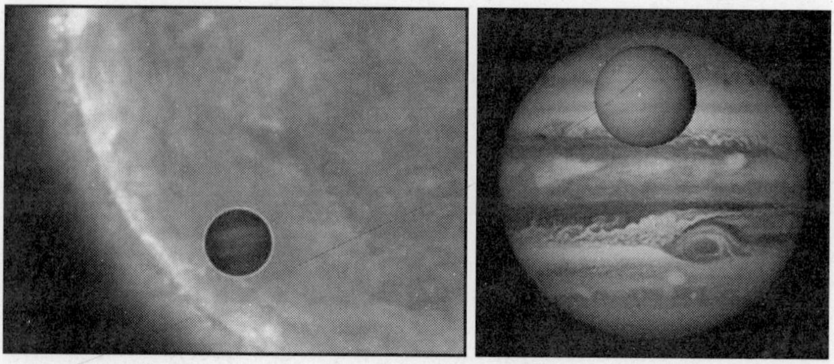

चित्र 2.2 : अतिरिक्त सौर ग्रहों के संसूचन का ट्रांजिट तरीका। चित्र में दो संसूचन परिघटनाएँ दिखाई गई हैं।

6. **तारा के चौओर (सरकमस्टेलर) डिस्कें :** अंतरिक्ष धूल की परतें कई तारों को घेरे रहती हैं। इस धूल का संसूचन किया जा सकता है, क्योंकि यह उस स्टार के प्रकाश को अवशोषित कर लेता है तथा अवशोषण के बाद उसे इन्फ्रारेड विकिरण के रूप में उत्सर्जित करता है। धूल की डिस्कों की आकृतियों के आधार पर पूर्णाकार ग्रहों का अनुमान लगाया जा सकता है।

भविष्य में अतिरिक्त सौर ग्रहों की खोज के लिए अनेक मिशन प्रस्तावित हैं, जो जाँच की जा चुकी संसूचन विधियों का प्रयोग करेंगे। इस संदर्भ में यह बात बहुत महत्त्वपूर्ण है कि पृथ्वी की तुलना में अंतरिक्ष से किए गए मापनों की श्रेष्ठता सुग्राहिता की दृष्टि से बेहतर होगी।

अतिरिक्त सौर ग्रहों के कुछ सामान्य गुण

1. अधिकांश ज्ञात अतिरिक्त सौर ग्रह अपने-अपने पितृ-ग्रहों का चक्कर उसी प्रकार लगाते हैं जैसे हमारे सौरतंत्र के ग्रह सूर्य का चक्कर लगाते हैं।
2. अधिकांश अतिरिक्त सौर ग्रह (जिनका पता किया जा चुका है) बहुत भारी हैं। ज्ञात अतिरिक्त सौर ग्रहों में दो का भार पृथ्वी का दस गुना है।
3. ऐसा विश्वास है कि अधिकांश ज्ञात अतिरिक्त सौर ग्रह गैस रूप में हैं, जैसे हमारे सौरतंत्र के विशाल ग्रह। सौरतंत्र के मामले में यह बात सुनिश्चित की जा चुकी है, लेकिन अतिरिक्त सौर ग्रहों के मामले में यह बात ट्रांजिट विधि के द्वारा अध्ययन से मालूम हुई है।

4. अनेक अतिरिक्त सौर ग्रह अपने पितृ-तारे के काफी समीप रहकर चक्कर लगाते हैं तथा इस दृष्टि से सौरतंत्र के ग्रहों में थोड़ी भिन्नता है। सौरतंत्र के ग्रह काफी दूर रहकर सूर्य का चक्कर लगाते हैं।
5. अंतरिक्ष में किसी कक्षा की उत्केंद्रता इस बात की ओर इशारा करती है कि यह कक्षा कितनी परवलयाकार है। अधिकांश अतिरिक्त सौर ग्रहों की कक्षा उत्केंद्रित होती है।
6. नासा द्वारा किए गए अनुसंधानों से यह पता चलता है कि किसी अतिरिक्त सौर ग्रह में वनस्पतियों के रंग का संसूचन किया जा सकता है। ये अनुसंधान इस बात की ओर इशारा करते हैं कि वनस्पति हरे, पीले या लाल रंग की होती हैं।
7. अतिरिक्त सौर ग्रहों के संदर्भ में अनेक प्रश्नों के उत्तर अभी तक नहीं दिए जा सके हैं, जिनमें ज्वलंत प्रश्न हैं उनकी संरचना और उनके चंद्रमाओं की उपस्थिति। वर्तमान की खोज, कि सर्वेक्षण के दौर से गुजर चुके अतिरिक्त सौर ग्रहों में पानी की कमी है, यह इस बात का भी इशारा करता है कि अभी हमें अतिरिक्त सौर ग्रहों के विषय में बहुत कुछ जानना बाकी है।

सारणी-2.1 में कुछ खोज किए गए अतिरिक्त सौर ग्रहों का वर्णन किया गया है।

सारणी-2.1

अब तक खोज किए गए अतिरिक्त सौर ग्रहों के कुछ उदाहरण

1. सन् 1998, ग्लीसे 876 बी
2. सन् 1999, एच.डी. 209458 बी
3. सन् 1999, उप्सिलन एंड्रोमेडे
4. सन् 2001, एच.डी. 209458 बी
5. सन् 2001, एच.डी. 28185 बी
6. सन् 2001, आइओटा ड्रैकोनिस बी
7. सन् 2003, पी.एस.आर. बी 1620-26 सी
8. सन् 2003, एच.डी. 70642 बी
9. सन् 2004, म्यू एरे डी और ट्रेस-1
10. सन् 2004, 2 एम 1207 बी
11. सन् 2005, ग्लीसे 876 डी

12. सन् 2005, एच.डी. 149026 बी
13. सन् 2005, 188753 ए बी
14. सन् 2006, ओग्ले-2005 बी एल जी-390 एल बी
15. सन् 2006, एच.डी. 69830
16. सन् 2006, हैट-पी-1 बी
17. सन् 2006, स्वीप्स-10
18. सन् 2007, एच.डी. 209458 बी और एच.डी. 189733 बी
19. सन् 2007, ग्लीसे 581 सी
20. सन् 2007, हैट-पी-2 बी
21. सन् 2007, कोरोट-एक्सो-1 बी, इस अतिरिक्त सौर ग्रह की खोज यूरोपीय अंतरिक्ष संस्था की कोरोट दूरबीन के द्वारा की गई।

नए-नए ग्रहों की खोज के अतिरिक्त सौर ग्रहीय अभियान

वर्तमान के खगोल-विज्ञान में अतिरिक्त सौर ग्रहों की खोज सबसे दिलचस्प फील्ड है। दस वर्षों में खगोल-विज्ञानियों ने लगभग 247 अतिरिक्त सौर ग्रहों का पता लगाया है तथा खोज की यह दर प्रति वर्ष बढ़ती ही जा रही है। इस खोज की गति में हो रही वृद्धि के साथ खगोल-विज्ञानी ऐसे छोटे-छोटे ग्रहों पर अपना ध्यान केंद्रित करने का प्रयास कर रहे हैं, जिनका आकार हमारी पृथ्वी की तरह का हो। पार्थिव (टेरीस्ट्रियल) ग्रहों के विषय में ऐसी धारणा है कि इनमें जीवन की आशा की जा सकती है। वर्तमान की कुछ प्रेक्षणशालाओं—केक टेलीस्कोपों (भू-स्थित) और स्पाइजर टेलीस्कोप (अंतरिक्ष स्थापित) ने भी अतिरिक्त सौर ग्रहों की खोज में खगोल-शास्त्रियों की काफी मदद की है। यद्यपि वर्तमान के खगोलिकी उपकरण पृथ्वी के आकार के ग्रहों का पता करने में सक्षम नहीं हैं, लेकिन विश्व की दो विशाल अंतरिक्ष संस्थाओं नासा और यूरोपीय अंतरिक्ष संस्था (ईसा) ने इस संदर्भ में कुछ प्रेक्षणशालाओं को अंतरिक्ष में स्थापित करने की योजनाएँ बनाई हैं तथा यूरोपीय अंतरिक्ष संस्था ने 'कोरोट' नामक एक अतिरिक्त सौर ग्रह अंतरिक्ष टेलीस्कोप अंतरिक्ष में स्थापित भी कर दिया है। भविष्य में अंतरिक्ष में स्थापित की जानेवाली ये परियोजनाएँ हैं—सिम (स्पेस इंटर फेरोमीटर मिशन), टी.पी.एस. (टेरीस्ट्रियल प्लेनेट फाइंडर), केप्लर, डार्विन और मोस्ट।

1. डार्विन मिशन

यूरोपीय अंतरिक्ष संस्था का डार्विन मिशन भी अतिरिक्त सौर ग्रहों की खोज

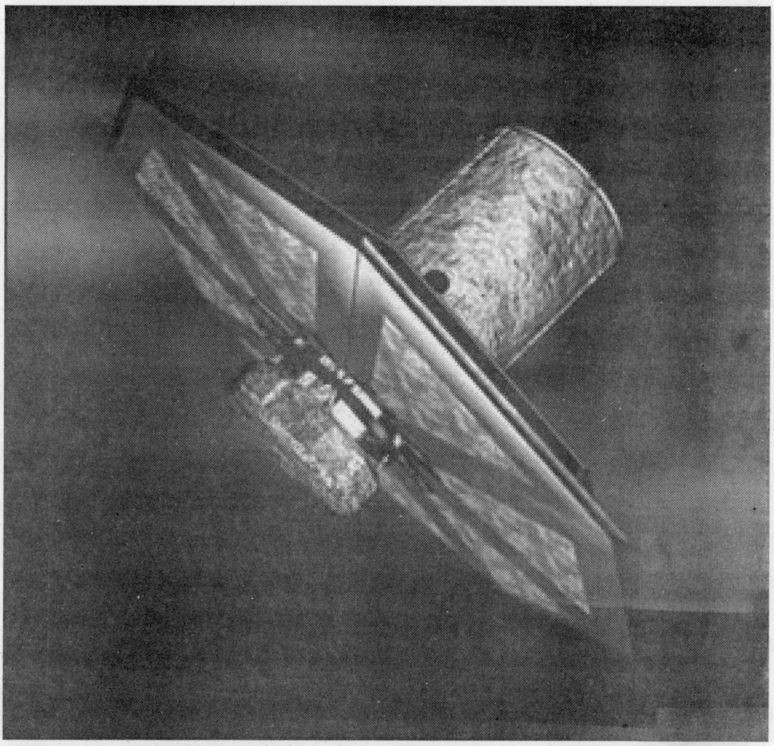

चित्र 2.3 : डार्विन मिशन।

का एक मिशन है, जिसका प्रमोचन सन् 2015 के लिए प्रस्तावित है। इसमें चार 'मुक्त-उड़नशील अंतरिक्ष यान' होंगे, जो पृथ्वी की तरह के अतिरिक्त सौर ग्रहों का उनके पितृ-ग्रहों के इर्द-गिर्द पता करेंगे। चार अंतरिक्ष यानों में से तीन 3-4 मीटर व्यासवाले विशुद्ध प्रकाश संचयक (कलेक्टर्स) लगे होंगे। ये तीनों अंतरिक्ष यान प्रकाश का अभिग्रहण करके उसे चौथे और केंद्रीय अंतरिक्ष यान की ओर फेंकेंगे। चार अंतरिक्ष यान मिलकर दर्पण के आकार की उच्च विभेदन प्रतिबिंबिकी प्रदान करने में सक्षम होंगे। जब इन्हें संयुक्त किया जाएगा तो ये चारों एक अकेली दूरबीन की भाँति कार्य करेंगी। इस संयुक्त दूरबीन का व्यास कई सौ मीटर का होगा। इसके लिए इन चारों दूरबीनों में प्रत्येक को एक-दूसरे के सापेक्ष में अत्यधिक परिशुद्ध स्थितियों में रहना होगा तथा यह परिशुद्धता मिलीमीटर स्तर की आवश्यक होगी।

वे तरंगदैर्घ्य, जिन पर खगोल-शास्त्रियों को ग्रहों के अध्ययन की दिलचस्पी है, पृथ्वी के वायुमंडल द्वारा अवशोषित कर ली जाती हैं और इसीलिए इस प्रकार के

प्रेक्षणों के लिए प्रेक्षणशालाओं को अंतरिक्ष में स्थापित करने की आवश्यकता पड़ती है। चूँकि प्रकाश के दृष्टिगोचर तरंगदैर्घ्य में स्टार्स ग्रहों की तुलना में (अधिकांश रूप से) कई अरब गुना अधिक चमकीले होते हैं, इसलिए डार्विन मिशन इन ग्रहों की खोज स्पेक्ट्रम के इन्फ्रारेड भाग में करेगा। इससे अतिरिक्त सौर ग्रहों की खोज आसान हो जाएगी। इन्फ्रारेड स्पेक्ट्रम में प्रेक्षण का एक और लाभ यह है कि पृथ्वी में जीवन का अस्तित्व इन्फ्रारेड के प्रेक्षण से आसानी से पता किया जा सकता है। डार्विन प्रेक्षणशाला पृथ्वी में उपलब्ध गैसों (ऑक्सीजन, कार्बन-डाइऑक्साइड, मीथेन इत्यादि) की भाँति गैसों का अतिरिक्त सौर ग्रहों में भी पता करेगी। इन प्रेक्षणों के लिए डार्विन मिशन एक विशेष तकनीक का पता करेगी, जिसका नाम 'नलिंग इंटरफेरोमीटरी' तरीका है। इस तकनीक द्वारा स्टार से आने वाला प्रकाश अवरुद्ध कर दिया जाएगा (अर्थात् कैंसल हो जाएगा) और केवल ग्रह से आनेवाले प्रकाश का अभिग्रहण व मापन किया जाएगा।

2. केप्लर मिशन

केप्लर मिशन एक अंतरिक्ष प्रेक्षणशाला है, जिसका विकास अमेरिकी अंतरिक्ष संस्था नासा के 'डिस्कवरी कार्यक्रम' के अंतर्गत किया जा रहा है तथा जिसका प्रमुख उद्देश्य विभिन्न स्टारों के इर्द-गिर्द चक्कर लगा रहे ऐसे ग्रहों का संसूचन करना है जिनमें जीवन को सपोर्ट करने की क्षमता है। अब तक विभिन्न परियोजनाओं द्वारा जिन अतिरिक्त सौर ग्रहों (एक्सट्रा सोलर प्लेनेट) का संसूचन किया गया है वे अधिकांश रूप से विशालकाय ग्रह हैं, जिनमें से अधिकांश का आकार बृहस्पति ग्रह के बराबर अथवा उससे भी बड़ा है। केप्लर मिशन का प्रमुख उद्देश्य ऐसे ग्रहों का संसूचन करना है, जो बृहस्पति ग्रह की तुलना में 30 से 60 गुना कम भारी हैं।

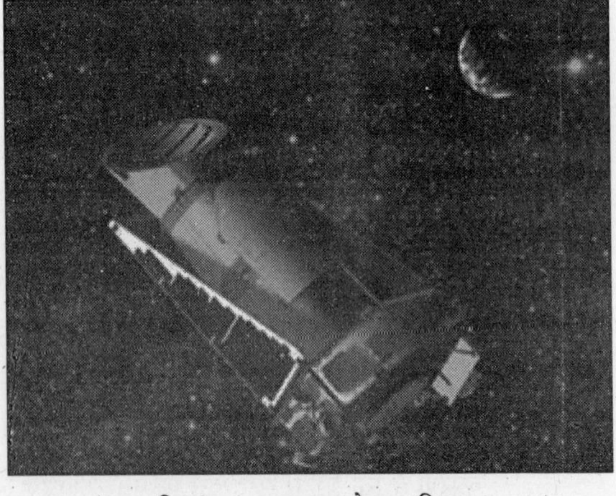

चित्र 2.4 : नासा का केप्लर मिशन।

एक्सट्रा सोलर-ग्रहों की खोज के लिए विशेष रूप से प्रमोचित किया जानेवाला 'केप्लर मिशन' दूसरा ऐसा अंतरिक्ष अभियान होगा। इस प्रकार का प्रथम अंतरिक्ष अभियान 'कोरोट टेलीस्कोप' है, जो यूरोपीय अंतरिक्ष संस्था का एक्सट्रा सोलर प्लेनेट अभियान है, जिसका प्रमोचन 27 दिसंबर, 2006 को किया गया। केप्लर मिशन का प्रमोचन 6 मार्च, 2009 के लिए प्रस्तावित है तथा एक्सट्रा सोलर ग्रहों के संसूचन के लिए केप्लर मिशन एक विशेष प्रकार के तरीके का इस्तेमाल करेगा, जिसका नाम 'ट्रांजिट तरीका' है तथा आज एक्सट्रा सोलर ग्रहों के लिए यह तरीका बहुत ही महत्त्वपूर्ण हो गया है।

'ट्रांजिट तरीका' क्या होता है ?

जब कोई ग्रह अपने पितृ-तारे (जिसके चारों ओर यह चक्कर लगा रहा है) के ठीक सामाने से गुजरता है तो यह पितृ-तारे से निकलनेवाले प्रकाश का अत्यधिक लघु हिस्सा आच्छादित कर लेता है। जब ऐसा घटित होता है तो हम कहते हैं कि ग्रह स्टार को 'ट्रांजिट' कर रहा है। यदि हम इस प्रकार की ट्रांजिट प्रक्रियाएँ बार-बार नियमित अवधियों में देखते हैं तो इस प्रकार हम एक ग्रह का पता करने में सफल हो जाते हैं। जब ग्रह स्टार के एक अल्प भाग को आच्छादित करता है तो स्टार से निकलनेवाले चमकीलेपन के स्तर में कुछ कमी (परिवर्तन) हो जाती है। चमकीलेपन के परिवर्तन से हम ग्रह के आकार का पता लगा सकते हैं। दो 'ट्रांजिट प्रक्रियाओं' के बीच के समय के अंतर द्वारा हम ग्रह की कक्षा (ऑरबिट) का आकार पता कर सकते हैं तथा ग्रह के तापमान का अनुमान लगा सकते हैं। इस प्रकार प्रेक्षणों के आधार पर हम अमुक ग्रह में जीवन की संभावना का पता कर सकते हैं। ट्रांजिट प्रक्रिया की परिशुद्धता (एक्यूरेसी) प्रेक्षणों की परिशुद्धता पर निर्भर करती है तथा ये प्रेक्षण तभी परिशुद्ध (एक्यूरेट) होंगे, यदि इन प्रेक्षणों को पृथ्वी स्थित टेलीस्कोप के बजाय अंतरिक्ष में स्थापित टेलीस्कोपों से किया जाए।

'ट्रांजिट प्रक्रिया' के लिए अंतरिक्ष से ही प्रेक्षण क्यों आवश्यक है ?

ट्रांजिट प्रक्रिया के लिए अंतरिक्ष से ही प्रेक्षण के दो प्रमुख कारण हैं—

1. प्रत्येक तारे से निकलनेवाले प्रकाश की किरणों की गतिज प्रक्रियाएँ पृथ्वी के वायुमंडल द्वारा विभिन्न दिशाओं में मोड़ दी जाती हैं। यही कारण है कि पृथ्वी से देखने पर सारे नक्षत्र (स्टार) ट्विंकल करते हुए (अर्थात् उनके चमकीलेपन में लगातार परिवर्तन) दिखाई पड़ते हैं।

यदि आप यह परिवर्तन अपनी नंगी आँखों से देखते हैं तो आप पाएँगे कि यह परिवर्तन 50 प्रतिशत से अधिक (एक स्टेलर आयाम) है। अनेक प्रयासों द्वारा तथा आकाश के बहुत ही लघु क्षेत्र के लिए खगोल-शास्त्री 1,000 भाग में एक भाग के चमकीलेपन के परिवर्तन का पता करने में सक्षम हो सके हैं। इतनी परिशुद्धता (अर्थात् 1,000 भाग में एक भाग) भी 'ट्रांजिट तरीके' द्वारा पृथ्वी के आकार के ग्रहों का पता लगाने के लिए पर्याप्त नहीं है। लेकिन हाँ, यह पृथ्वी से विशालकाय ग्रहों का पता करने के लिए फिर भी ठीक काम कर सकती है।

2. एक वर्ष में एक ग्रह के दो घंटे (कम-से-कम) की 'ट्रांजिट प्रक्रिया' का संसूचन करने के लिए यह आवश्यक है कि संबंधित तारे के चमकीलेपन का मापन लगातार उस भाँति किया जाए, जिसे हम कह सकते हैं कि बिना पलक झपकाए हुए। इसका अर्थ यह हुआ कि आपको पृथ्वी में कई स्थानों पर पूर्णरूप से इसी कार्य के लिए समर्पित दूरबीनें लगाने की आवश्यकता पड़ेगी, ताकि कम-से-कम एक दूरबीन रात्रि में प्रेक्षण के लिए उपलब्ध हो। इसके अतिरिक्त खराब मौसम और चंद्रमा पृथ्वी-आधारित प्रेक्षण को अदक्षपूर्ण (इनइफीशिएंट) बना देते हैं। इसे दक्षतापूर्ण बनाने के लिए एक बहुत महँगे प्रचालन की आवश्यकता पड़ेगी, भले ही नक्षत्रों में झिलमिलाहट (ट्विंकल) न हो। इसलिए पृथ्वी-आकार ग्रहों के संसूचन के लिए संसूचन करनेवाली प्रेक्षणशालाओं और दूरबीनों को अंतरिक्ष में ही स्थापित करने की नितांत आवश्यकता है।

केप्लर मिशऩ के वैज्ञानिक लक्ष्य

केप्लर मिशन के वैज्ञानिक लक्ष्यों में ग्रहीय तंत्र के स्ट्रक्चर और इसकी विविधता (डाइवर्सिटी) का अन्वेषण करना है, जिसमें पृथ्वी-आकार के ग्रहों के संसूचन को प्राथमिकता दी जाएगी। यह विस्तृत सौर क्षेत्र का सर्वेक्षण करके उन सैकड़ों टेरीस्ट्रियल और विशालकाय ग्रहों का संसूचन करेगा, जो वैज्ञानिक परिभाषा के अनुसार 'आवासीय जोन' में अथवा उसके समीप आते हैं। वैज्ञानिक परिभाषा के अनुसार 'आवासीय जोन' का अर्थ है—किसी तारे से उस दूरी के ग्रह जहाँ पर द्रव पानी उपलब्ध होता है। केप्लर मिशन के प्रमुख उद्देश्य इस प्रकार हैं—

1. यह पता करना कि विभिन्न स्पेक्ट्रमी नक्षत्रों (स्टारों) के क्षेत्र में कितने

टेरीस्ट्रियल और विशालकाय ग्रह आवासीय जोन में विद्यमान हैं।

2. इन ग्रहों की कक्षाओं की रेंज, आकार और आकृति का पता लगाना।
3. यह पता करना कि बहु-स्टार तंत्र में कितने ग्रह हैं।
4. अल्प-कालिक विशालकाय ग्रहों की कक्षा की रेंज, आकार, भार व घनत्व का पता करना।
5. अन्य तकनीकों के प्रयोग से प्रत्येक आविष्कृत ग्रहीय तंत्र के अतिरिक्त सदस्यों को सुनिश्चित करना।
6. उन तारों के गुणों का पता करना, जो ग्रहीय तंत्रों की शरण स्थली हैं।

केप्लर मिशन संभवतः पृथ्वी-समान ग्रहों के संसूचन को वर्तमान में उपलब्ध तकनीकी के आधार पर कार्यान्वित करने की दिशा में सबसे अच्छा सुनहरा अवसर है। इस मिशन का एक अन्य आवश्यक लाभ यह है कि इसका डिजाइन एक साथ 1,00,000 स्टारों के प्रेक्षण के लिए किया गया है। यह ग्रहीय ट्रांजिट प्रक्रिया के लिए बेहतर अवसर प्रदान करता है।

केप्लर मिशन का उपकरण

केप्लर मिशन के उपकरणों में प्रमुख विशिष्ट रूप से डिजाइन किया हुआ 0.95 मीटर व्यास की टेलीस्कोप है, जिसे फोटोमीटर या 'प्रकाश मापक' कहते हैं। इसका 'फील्ड ऑफ व्यू' विशाल है, जैसेकि आपने अपने दोनों हाथों को दोनों ओर फैला दिया हो। इतने विशाल 'फील्ड ऑफ व्यू' का कारण विशाल संख्या में स्टारों का प्रेक्षण करना है। अब तक हमारे तंत्र के बाहर लगभग 80 गैसयुक्त ग्रहों की खोज की जा चुकी है; लेकिन भूतकाल की तकनीक, जिसके आधार पर इन गैस ग्रहों का पता किया गया है, बृहस्पति ग्रह से छोटे ग्रहों का संसूचन नहीं कर सकती। केवल पिछले कुछ वर्षों में ही इस प्रकार की तकनीक विकसित की जा सकी है, जो लघु आकार के चट्टानी अथवा टेरीस्ट्रियल ग्रहों की खोज वांछनीय परिशुद्धता के साथ कर सकती है। अपनी मिशन अवधि के चार वर्षों में केप्लर मिशन हमारे सूर्य की भाँति के 1,00,000 तारों का मॉनीटरन करेगा तथा इसके परिणाम निस्संदेह हर दृष्टि से उत्साहवर्द्धक होंगे। यदि केप्लर मिशन अनेक आवास-योग्य पृथ्वी आकार के अनेक ग्रहों का पता कर लेता है तो इसका अर्थ यही होगा कि ब्रह्मांड जीवन से परिपूर्ण है। केप्लर मिशन के प्रमुख इन्वेस्टीगेटर विलियम बोरूकी (नासा के एम्स केंद्र) के अनुसार, ''केप्लर मिशन पहली बार हमारी आकाशगंगा में स्थित-पृथ्वी आकार अथवा उससे बहुत छोटे ग्रहों की खोज में मानव के लिए सहायक होगा।

मिशन की उच्चतम क्षमता और योग्यता के आधार पर हम मानव सभ्यता के इतिहास के अनेक ज्वलंत प्रश्नों का उत्तर दे सकेंगे, जैसेकि 'क्या ब्रह्मांड में हमारी भाँति के अन्य भी हैं'?" केप्लर मिशन के विभिन्न तकनीकी गणक सारणी-2.2 में दिए गए हैं।

केप्लर मिशन को प्रायोगिक स्वरूप देने में प्रमुख तकनीक 'चार्ज्ड कपुल्ड युक्तियाँ' (सी.सी.डी.) की अहम भूमिका है। इस मिशन में एक फोटोमीटर का प्रयोग किया गया है तथा 'सी.सी.डी.' युक्तियाँ फोटोमीटर का हृदय हैं। फोटोमिटर एक समय में सैकड़ों-हजारों तारों के चमकीलेपन के स्तर की माप करता है। 'सी.सी.डी.' प्रकाश-संवेदक चिपें होती हैं, जिनका प्रयोग आज टी.वी. कैमरों, कैमकार्डर्स तथा डिजिटल कैमरों में किया जा रहा है। मिशन की यह एक प्रमुख आवश्यकता बन गई है कि यह एक साथ कई हजार तारों का मॉनीटरन करे, क्योंकि लाइन-ऑफ-साइट के साथ किसी भी ग्रह के संरेखण की संभावना लगभग 0.5 प्रतिशत ही होती है।

केप्लर मिशन सरीखे कुछ अन्य फोटोमीटरी मिशन

केप्लर मिशन के अलावा दो और फोटोमीटरी मिशन हैं तथा दोनों को ही अंतरिक्ष में प्रमोचित किया जा चुका है। इनमें फोटोमीटरी मिशन है—मोस्ट (माइक्रो वैरिएबिलिटी ऐंड आसिलेशंस ऑफ स्टार्स—नक्षत्रों के सूक्ष्म परिवर्तन एवं स्पंदन), जो कनाडा की प्रथम अंतरिक्ष टेलीस्कोप है और कोरोट (कन्वेक्शन रोटेशन ऐंड प्लैनेटरी ट्रांजिट्स-संवाहन चक्रावृत्ति एवं ग्रहीय ट्रांजिट्स), जो यूरोपीय अंतरिक्ष संस्था का अंतरिक्ष मिशन है। 'मोस्ट' का प्रमोचन 30 जून, 2003 तथा 'कोरोट' का प्रमोचन 27 दिसंबर, 2006 को हुआ। ये दोनों मिशन केप्लर मिशन की तुलना में कम क्षमतावाले और कम योग्यतावाले मिशन हैं, क्योंकि इन दोनों अभियानों का प्राइमरी लक्ष्य स्टारों के गुणों का मापन करना है। केप्लर मिशन की तुलना में कोरोट टेलीस्कोप के फोटानों का संचयन क्षेत्र 1/10 के है। आकाश के प्रेक्षण का 'फील्ड ऑफ व्यू' 1/20 है तथा स्टारों के अवलोकन का समय 1/10 है। इसी तरह केप्लर मिशन से मिलता मिशन 'मोस्ट' भी ग्रहीय संसूचन के लिए कम योग्यता और दक्षता वाला मिशन है।

सारणी-2.2

केप्लर मिशन के विभिन्न तकनीकी गणक		
मिशन		
1. संस्था	:	नासा
2. ठेकेदार (प्रमुख)	:	बॉल एरोस्पेस
3. उपग्रह	:	सूर्यका
4. मॉनीटरन	:	1,00,000 स्टार्स
5. प्रमोचन यान	:	डेल्टा-II
6. प्रस्तावित प्रमोचन तिथि	:	6 मार्च, 2009
7. मिशन अवधि	:	चार वर्ष
8. वैज्ञानिक प्रचालन केंद्र	:	नासा एम्स रिसर्च सेंटर
9. मिशन ऑपरेशन केंद्र	:	कोलोरैडो विश्वविद्यालय
10. डाटा प्रबंधन केंद्र	:	स्पेस टेलीस्कोप साइंस इंस्टीट्यूट
11. दूरमिति	:	डीप स्पेस नेटवर्क
12. संपर्क आवृत्तियाँ	:	1. एक्स-बैंड (कमांड, स्वास्थ्य, स्थिति) 2. का-बैंड (वैज्ञानिक डाटा डाउन लिंक)
फ्लाइट तंत्र		
1. अंतरिक्ष आधारित फोटोमीटर	:	0.95 मीटर अपर्चर
2. प्राइमरी दर्पण	:	1.4 मीटर व्यास
3. कक्षा	:	पृथ्वी-ट्रेलिंग हीलियो सेंट्रिक कक्षा
4. अंतरिक्ष यान+उपकरण भार	:	1,039 कि.ग्रा. (अनुमानतः)
5. अंतरिक्ष यान+उपकरण पावर	:	651 वॉट (अनुमानतः)
6. संसूचक	:	95 मेगा पिक्सल
7. अप लिंक एक्स-बैंड	:	10 बिट प्रति सेकंड से 384 बिट प्रति से.
8. डाउन लिंक का-बैंड	:	3.465 मेगा बिट प्रति सेकंड तक

क्या केप्लर मिशन के स्थान पर हब्बल स्पेस टेलीस्कोप (एच.एस.टी.) का प्रयोग उद्देश्यपूर्ण हो सकता है?

हब्बल स्पेस टेलीस्कोप विश्व की सबसे विख्यात अंतरिक्ष टेलीस्कोप है, जिसका प्रमोचन अप्रैल 1990 में किया गया तथा यह वैज्ञानिक समुदाय को प्रत्येक दिन कई टेराबाइट खगोलिकी डाटा प्रदान करती है। क्या हब्बल स्पेस टेलीस्कोप

केप्लर मिशन के निर्धारित कार्य को पूरा कर सकती है ? इसका उत्तर 'नहीं' है तथा इसके निम्न कारण हैं—

1. हब्बल स्पेस टेलीस्कोप का दृष्टिगोचर क्षेत्र (यानी 'फील्ड ऑफ व्यू') विशाल संख्या में चमकीले तारों के अवलोकन के लिए अत्यधिक लघु है। हब्बल स्पेस टेलीस्कोप का 'फील्ड ऑफ व्यू' नमक के एक दाने के बराबर है तथा इस 'फील्ड ऑफ व्यू' में केवल एक ही चमकीला तारा देखा जा सकता है (एक समय में)। लेकिन इसके विपरीत केप्लर मिशन का 'फील्ड ऑफ व्यू' ऐसा है जैसे आपने दोनों हाथ दोनों ओर फैला दिए हों, जिसमें आप एक समय में अनेक चमकीले तारे देख सकते हैं।
2. केप्लर मिशन में तारों के चमकीलेपन के लगातार मापन (न कि केवल एक बार) की व्यवस्था और योजना बनाई गई है, जो कि एक मूल आवश्यकता है। इसका कारण यह है कि किसी को यह पता नहीं है कि किस समय 'ट्रांजिट प्रक्रिया' घटित हो जाए—अर्थात् किस समय कोई ग्रह किसी तारे के सामने आ जाए। हब्बल स्पेस टेलीस्कोप खगोल-शास्त्रियों के हजारों प्रश्नों की जवाबदेही के लिए कार्यरत है तथा यह किसी ऐसे एक प्रश्न के खगोलिकी उत्तर के लिए नहीं बनाई गई जिसमें इसका चार वर्ष तक लगातार प्रयोग आवश्यक हो।
3. हब्बल स्पेस टेलीस्कोप में किसी इस प्रकार से विशिष्टता से डिजाइन किए फोटोमीटर को नहीं लगाया गया है, जो एक साथ 1,00,000 तारों का सूक्ष्मता से प्रेक्षण कर सके और पृथ्वी-आकार के ग्रहों की ट्रांजिट प्रक्रिया का मॉनीटरन कर सके।

'केप्लर मिशन' के नाम से जुड़ी महान् खगोल-विज्ञानी हस्ती : जॉन केप्लर

केप्लर मिशन का नाम विश्व-विख्यात खगोलशास्त्री जॉन केप्लर के नाम से जुड़ा है, जिन्होंने अपने तीन ग्रहीय नियमों द्वारा खगोल-विज्ञानी अन्वेषण की आधारशिला रखी। इस महान् प्रतिभा का जन्म 27 दिसंबर, 1571 को जर्मनी में हुआ था। केप्लर बचपन में बीमार रहते थे तथा उनके माता-पिता बहुत गरीब थे। लेकिन उन्हें अपनी प्रतिभा के दम पर ट्यूबिनगेन विश्वविद्यालय में अध्ययन के लिए छात्रवृत्ति प्राप्त हुई। वहाँ उन्होंने कोपरनिकस के खगोल-विज्ञानी विचारों पर

कार्य किया। सन् 1630 में जॉन केप्लर की रिजेंसबर्ग में मृत्यु हो गई। उन्होंने खगोल-विज्ञान के क्षेत्र में अभूतपूर्व कार्य किया। उनके विख्यात कार्यों के कुछ 'प्रथम प्रयास' इस प्रकार हैं—

1. ग्रहीय गतिजता का स्पष्टीकरण देनेवाले प्रथम व्यक्ति। ब्रह्मांडीय अभियांत्रिकी के संस्थापक।
2. पिन होल कैमरे द्वारा चित्रों के निर्माण की प्रक्रिया का स्पष्टीकरण देने वाले प्रथम व्यक्ति।
3. आँख के अंदर अपवर्तन प्रक्रिया द्वारा देखने की प्रक्रिया का प्रथम स्पष्टीकरण।
4. टेलीस्कोप के कार्य करने के तरीके का प्रथम स्पष्टीकरण।
5. वास्तविक, वर्चुअल, सीधे, उलटे प्रतिबिंबों का प्रथम स्पष्टीकरण।
6. पूर्ण आंतरिक परावर्तन प्रक्रिया का प्रथम स्पष्टीकरण।
7. 'चंद्रमा द्वारा ज्वार-भाटा लहरें उत्पन्न होती हैं' का स्पष्टीकरण देनेवाले प्रथम विज्ञानी।

3. कोरोट टेलीस्कोप

अब तक ब्रह्मांड के वृहद् अन्वेषण और अवलोकन के लिए अनेक अंतरिक्ष दूरबीनें हब्बल स्पेस टेलीस्कोप, चंद्रा एक्स-किरण टेलीस्कोप, कॉम्पटन गामा-किरण प्रेक्षणशाला, स्पेस इन्फ्रारेड टेलीस्कोप अंतरिक्ष में स्थापित की जा चुकी हैं तथा इन्होंने विभिन्न ब्रह्मांडीय पिंडों और क्षेत्रों की विस्तृत व दुर्लभ जानकारी प्रदान की है। यह सर्वविदित है कि पृथ्वी-आधारित दूरबीनें पृथ्वी के वायुमंडल द्वारा ब्रह्मांडीय पिंडों से आनेवाले विकिरण का कुछ हिस्सा शोषित कर लेने के कारण प्रेक्षण परिशुद्धता (ऑब्जर्वेशनल एक्यूरेसी) को कम कर देती हैं और इसलिए अंतरिक्ष में स्थापित दूरबीनें ब्रह्मांड की अधिक विस्तृत जानकारी प्रदान करने में सक्षम होती हैं। इसी बात को ध्यान में रखकर फ्रांस की अंतरिक्ष संस्था 'सी.एन.ई.एस.' ने यूरोपीय अंतरिक्ष संस्था (ईसा) के साथ मिलकर संयुक्त रूप से एक अंतरिक्ष टेलीस्कोप-कोरोट (कन्वेक्शन रोटेशन ऐंड प्लैनेटरी ट्रांजिट्स) की योजना बनाई, जिसका मूल उद्देश्य हमारे सौर तंत्र के बाहर के ऐसे ग्रहों (चट्टानी ग्रहों) का पता लगाना है, जो किसी तारे के बहुत नजदीक से उसकी परिक्रमा करते हों। इस तरह के अनेक तारे हमारे ब्रह्मांड में मौजूद हैं, जिनके इर्द-गिर्द विभिन्न ग्रह उनका चक्कर लगा रहे हैं। 'कोरोट' द्वारा प्रेक्षण में उन ग्रहों का विशेष रूप से प्रेक्षण

शामिल है, जो उन ग्रहों में जीवन को सपोर्ट करते हैं तथा आवासीय दृष्टि से भविष्य में महत्त्वपूर्ण हो सकते हैं। 'कोरोट' अंतरिक्ष टेलीस्कोप पहला अंतरिक्ष मिशन है, जो पूर्णरूप से हमारे सौर तंत्र के बाहर के चट्टानी ग्रहों (अर्थात् एक्सट्रा सोलर प्लैनेट्स) की खोज एवं प्रेक्षण के लिए समर्पित है। 'कोरोट अंतरिक्ष टेलीस्कोप' का प्रमोचन 27 दिसंबर, 2006 को रूस के बेकानूर कास्मोड्रोम से किया गया। आज 'एक्स्ट्रा सोलर प्लैनेट्स' की खोज एवं प्रेक्षण का विषय बहुत महत्त्वपूर्ण विषय बन गया है तथा भविष्य में इस तरह के और भी अंतरिक्ष मिशन—जैसे नासा के डिस्कवरी का कार्यक्रम—के अंतरिक्ष 'केप्लर मिशन', 'टेरीस्ट्रियल प्लैनेट फाइंडर', 'सिम', 'एंडिंग्टन' इत्यादि अंतरिक्ष मिशन प्रमोचित किए जाएँगे।

परिचय

संरचना की दृष्टि से हमारे सौर तंत्र के आठ ग्रहों को दो भागों में बाँटा जा सकता है—टेरीस्ट्रियल अथवा चट्टानी ग्रह और गैस-युक्त ग्रह। चट्टानी ग्रहों में बुध, शुक्र, पृथ्वी एवं मंगल ग्रह शामिल हैं तथा गैस-युक्त ग्रहों में बृहस्पति, शनि, यूरेनस एवं नेप्च्यून ग्रह शामिल हैं। जहाँ तक चट्टानी ग्रहों का प्रश्न है, हमारे सौर तंत्र के अलावा भी अनेक चट्टानी ग्रह हैं, जो अन्य तारों अथवा नक्षत्रों के चक्कर लगा रहे हैं तथा इनमें से अनेक ग्रह ऐसे भी हैं, जो पृथ्वी की भाँति जीवन को सपोर्ट प्रदान कर सकते हैं। कोरोट अंतरिक्ष टेलीस्कोप का प्रमुख उद्देश्य सौर तंत्र के बाहर के ग्रहों की खोज करना है तथा पृथ्वी की भाँति के इन चट्टानी ग्रहों में उन ग्रहों को विशेष रूप से खोजना है, जो पृथ्वी की भाँति रहने योग्य हों अथवा उन्हें रहने योग्य बनाया जा सके। कोरोट टेलीस्कोप द्वारा संसूचित किए जानेवाले इन चट्टानी ग्रहों में कुछ ऐसे भी ग्रह होंगे, जो हमारी पृथ्वी की तुलना में कई गुना बड़े होंगे। हमारे सौर तंत्र के बाह्य ग्रहों को 'बाह्य ग्रह' अथवा''एक्सो-प्लैनेट' कहते हैं तथा कोरोट अंतरिक्ष दूरबीन का प्रमुख ध्यानाकर्षण 'एक्सो-प्लैनेट' होंगे।

कोरोट टेलीस्कोप द्वारा एक तारे के चमकीलेपन स्तरों के परिवर्तनों का मापन किया जाएगा। ये परिवर्तन तब आते हैं जब कोई ग्रह उस तारे के सामने से गुजरता है। तारा प्रेक्षण के दौरान ही कोरोट टेलीस्कोप उस तारे की आंतरिक हलचलों (एक प्रकार की एकाउस्टिक तरंगें, जो उस तारे की सतह की गहराई में जनित होती हैं) का भी संसूचन करेगी, जो उस तारे की सतह में एक प्रकार का स्पंदन पैदा करके तारे के चमकीलेपन में परिवर्तन ला देती हैं। इन स्पंदनों की वास्तविक प्रवृत्ति और गुणों के आधार पर खगोलशास्त्री तारे का परिशुद्ध भार, आयु

एवं रासायनिक संरचना का पता कर सकते हैं। इस तकनीक को 'एस्टीरियोसेस्मोलॉजी' कहते हैं तथा यूरोपीय अंतरिक्ष संस्था (ईसा) की सोलर ऐंड हीलियोस्फेरिक प्रेक्षणशाला (सोहो) कई वर्षों से सूर्य के इस प्रकार के प्रेक्षण लेती रही है। सोहो प्रेक्षणशाला का अंतरिक्ष में प्रमोचन 12 दिसंबर, 1995 को किया गया था और इसे प्रथम लैगरेंज बिंदु (एल-1) पर स्थापित किया गया था, जो पृथ्वी से लगभग 15 लाख कि.मी. (9,32,000 मील) की दूरी पर होता है।

कोरोट टेलीस्कोप की विशिष्टता

पृथ्वी से अन्य तारों के चक्कर लगानेवाले जिन ग्रहों के विषय में पता किया गया है वे विशालकाय गैस-युक्त पिंड (बृहस्पति ग्रह की भाँति के ग्रह) हैं, जो पृथ्वी के व्यास का लगभग दस गुना हैं। पृथ्वी के वायुमंडल के विरूपण प्रभावों (डिस्टार्टिंग इफेक्ट) से प्रभावित हुए बिना कोरोट टेलीस्कोप प्रथम अंतरिक्ष यान होगा, जो उन अलग और ऐसी विचित्र दुनियाओं का पता करेगा, जो चट्टानों की बनी हैं। इस प्रकार की चट्टानी दुनियाएँ विशालकाय गैस-युक्त ग्रहों से छोटी हैं, लेकिन पृथ्वी की तुलना में बहुत विशाल हैं; जबकि पृथ्वी स्वयं ही सौर तंत्र का सबसे बड़ा चट्टानी ग्रह हैं। इस प्रकार के ग्रह उन अ-आविष्कृत ग्रहों एवं पिंडों का प्रतिनिधित्व करेंगे, जिनके विषय में खगोल-शास्त्रियों को पूरा विश्वास है कि उनका निश्चित रूप से अस्तित्व है। उनका यह भी मानना है कि कोरोट टेलीस्कोप अनेक नए गैस पिंडों के साथ कम-से-कम 10 से 40 चट्टानी पिंडों और ग्रहों का अवश्य पता करेगा। इस प्रकार के असंभव विश्वास उसी प्रकार संभव बनेंगे जिस प्रकार 6 अक्तूबर, 1995 को खगोलिकी की दुनिया में एक विशाल परिवर्तन आया, जब जेनेवा प्रेक्षणशाला के खगोल-विज्ञानी माइकल मेयर और डिडीयर क्वेलोज ने एक तारे (सूर्य की भाँति) के चारों ओर चक्कर लगानेवाले एक ग्रह की खोज की घोषणा की। इस खोज का धूमधाम से जश्न मनाया गया, क्योंकि खोज किए गए ग्रह (जिसका नाम '51 पेगासी बी' रखा गया) का भार बृहस्पति ग्रह के भार का लगभग आधा था तथा यह अपने पितृ-तारे (पैरेंट स्टार) का चक्कर आशा के प्रतिकूल काफी नजदीकी से लगा रहा था। बुध ग्रह सूर्य का एक चक्कर 57.9 मिलियन कि.मी. की दूरी से 88 दिन में पूरा करता है, लेकिन '51 पेगासी बी' ग्रह अपने पितृ-तारे का एक चक्कर मात्र 4.23 दिन में पूरा कर रहा था। इससे यह भी पता चला कि इस ग्रह की अपने पितृ-तारे से दूरी 7.8 मिलियन कि.मी. थी।

इसके बाद ज्योफ मार्सी (सॉन फ्रांसिस्को स्टेट यूनिवर्सिटी) और पॉल

बटलर (कैलीफोर्निया यूनिवर्सिटी) के नेतृत्व में एक टीम ने अन्य तारों के इर्द-गिर्द घूमनेवाले अन्य ग्रहों के विषय में पता लगाया। ये ग्रह भी बृहस्पति ग्रह की भाँति विशाल ग्रह थे। इन ग्रहों को सीधे नहीं देखा जा सका, बल्कि इनके द्वारा इनके पितृ-ग्रहों पर डाले गए गुरुत्व खिंचाव द्वारा इनकी उपस्थिति का आभास किया गया था।

कोरोट टेलीस्कोप मिशन के भागीदार

कोरोट अंतरिक्ष टेलीस्कोप मिशन फ्रांस की राष्ट्रीय अंतरिक्ष संस्था का मिशन है। यूरोपीय अंतरिक्ष संस्था ने इस मिशन में टेलीस्कोप के लिए ऑप्टिक्स (प्रकाशिकी उपकरण) प्रदान किया है तथा नीतभार के जाँच में इसका योगदान था। इस सहयोग के अंतर्गत अनेक यूरोपीय वैज्ञानिकों का चयन खुली स्पर्धा में सहायक जाँचकर्ताओं के रूप में किया गया और ये वैज्ञानिक मुख्य रूप से डेनमार्क, स्विट्जरलैंड, ब्रिटेन एवं पुर्तगाल के थे। यूरोपीय अंतरिक्ष संस्था की कोरोट अंतरिक्ष टेलीस्कोप की भागीदारी से 'ईसा' सदस्य देशों के वैज्ञानिकों को कोरोट टेलीस्कोप से प्राप्त आँकड़ों के उपयोग में भागीदारी प्रदान की जाएगी। कोरोट के रोध-पटल का विकास भी ईसा के इस्टेक कार्यालय में किया गया। ईसा का अनुसंधान और वैज्ञानिक सपोर्ट विभाग (इस्टेक में) कोरोट परियोजना में पूरा भागीदार है तथा इस टेलीस्कोप के लिए इस विभाग ने ऑन-बोर्ड डाटा प्रोसेसिंग इकाइयाँ प्रदान की हैं। कोरोट टेलीस्कोप परियोजना के अन्य भागीदार हैं—ऑस्ट्रिया, स्पेन, जर्मनी, बेल्जियम और ब्राजील।

बाह्य ग्रहों के संसूचन के लिए कोरोट टेलीस्कोप किस तकनीक का प्रयोग करेगी ?

हमारे सौर तंत्र के बाह्य ग्रहों के संसूचन के लिए तीन प्रमुख तकनीकें हैं—रेडियल गति तकनीक, खगोलिकी तकनीक तथा ग्रहीय ट्रांजिटरी तकनीक। ये तकनीकें सिद्धांततः आसान हैं, लेकिन प्रैक्टिस में बहुत मुश्किल हैं; क्योंकि इनकी परिशुद्धता का आधार यह है कि आप कितनी परिशुद्धता से एक अति विशाल तारे का चक्कर लगानेवाले एक लघु आकार के ग्रह के प्रभाव को संसूचित कर सकने में समर्थ हैं। यह कार्य पृथ्वी से किया जाना तो और भी मुश्किल है, क्योंकि वायुमंडल तारे के प्रेक्षित दृश्य को विरूपित (डिस्टार्ट) कर देता है तथा इसके प्रेक्षण की परिशुद्धता सीमित हो जाती है। अंतरिक्ष मिशन इस समस्या को आसानी से सुलझा सकते हैं। इन सभी तकनीकों को 'इनडाइरेक्ट' तकनीक कहते हैं।

अधिकांश ग्रहों का संसूचन रेडियल गति तकनीक द्वारा किया गया है तथा इसमें भू-आधारित दूरबीनों का प्रयोग किया गया है। इस विधि के अंतर्गत एक तारे से प्राप्त प्रकाश को एक प्रिज्म के अंदर से गुजारा जाता है, जो इस प्रकाश को एक स्पेक्ट्रम में विभाजित कर देता है तथा यह प्रक्रिया उसी तरह संपन्न होती है जैसे वर्षा की बूँदों से प्रकाश के गुजरने के बाद इंद्रधनुष का सृजन होता है। रेडियल-गति संसूचन विधि से संबंधित अन्य तकनीक हैं—किसी स्टार की स्थिति का सूक्ष्मता से मापन, जिससे किसी भी प्रकार के स्थानांतरण की माप की जाती है। इस प्रकार के प्रेक्षणों को खगोलिकीमिति कहते हैं। पृथ्वी की सतह से इन मापनों की शुद्धता भी पृथ्वी के वायुमंडल द्वारा सीमित हो जाती है। फिर भी बीसवीं शताब्दी में ग्रहीय संसूचन के लिए इस विधि का उपयोग विशालकाय ग्राउंड आधारित दूरबीनों द्वारा किया गया।

ग्रहीय संसूचन में सबसे शक्तिशाली तकनीक 'ट्रांजिट तकनीक' है और कोरोट अंतरिक्ष टेलीस्कोप में ग्रहीय संसूचन के लिए इस तकनीक का प्रयोग किया गया है। इसका सिद्धांत यह है कि जब किसी तारे के इर्द-गिर्द रहकर कोई ग्रह किसी तारे का चक्कर लगाता हुआ प्रेक्षक और तारे के बीच की लाइन ऑफ साइट (अर्थात् स्टार के सामने से गुजरता है) को पार करता है तो इसके कारण ग्रह तारे के चेहरे का कुछ भाग (लगभग एक बिंदु के आकार का) ढक लेता है, जिससे तारे के सामान्य चमकीलेपन में कुछ कमी आ जाती है; पर यह कमी केवल अल्प समय के लिए रहती है। 'ट्रांजिट तकनीक' में चमकीलेपन में आने वाली कमी तथा इसकी अवधि का मापन अंतरिक्ष टेलीस्कोपों द्वारा किया जाता है। इस प्रकार जब कोई ग्रह अपने पितृ-तारे (पैरेंट स्टार) की डिस्क के ऊपर से गुजरता है तो इस घटना को 'ट्रांजिट' कहते हैं। ट्रांजिट प्रक्रियाओं के दौरान अधिकांश तारों के चमकीलेपन के स्तरों में 1/10,000 (अर्थात् 10 लाख में 100 भाग) का परिवर्तन होता है तथा यह परिवर्तन 2 से 16 घंटे की अवधि तक कायम रहता है। यदि इसका कारण कोई ग्रह होता है तो सामान्यतया यह परिवर्तन पीरियाडिक होता है । इसके अलावा उसी ग्रह द्वारा जनित सारी ट्रांजिट प्रक्रियाएँ वही चमकीलेपन में परिवर्तन तथा उसी अवधि के लिए यह परिवर्तन दरशाती हैं तथा इस प्रकार अत्यधिक पुनरावृत्तीय (रिपीटेबुल) सिग्नल प्राप्त होता है और यह एक शक्तिशाली संसूचन तरीके को जन्म देता है। इस संसूचन के आधार पर ग्रह का कक्षीय आकार तथा उसके भार इत्यादि का पता किया जा सकता है। ग्रह का आकार ट्रांजिट अवधि से पता किया जा सकता है। कक्षीय आकार से तारे का तापमान तथा ग्रह के तापीय गुणों का पता लगाया जा

सकता है। इन आँकड़ों के आधार पर इस बात का अनुमान लगाया जा सकता है कि वह ग्रह आवास के योग्य हो सकता है अथवा नहीं। कोरोट स्पेस टेलीस्कोप इसी सिद्धांत पर कार्य करेगा।

कोरोट अंतरिक्ष यान

कोरोट अंतरिक्ष यान के नीतभार में 30 सें.मी. व्यास का एक टेलीस्कोप है, दो कैमरे हैं तथा प्रत्येक कैमरा एक-एक मिशन लक्ष्य के लिए है—अर्थात् एक कैमरा बाह्य ग्रह खोज एवं दूसरा कैमरा 'एस्टीरियोसेस्मोलॉजी' के लिए है तथा इसके साथ-साथ अंतरिक्ष-यान में कंप्यूटर प्रोसेसर भी है, जिसका निर्माण यूरोपीय अंतरिक्ष अनुसंधान और तकनीकी केंद्र (इस्टेक) के वैज्ञानिक सपोर्ट विभाग द्वारा किया गया।

कोरोट टेलीस्कोप का निर्माण दो परवलय आकार के दर्पणों द्वारा किया गया है, जिनका नाम्यांतर 1.1 मीटर है। दृष्टिगोचर फील्ड (अर्थात् फील्ड ऑफ व्यू) 2.8 डिग्री × 2.8 डिग्री का एक वर्ग है, जिसमें आधा सेस्मोलॉजी मिशन के लिए तथा आधा बाह्य ग्रह (एक्सो प्लैनेट) मिशन के लिए है। मिशन के कुछ खास तकनीकी लक्ष्यों के लिए कोरोट टेलीस्कोप एक प्रिज्म का भी प्रयोग करेगी, जो रंगों का पृथक्करण करेगा तथा इससे वैज्ञानिक ग्रहीय ट्रांजिट के समय ब्रह्मांडीय गतिविधियों का अध्ययन कर सकेंगे। टेलीस्कोप में बाह्य रोध-पटल (बैफल) भी प्रयुक्त हुआ है। यह एक उपकरण है, जो निर्दिष्ट प्रकाश के अलावा अवांछनीय प्रकाश को टेलीस्कोप में नहीं घुसने देगा। कोरोट अंतरिक्ष यान के विभिन्न आँकड़े सारणी-2.3 में दिए गए हैं।

सारणी-2.3

कोरोट अंतरिक्ष टेलीस्कोप के विभिन्न गणक		
1. प्रमोचन भार	:	630 कि.ग्रा.
2. परिमाप	:	क. ऊँचाई-4.2 मीटर
	:	ख. चौड़ाई-9 मीटर प्रस्तरित सौर एरे के साथ
3. पावर	:	530 वॉट
4. दूरमिति (टेलीमीटरी)	:	1.5 गीगा बिट प्रतिदिन
5. मेमोरी क्षमता	:	2 गीगा बिट
6. प्वॉइंटिंग शुद्धता	:	0.5 आर्क सेकंड

7. अंतरिक्ष कक्षा	:	क. पृथ्वी ध्रुवीय वृत्ताकार कक्षा
	:	ख. 90 डिग्री झुकाव
	:	ग. 896 कि.मी. की ऊँचाई
8. मिशन अवधि	:	कम-से-कम 2.5 वर्ष
9. प्रमुख ठेकेदार	:	अल्काटेल अलेनिया स्पेस
10. भू-केंद्र	:	किरूना (एस), आसगुएल (एफ), हार्टे बीसथोएक (दक्षिण अफ्रीका), कोरू (फ्रेंच गुएना), विशिष्ट मिशन ग्राउंड स्टेशन (ब्राजील)
11. मिशन के भागीदार	:	सी.एन.ई.एस., ईसा, ए.ई.बी., ब्राजील की अंतरिक्ष संस्था

कोरोट स्पेस टेलीस्कोप का प्रमोचन

27 दिसंबर, 2006 को सार्वत्रिक समय 14 बजकर 23 मिनट पर कोरोट अंतरिक्ष टेलीस्कोप को रूसी रॉकेट सोयुज 2-1 बी द्वारा कजाकिस्तान स्थित बेकानूर कॉस्मोड्रोम से प्रमोचित किया गया। ऐसी आशा है कि यह मिशन शनि ग्रह से छोटे ग्रहों को समझने में एक महत्त्वपूर्ण भूमिका निभाएगा। वर्तमान में इस प्रकार के ग्रहों के बहुत थोड़े से ही उदाहरण मालूम हैं। आज की तिथि तक इस प्रकार के लगभग 200 ग्रह पृथ्वी से मालूम किए जा चुके हैं तथा इसका आधार है हलका सा गुरुत्व प्रभाव, जो ये ग्रह अपने पितृ-तारे (पैरेंट स्टार) पर लगाते हैं। इस आधार पर किए गए संसूचन को 'रेडियल गति तकनीक' कहते हैं। इस टेलीस्कोप ने अपना वैज्ञानिक प्रेक्षण कार्य जनवरी 2007 से प्रारंभ कर दिया। इससे पहले कोरोट टेलीस्कोप के विभिन्न उपकरणों की जाँच की गई। संपूर्ण परियोजना की अवधि 2.5 वर्ष की है।

कोरोट टेलीस्कोप किन ग्रहों पर नजर रखेगी ?

अधिकांश ग्रह, जिनका कोरोट अंतरिक्ष टेलीस्कोप संसूचन करेगी, उनके विषय में आशा की जाती है कि वे 'गरम बृहस्पति तुल्य' ग्रह होंगे। प्रत्येक 'गरम बृहस्पति तुल्य' ग्रह विशाल गैस ग्रह होंगे, जो किसी केंद्रीय तारे के इर्द-गिर्द चक्कर लगा रहे होंगे। ऐसी आशा की जाती है कि कोरोट अंतरिक्ष टेलीस्कोप द्वारा संसूचित किए जानेवाले ग्रहों में अज्ञात प्रतिशत चट्टानी ग्रहों का होगा, जो पृथ्वी से थोड़े बड़े या छोटे हो सकते हैं। यदि कोरोट टेलीस्कोप इनका पता कर लेता है तो ये नई श्रेणी के ग्रहों का प्रतिनिधित्व करेंगे। यह टेलीस्कोप अन्य ग्रहों के इर्द-गिर्द चक्कर

चित्र 2.5 : 27 दिसंबर, 2006 को अतिरिक्त सौर ग्रहों के संसूचन के लिए प्रमोचित किया जा चुका मिशन 'कोरोट टेलीस्कोप'। अतिरिक्त सौर ग्रह 'कोरोट-एक्सो-1 बी' का पता कोरोट टेलीस्कोप ने ही लगाया।

लगानेवाले ग्रहों के मानचित्रण में पहला कदम होगा। चट्टानी दुनिया के ग्रहों में 'कोरोट टेलीस्कोप' उन ग्रहों के प्रति संवेदनशील होगा, जिनका अपने पितृ-तारे के लिए आवर्तकाल 50 दिन या उससे कम है। इस कारण इस प्रकार के ग्रह अपने पितृ-तारे से बुध-सूर्य दूरी से भी कम हो जाते हैं। अधिकांश मामलों में एक तारे से इतनी अधिक समीपता आवासीय दृष्टि से शायद उपयोगी न हो, लेकिन यदि इस प्रकार की दुनिया की खोज किसी 'रेड ड्वार्फ प्लैनेट' के इर्द-गिर्द पाई जाए तो यह ठीक उतनी दूरी पर स्थापित की जा सकती है, जिससे कि इसकी सतह पर पानी की उपलब्धता की आशा की जा सकती है। फ्रांस की अंतरिक्ष संस्था के नेतृत्व में 'कोरोट' टेलीस्कोप अभियान एक अंतरिक्ष मिशन है, जो अध्ययन के लिए कम-से-कम 50 विशिष्ट तारों पर नजर रखेगा। विभिन्न आकार और व्यवहार के तारों का चयन करके 'कोरोट' टेलीस्कोप खगोल-शास्त्रियों को ब्रह्मांड के उद्भव के अत्यधिक महत्त्वपूर्ण चित्र प्रदान करेगा।

4. पार्थिव ग्रह फाइंडर (टेरीस्ट्रियल प्लैनेट फाइंडर–टी.पी.एफ.)

मिशन 'टी.पी.एफ.' का प्रमोचन सन् 2011 के लिए प्रस्तावित है तथा इसका डिजाइन यूरोपीय अंतरिक्ष संस्था की डार्विन परियोजना से मिलता-जुलता है। इस मिशन में भी शून्य व्यतिकरण मापन (नलिंग इंटरफेरोमीटरी) तकनीकी का प्रयोग किया जाएगा, जो तारे में आनेवाले प्रकाश को बाधित कर देगी तथा ग्रहों से आनेवाले प्रकाश का अभिग्रहण करेगी। 'टी.पी.एफ.' प्रेक्षणशाला हब्बल स्पेस

चित्र 2.6 : टेरीस्ट्रियल प्लैनेट फाइंडर (टी.पी.एफ.) मिशन।

टेलीस्कोप की तुलना में 100 गुना अधिक विस्तृत प्रतिबिंब लेने में सफल होगी तथा इसका लक्ष्य सूर्य की समीपता में पृथ्वी के आकार के ग्रहों का पता करना होगा। प्रेक्षणशाला में लगे उपकरण कार्बन-डाइऑक्साइड, जलवाष्प, ओजोन और मीथेन जैसी गैसों की सापेक्ष मात्रा का विवरण देने में सफल होंगे। 'टी.पी.एफ.' मिशन निम्न प्रश्नों का उत्तर देगा—

1. क्या अपने पितृ-तारे के इर्द-गिर्द के 'आवासीय जोन' में ग्रहों की उपस्थिति है, जहाँ का तापमान कुछ सतही दाबों की सीमा के अंदर द्रव पानी की उपस्थिति को सपोर्ट कर सकता है?
2. अपने-अपने पितृ-तारे के चारों ओर चक्कर लगा रहे पार्थिव ग्रहों के

वायुमंडल की क्या संरचना है? क्या इन ग्रहों में पानी, कार्बन मोनो-ऑक्साइड या कॉर्बन-डाइऑक्साइड मौजूद है?

3. क्या इन ग्रहों में कुछ वायुमंडलीय गणक अथवा स्थितियाँ ऐसी हैं, जो यह इशारा करती हों कि यहाँ पर कभी जीवन रहा होगा? (जैसे ओजोन या आणविक ऑक्सीजन जैसाकि पृथ्वी के वायुमंडल में है)।
4. किसी उभरते तारे के इर्द-गिर्द जमा ठोस और गैस रूप के पदार्थों से ग्रहों का निर्माण किस प्रकार होता है?

ऐसा माना जाता है कि 'टी.पी.एफ.' मिशन उसी प्रकार के संरूपण का प्रयोग करेगा, जैसा 'डार्विन' मिशन करेगा—अर्थात् इसमें भी तीन-चार प्रेक्षणशालाओं का प्रयोग किया जाएगा, जिसके अंतर्गत तीन प्रेक्षणशालाएँ प्रकाश का संचयन करके चौथी केंद्रीय प्रेक्षणशाला में उस प्रकाश को फेंकेंगी। इन प्रेक्षणशालाओं का व्यास (प्रत्येक का) 3.5 मीटर होगा।

5. अंतरिक्ष व्यतिकरणमापी अभियान (स्पेस इंटरफेरोमीटर मिशन-SIM)

'सिम' (SIM) मिशन का प्रमोचन सन् 2011 के लिए प्रस्तावित है तथा इसे भू-अनुगामी सौर कक्षा (अर्थ-ट्रेलिंग सोलर ऑरबिट) में स्थापित किया जाएगा, जिसका अर्थ यह हुआ कि यह पृथ्वी की कक्षा का अनुकरण करेगी। इस मिशन का डिजाइन केवल पृथ्वी-आकार के आवासीय ग्रहों (100-250 के नजदीकी तारों) के संसूचन के लिए ही नहीं किया गया है, बल्कि यह तारों के भारों और दूरियों का भी पता करेगा, जिनमें बाइनेरी स्टार तंत्र भी शामिल हैं।

चित्र 2.7 : स्पेस इंटरफेरोमीटर मिशन (सिम)।

इस दूरबीन में प्रकाशिकी व्यतिकरणमापी (ऑप्टिकल इंटरफेरोमीटरी) का प्रयोग किया जाएगा। व्यतिकरणमापी (इंटरफेरोमीटरी) एक प्रक्रिया है, जिसका प्रयोग दो या दो से अधिक दूरबीनों से प्राप्त सिग्नलों को संयुक्त करने के लिए किया जाता

है। इस प्रकार एक अत्यधिक शार्प प्रतिबिंब प्राप्त किया जा सकता है, जो शायद अलग-अलग दूरबीन से प्राप्त न हो सकता था। इसमें प्रयुक्त उपकरणों की परिशुद्धता उच्च कोटि की होगी। इसकी विभेदन क्षमता 4 माइक्रोसेकंड होगी। एक पूरे वृत्त (सरकिल) को 360 डिग्री में विभाजित किया जाता है तथा प्रत्येक डिग्री को 60 मिनट में विभाजित किया जाता है। 1 मिनट को 60 सेकंड में विभाजित किया जाता है। इस प्रकार एक वृत्त (सरकिल) में 12,96,000 आर्क सेकंड होते हैं। एक माइक्रोसेकंड में 1/10 लाख आर्क सेकंड होते हैं। यह कहना आवश्यक नहीं है कि आज के उपकरणों की तुलना में यह विभेदन क्षमता अत्यधिक विशाल (1,000 गुना अधिक शक्तिशाली) होगी। इस परिशुद्धता को प्राप्त करने के लिए यह आवश्यक है कि इस प्रेक्षणशाला को पृथ्वी के वायुमंडल से बाहर स्थापित करना पड़ेगा। पृथ्वी का वायुमंडल तारों से आनेवाले प्रकाश को विकृत (डिस्टार्ट) कर देता है।

100-250 तारों के इर्द-गिर्द आवासीय ग्रहों की खोज के लिए इस अंतरिक्ष यान के संपूर्ण विभेदन का प्रयोग किया जाएगा; लेकिन निम्न विभेदन पर कुछ हजार तारों का अध्ययन किया जाएगा तथा निम्न विभेदन क्षमता का प्रयोग नेप्चून जैसे लघु ग्रहों के अध्ययन के लिए किया जाएगा। 'सिम' मिशन की अवधि पाँच वर्ष के लिए होगी।

6. स्पाइजर दूरबीन

चित्र 2.8 : स्पाइजर दूरबीन, जिसका अंतरिक्ष में प्रमोचन वर्ष 2003 में किया गया। अतिरिक्त सौर ग्रहों-209, 458 बी तथा ट्रेस-1 का पता लगाने का श्रेय स्पाइजर दूरबीन को जाता है।

स्पाइजर दूरबीन इन्फ्रारेड स्पेक्ट्रम में ब्रह्मांड का अध्ययन करती है, जो केवल अतिरिक्त सौर ग्रहों की खोज तक ही सीमित नहीं है। स्पाइजर को हब्बल स्पेस टेलीस्कोप का चचेरा भाई माना जाता है। स्पाइजर मिशन अंतरिक्ष में वर्ष 2003 से सक्रिय है तथा अतिरिक्त सौर ग्रहों की खोज में अपना महत्त्वपूर्ण योगदान प्रदान करती है। इस दूरबीन का

प्रयोग 209458 बी और ट्रेस-1 अतिरिक्त सौर ग्रहों के प्रत्यक्ष प्रेक्षण व अवलोकन के लिए किया जा चुका है। यह दूसरी बात है कि यह खोज पहले अन्य तरीकों द्वारा की गई थी। वैसे स्पाइजर दूरबीन का डिजाइन अतिरिक्त सौर ग्रहों की खोज के लिए नहीं किया गया था, लेकिन इसके बावजूद यह एक बोनस है। स्पाइजर दूरबीन को अतिरिक्त सौर ग्रहों के अध्ययन के लिए बड़ा उपयोगी पाया गया है।

निष्कर्ष

आज अतिरिक्त सौर ग्रहों का अन्वेषण बहुत महत्त्वपूर्ण विषय बन गया है तथा पृथ्वी की दिनोदिन बढ़ती हुई जनसंख्या और अंतरिक्ष आवासीकरण के संदर्भ में यह अति आवश्यक भी हो गया है। इसीलिए आज की तिथि में अतिरिक्त सौर ग्रहों की उत्कंठा में छह अंतरिक्ष अभियानों पर कार्य चल रहा है तथा 2 अभियान अंतरिक्ष में पहुँच भी चुके हैं। जीवन को सपोर्ट करनेवाले ग्रहों (पृथ्वी की भाँति के) की खोज मानवता के कल्याण की दिशा में एक महान् कदम होगा।

□

3

क्षुद्र ग्रह और क्षुद्र ग्रह मिशन 'डान'

क्षुद्र ग्रहों का ही दूसरा नाम 'ऑस्टेर्वायड्स' है। अंग्रेजी में इनका दूसरा नाम 'प्लैनेट्वायड्स' भी है। क्षुद्र ग्रह शब्द का प्रयोग सौर तंत्र में सूर्य का चक्कर लगा रहे लघु आकार के ब्रह्मांडीय पिंडों के एक भिन्न ग्रुप को प्रदर्शित करने के लिए किया जाता है। 'ऑस्टेर्वायड्स' एक यूनानी शब्द है, जिसका अर्थ है 'स्टार की भाँति' तथा अंग्रेजी में इस शब्द का प्रयोग क्षुद्र ग्रहों (माइनर प्लैनेट्स) के लिए किया गया है। अंतरराष्ट्रीय खगोलिकी संघ ने भी इस शब्द को मान्यता प्रदान की है। क्षुद्र ग्रहों के लिए कुछ अन्य भाषाएँ प्लैनेट्वायड्स का भी प्रयोग करती हैं, जिसका अर्थ है—'ग्रह की भाँति'। अगस्त 2006 में अंतरराष्ट्रीय खगोलिकी संघ ने एक नई शब्दावली जोड़ी, जिसका नाम है—लघु सौरतंत्र पिंड—स्माल सोलर सिस्टम बॉडीज। इसके अंतर्गत कुछ अन्य पिंड भी आते हैं, जिनमें क्षुद्र ग्रह और पुच्छल तारे भी शामिल हैं। इसी के साथ-साथ अंतरराष्ट्रीय खगोलिकी संघ ने एक और नई शब्दावली उसी समय जारी कर दी, जिसका नाम 'ड्वार्फ प्लैनेट' है तथा यह शब्दावली बड़े आकार के क्षुद्र ग्रहों पर लागू होती है। यहाँ विशेष रूप से उन क्षुद्र ग्रहों की चर्चा की जाएगी जो सौर तंत्र के आंतरिक भाग में चक्कर लगाते हैं (अंदाज से बृहस्पति ग्रह की कक्षा तक)। अन्य प्रकार के पिंडों के लिए यह परिभाषा लागू नहीं होती है।

प्रथम क्षुद्र ग्रह, जिसका पता किया गया, वह अब तक का सबसे बड़ा ज्ञात क्षुद्र ग्रह है तथा इसका नाम क्षुद्र ग्रह 'सेरेस' है। अब इसे ड्वार्फ प्लैनेट (बौना ग्रह) की संज्ञा दे दी गई है। बाकी अन्य को लघु सौर तंत्र पिंड कहते हैं। अधिकांश क्षुद्र ग्रह मुख्य क्षुद्र ग्रह बेल्ट के अंदर पाए जाते हैं तथा यह बेल्ट मंगल ग्रह और बृहस्पति ग्रह के बीच में दीर्घ वृत्तीय कक्षाओं में स्थित है। ऐसी मान्यता है कि ये क्षुद्र

ग्रह प्रोटोग्रहीय डिस्क के अवशेष हैं। कुछ क्षुद्र ग्रहों के अपने चंद्रमा हैं। कुछ क्षुद्र ग्रह जोड़ों में घूमते हैं, जिन्हें 'बाइनेरी तंत्र' कहते हैं। सौर तंत्र के अंदर हजारों की संख्या में क्षुद्र ग्रहों का पता लगाया गया है तथा उनके अन्वेषण की गति 5,000 क्षुद्र ग्रह प्रति माह है। 31 जुलाई, 2007 तक 3,78,546 ज्ञात क्षुद्र ग्रहों में 1,60, 508 क्षुद्र ग्रहों की समुचित कक्षा मालूम थी, जिन्हें स्थायी अधिकृत नाम दिया जा सकता था। इनमें से 13,889 को अधिकृत नाम दिया जा चुका है। सबसे कम संख्यावाला तथा बिना नामवाला क्षुद्र ग्रह है—(3708)1974 एफ वी 1 तथा सबसे अधिक संख्यावाला जिसको नाम दिया जा चुका है उसे 159351 'ल्योनपैस्कल' कहते हैं। वर्तमान के अनुमानों के अनुसार सौर तंत्र में 1 किलोमीटर से अधिक व्यासवाले क्षुद्र ग्रहों की संख्या 11 लाख से 19 लाख के बीच है। आंतरिक सौर तंत्र में सबसे बड़ा क्षुद्र ग्रह है—'1 सेरेस', जिसका व्यास 975 × 909 कि.मी. है। आंतरिक सौर तंत्र के दो अन्य बड़े क्षुद्र ग्रहों के नाम हैं— '2 पल्लास' और '4 वेस्टा' तथा दोनों के ही व्यास लगभग 500 कि.मी. हैं। प्रमुख बेल्ट का केवल 'वेस्टा' ही ऐसा क्षुद्र ग्रह है, जो कभी-कभी नंगी आँखों से दिखाई पड़ता है।

मुख्य बेल्ट के सभी क्षुद्र ग्रहों का भार लगभग 3.6×10^{21} कि.ग्रा. है, जो हमारी पृथ्वी के चंद्रमा के भार का लगभग 4 प्रतिशत है। इनमें 'सेरेस' का भार 0.95×10^{21} कि.ग्रा है जो सभी क्षुद्र ग्रहों के भार का 34 प्रतिशत है। इसके बाद के जो सबसे भारी क्षुद्र ग्रह हैं, वे हैं-'4 वेस्टा' (9 प्रतिशत), '2 पल्लास' (7 प्रतिशत) और '10 हाइजिया' (3 प्रतिशत)। इसके बाद अन्य तीन क्षुद्र ग्रह हैं— '511 डेविडा' (1.2 प्रतिशत), '704 इंटरएम्निया' (1 प्रतिशत) और '3 जूनो (0.9 प्रतिशत)।

क्षुद्र ग्रहों का वर्गीकरण

सामान्यत: क्षुद्र ग्रहों का वर्गीकरण दो प्रकार से किया जाता है—उनकी कक्षाओं के गुणों के आधार पर तथा उनके परावर्तकता के स्पेक्ट्रम के आधार पर।

अनेक क्षुद्र ग्रहों को उनके कक्षीय गुणों के आधार पर समूहों और परिवारों में विभक्त किया गया है। क्षुद्र ग्रहों के समूह का नामकरण उनके समूह के प्रथम आविष्कृत सदस्य के आधार पर समूह में बनाना आम बात है। प्राय: समूह लचीले गतिजतापूर्ण एसोसिएशंस होते हैं, जबकि परिवार काफी एकजुट (टाइट) होते हैं तथा किसी पितृ-क्षुद्र ग्रह के विध्वंशक ब्रेकअप का परिवार होते हैं।

विशिष्ट वर्गीकरण

सन् 1975 में क्लार्क आर. चेपमैन, डेविड मोरिसन और बेन जेल्नर द्वारा एक क्षुद्र ग्रह 'टैक्सेनॉमिक' तंत्र विकसित किया गया था, जो रंग, ऐल्बिडो और स्पेक्ट्रल आकार पर आधारित था। ये विशिष्ट गुण क्षुद्र ग्रह की सतह संरचना से संबंधित होते हैं—ऐसी आम धारणा है। मूलरूप से इस रूप में केवल तीन ही क्षुद्र ग्रहों का वर्गीकरण किया गया था, जो इस प्रकार हैं—

1. 'सी' प्रकार के क्षुद्र ग्रह, जो कार्बन से युक्त होते हैं तथा इस प्रकार के 75 प्रतिशत क्षुद्र ग्रह होते हैं।
2. 'एस' प्रकार के क्षुद्र ग्रह, जिनमें सिलिकन बहुतायत से होती है तथा इस प्रकार के 17 प्रतिशत क्षुद्र ग्रह हैं।
3. 'एल' प्रकार के क्षुद्र ग्रह, जिनमें धातु की मात्रा बहुत होती है तथा इस प्रकार के 8 प्रतिशत क्षुद्र ग्रह हैं।

अब इस सूची में काफी विस्तार कर दिया गया है तथा इसमें अन्य क्षुद्र ग्रहों को भी शामिल कर लिया गया है। क्षुद्र ग्रहों के प्रकार की संख्या में लगातार वृद्धि होती जा रही है

स्पेक्ट्रल वर्गीकरण की समस्या

प्रारंभ में क्षुद्र ग्रहों की संरचना के आधार पर तीन वर्गीकरण किए गए थे—

1. सी—कार्बनयुक्त,
2. एस—सिलिकनयुक्त,
3. एम—धातुयुक्त।

लेकिन स्पेक्ट्रल विभाजन और संरचना के बीच तालमेल बिठा पाना इतना आसान नहीं होता है, इसलिए अनेक वर्गीकरण प्रयोग में लाए जा रहे हैं और इसके कारण काफी भ्रमात्मक स्थिति पैदा हो गई है। यद्यपि विभिन्न वर्गीकरण के क्षुद्र ग्रहों में भिन्न-भिन्न प्रकार के द्रव्य पाए जाते हैं; लेकिन इसके साथ-साथ किसी प्रकार की निश्चितता इस बात की भी नहीं होती है कि उसी टैक्सोनोमिक वर्गीकरण के क्षुद्र ग्रहों में एक ही प्रकार का द्रव्य होगा।

वर्तमान में अनेक स्थूल (कोर्स) विभेदन स्पेक्ट्रोस्कोपिक सर्वेक्षण (जो सन् 1990 में किया गया), जो स्पेक्ट्रल वर्गीकरण पर आधारित है, आज भी मानक के तौर पर लिया जाता है। वैज्ञानिकों की सहमति इससे बेहतर किसी अन्य 'टैक्सोनोमिक' तंत्र पर नहीं बन पाई है तथा इसका कारण लगातार लंबे समय में लिये जानेवाले

मापनों की मुश्किलें हैं तथा इन मापनों को विशाल संख्या में क्षुद्र ग्रहों पर लिये जाने की आवश्यकताएँ हैं।

क्षुद्र ग्रह अन्वेषण

(क) ऐतिहासिक तरीके

पिछली दो शताब्दियों में क्षुद्र ग्रहों के अन्वेषण के तरीकों में अभूतपूर्व सुधार हुआ है। अठारहवीं शताब्दी के अंतिम वर्षों में बैरन फ्रैंज जैवेर वॉन जैच ने एक समूह का गठन किया, जिसमें 24 खगोलशास्त्री थे। इनका काम आसमान में सूर्य से 2.8 खगोलिकी इकाई दूर पर 'मिशिंग प्लैनेट' (लुप्त ग्रह) को खोजना था। प्रथम क्षुद्र ग्रह, '1 सेरेस' का अन्वेषण इस ग्रुप द्वारा नहीं किया गया, बल्कि इसका अन्वेषण संयोगवश सिसली स्थिति पैलेर्मो प्रेक्षणशाला के निदेशक गुइसिप्पे पियाजी द्वारा सन् 1810 में किया गया। उसके बाद के वर्षों में तीन अन्य क्षुद्र ग्रहों— '2 पल्लास', '3 जूनो' और '4 वेस्टा' का अन्वेषण किया गया। वेस्टा की खोज सन् 1807 में की गई। उसके बाद की आठ वर्षों की व्यर्थ खोज के बाद अधिकांश खगोल-शास्त्रियों ने यह मान लिया कि अब और क्षुद्र ग्रह नहीं हैं तथा इस दिशा में अपनी खोजों का समापन कर दिया।

लेकिन कार्ल लुडविग हेंके ने अपने प्रयास जारी रखे तथा सन् 1830 में उन्होंने और भी क्षुद्र ग्रहों के अन्वेषण के अभियान जारी रखे। पंद्रह वर्ष बाद उन्होंने '5 ऑस्ट्रेया' क्षुद्र ग्रह का पता लगाया, जो अड़तीस वर्षों में पहला आविष्कृत क्षुद्र ग्रह था। इसके अलावा उन्होंने क्षुद्र ग्रह '6 हेबे' का भी पता लगाया तथा यह खोज उन्होंने दो वर्ष से भी कम समय में की। इसके बाद अन्य खगोल-शास्त्रियों ने भी इन खोजों में हिस्सा लिया तथा प्रत्येक वर्ष एक नया क्षुद्र ग्रह पता किया जाने लगा। इस प्रारंभिक युग के क्षुद्र ग्रह आविष्कर्ताओं में कुछ प्रमुख नाम थे—जे.आर. हिंड, अनीबेल द गैस्पेरिस, रॉबर्ट लूथर, एच.एम.एस. गोल्डस्मिथ, जीन चैकोर्नेक, जेम्स फर्ग्यूसन, नॉर्मन रॉबर्ट पोगसन, ई. डब्ल्यू.टेंपेल, जे.सी. वाटसन, सी.एच.एफ. पीटर्स, ए. बोरेली, जे. पैलिसा, हेनरी बंधु और आगस्ट चैरल्वायस।

लेकिन सन् 1891 में मैक्स ओल्फ ने क्षुद्र ग्रहों के संसूचन में ऑस्ट्रोफोटोग्राफी तकनीक का प्रयोग किया। इससे क्षुद्र ग्रहों के संसूचन की रफ्तार बढ़ गई तथा यह तरीका पिछले संसूचन तरीकों की तुलना में काफी अच्छा था। स्वयं ओल्फ ने ही 248 क्षुद्र ग्रहों का संसूचन किया तथा इसका प्रारंभ उन्होंने क्षुद्र ग्रह '323 ब्रूसिया'

से किया। अच्छे तरीकों के आविष्कृत कर लेने के बावजूद एक शताब्दी के बाद भी केवल कुछ हजार क्षुद्र ग्रहों का ही पता किया जा सका। यह तो पता लग गया था कि बहुत सारे क्षुद्र ग्रह हैं, लेकिन अधिकांश खगोल-शास्त्रियों ने इस ओर अधिक ध्यान नहीं दिया।

(ख) क्षुद्र ग्रहों के संसूचन का सन् 1900 का मैनुअल तरीका

सन् 1998 तक क्षुद्र ग्रहों का आविष्कार चार चरणोंवाली प्रक्रिया द्वारा किया जाता था। पहले चरण में आकाश के एक रीजन का चित्र लिया जाता था तथा इसके लिए एक वाइड-फील्ड टेलीस्कोप का प्रयोग किया जाता था। इस प्रक्रिया में एक-एक घंटे की अवधि से फोटो के जोड़े खींचे जाते थे। इस प्रकार अनेक दिनों तक जोड़ों के फोटो खींचे जाते थे। दूसरे चरण में एक ही रीजन (आसमान के) के चित्र स्टीरियोस्कोप द्वारा दो अलग-अलग फिल्मों में लिये जाते थे। तीसरी प्रक्रिया में एक बार जब चलता हुआ कोई पिंड सुनिश्चित हो जाता था तो इसकी परिशुद्ध स्थिति का आकलन एक डिजिटली माइक्रोस्कोप के द्वारा किया जाता था। यह स्थिति-आकलन किसी ज्ञात स्टार के संदर्भ में किया जाता था। ये तीन चरण क्षुद्र ग्रह अन्वेषण की आधारशिला नहीं रखते। अन्वेषण का आखिरी चरण होता है स्थिति और प्रेक्षण समय आँकड़ों को ब्रियन मार्सडेन स्थित 'माइनर प्लैनेट सेंटर' को भेज दिया जाता है। डॉ. मार्सडेन के पास कंप्यूटर प्रोग्राम है, जो इन सब बातों को विस्तृत रूप से पता करता है।

(ग) कंप्यूटरीकृत तरीके

आज उन क्षुद्र ग्रहों को सुनिश्चित करने के प्रति दिलचस्पी बढ़ गई है, जिनकी कक्षाएँ पृथ्वी की कक्षा को क्रॉस करती हैं तथा जो पृथ्वी से टकरा सकते हैं। पृथ्वी-समीप क्षुद्र ग्रहों में तीन अत्यधिक महत्त्वपूर्ण समूह हैं और उनके नाम हैं—अपोलोज, अमोर्स, एटेंस। सन् 1960 के प्रारंभ में क्षुद्र ग्रहों से संबंधित अनेक डिफ्लेशन रणनीतियाँ प्रस्तावित की गई थीं।

पृथ्वी-समीप क्षुद्र ग्रह '433 इरोज' का अन्वेषण काफी पहले सन् 1898 में किया गया था तथा 1930 के दशक में इस प्रकार के अनेक पिंडों का अन्वेषण किया गया। अन्वेषण के क्रम इस प्रकार हैं—'1221 आमोर', 1862 अपोलो, 2101 ऑडोनिस और आखिरी '69230 हर्मीज', जो पृथ्वी के बहुत समीप (सन् 1937 में) पहुँच गई थी तथा इनकी पृथ्वी से दूरी थी 0.005 खगोलिकी इकाई। खगोल-

शास्त्रियों ने इनकी नजदीकियों से पृथ्वी से टकराव की आशंका जताई। इस संदर्भ में बाद के दशकों में दो घटनाओं ने चिंता की घंटी बजा दी, जिसमें पहली संकल्पना वॉल्टर ऑल्वारेज की थी, जिसके अनुसार एक इंपैक्ट की घटना सन् 1994 में हो चुकी थी तथा दूसरी घटना कामेट शूमेकर लेवी-9 का बृहस्पति ग्रह से टकराव था।

इस प्रकार के चिंतन और चिंताओं ने अंतरिक्ष में कुछ विशेष प्रकार के स्वचालन-तंत्रों के प्रमोचन की प्रेरणा दी, जिनमें 'चार्ज कपुल्ड डिवाइसेज-युक्त' कैमरे लगे हुए थे तथा इनमें कैमरे सीधे टेलीस्कोप से जुड़े थे। सन् 1998 के बाद अधिकांश क्षुद्र ग्रह इसी प्रकार के स्वचालन-तंत्रों द्वारा पता किए गए हैं। इस प्रकार के कुछ विशिष्ट तंत्र इस प्रकार हैं—

1. लिंकन पृथ्वी-समीप क्षुद्र ग्रह अनुसंधान (लीनियर) टीम
2. पृथ्वी-समीप क्षुद्र ग्रह अनुवर्तन (नीट) टीम
3. स्पेस वाच
4. लोवेल प्रेक्षणशाला पृथ्वी-समीप पिंड खोज (लोंयोस) टीम
5. कैटलीना व्योम सर्वेक्षण (सी.एस.एस.)
6. कैंपो इंपरेटर पृथ्वी-समीप पिंडों का सर्वेक्षण (सिंयोस) टीम
7. जापानी स्पेसगार्ड एसोसिएशन
8. एसियेगो—डी.एल.आर. क्षुद्र ग्रह सर्वेक्षण (एडास)।

अकेले लीनियर तंत्र ने ही 84,764 क्षुद्र ग्रहों का पता लगाया है (28 अगस्त, 2007 तक)। बाकी स्वचालन तंत्रों ने 4,711 पृथ्वी-समीप क्षुद्र ग्रहों का पता किया है, जिनमें 600 क्षुद्र ग्रहों का व्यास 1 कि.मी. से भी अधिक है।

क्षुद्र ग्रहों का अन्वेषण

अंतरिक्ष यात्रा के प्रारंभ होने तक क्षुद्र ग्रह चमकती हुई प्रकाश-रेखाओं के रूप में ही जाने जाते थे तथा उन्हें टेलीस्कोपों द्वारा देखा जाता था और वे एक विस्मयकारी चीज की भाँति जाने जाते थे। क्षुद्र ग्रहों का प्रथम समीपता चित्रण सन् 1971 में किया गया, जब मैरिनर-9 प्रोब ने 'फोबोस' और 'डीमोस' (मंगल ग्रह के दो चंद्रमा) का प्रतिबिंबन किया, जो कि शायद और संभवत: कैप्चर किए क्षुद्र ग्रह हैं। इन प्रतिबिंबों से अधिकांश क्षुद्र ग्रहों के अनियमित आलू के आकार की बनावट का पता लगा तथा इसी प्रकार की बातें वायजर प्रोबों द्वारा गैस ग्रहों के चंद्रमाओं के अवलोकन से भी पता लगीं। वास्तविक रूप में जो पहला क्लोज फोटो लिया जा सका, वह था सन् 1991 में '951 जैस्परा' क्षुद्र ग्रह का लिया गया फोटो। इसके बाद

सन् 1993 में '243 इडा' क्षुद्र ग्रह और इसके चंद्रमा 'डेक्टाइल' का फोटो लिया गया। ये फोटो गैलीलियो प्रोब द्वारा लिये गए, जो बृहस्पति ग्रह की ओर जा रही थी।

किसी क्षुद्र ग्रह के लिए पूर्णरूपेण समर्पित प्रथम प्रोब थी—अंतरिक्ष यान 'नियर शूमेकर', जिसने सन् 1997 में क्षुद्र ग्रह '253 मैथीलाइड' का चित्रण किया तथा इसके बाद 'नियर शूमेकर' अंतरिक्ष यान ने क्षुद्र ग्रह '433 इरोज' की कक्षा में प्रवेश किया और 2001 में इसकी सतह पर लैंड भी किया।

अन्य क्षुद्र ग्रह, जो विभिन्न अंतरिक्ष यानों द्वारा प्रेक्षित किए गए हैं (जिनका गंतव्य स्थल कुछ और था) वे हैं—'9969 ब्रैले' (अंतरिक्ष प्रोब डीप स्पेस-1 द्वारा सन् 1999 में) और क्षुद्र ग्रह '5535 अनेफ्रैंक' (अंतरिक्ष मिशन 'स्टारडस्ट' द्वारा सन् 2002 में)।

सितंबर 2005 में जापान की हायाबुसा प्रोब ने क्षुद्र ग्रह '25143 इतोकावा' का अध्ययन प्रारंभ किया। आनेवाले समय में यूरोपीय अंतरिक्ष संस्था की रोसेट्टा प्रोब का क्रमशः सन् 2008 और 2010 में '2867 स्टींस' और '21 ल्यूटेटिया' क्षुद्र ग्रहों से मुठभेड़ होगी तथा रोसेट्टा प्रोब इन क्षुद्र ग्रहों का अध्ययन करेगा।

चित्र 3.1 : 17 फरवरी, 1996 को किसी क्षुद्र ग्रह (क्षुद्र ग्रह इरोज) में उतरनेवाला प्रथम अंतरिक्ष यान 'नियर शूमेकर'।

इसी महीने (सितंबर 2007) में नासा एक 'डान' मिशन का प्रमोचन करने जा रहा है, जो सन् 2011-2015 की अवधि में क्षुद्र ग्रहों '1 सेरेस' और '4 वेस्टा' का चक्कर लगाएगा तथा बाद में यह मिशन क्षुद्र ग्रह '2 पल्लास' का भी अध्ययन करेगा।

दो क्षुद्र ग्रह मिशन डान

'डान' अंतरिक्ष मिशन नासा का एक अति महत्त्वपूर्ण अंतरिक्ष अभियान है, जो मंगल ग्रह और बृहस्पति ग्रह के बीच स्थित क्षुद्र ग्रह बेल्ट के दो महत्त्वपूर्ण क्षुद्र ग्रहों—'सेरेस' और 'वेस्टा' का चक्कर लगाते हुए इन दोनों ब्रह्मांडीय पिंडों का प्रेक्षण करेगा। अंतरिक्ष मिशन 'डान' प्रथम अंतरिक्ष अभियान होगा, जो दो (पृथ्वी और चंद्रमा के अलावा) ग्रहीय पिंडों के बीच की कक्षा में प्रवेश करके पहली बार सबसे बड़े क्षुद्र ग्रहों—'सेरेस' और 'वेस्टा' को विजिट करेगा। वेस्टा एक क्षुद्र ग्रह है और सेरेस भी एक क्षुद्र ग्रह है। 'डान' मिशन का प्रमोचन सितंबर 2007 के लिए प्रस्तावित था। इस मिशन की एक विशेष बात यह भी होगी कि 'डान' प्रथम अंतरिक्ष मिशन होगा, जो एक अकेली अंतरिक्ष यात्रा द्वारा दो ग्रहीय पिंडों की परिक्रमा करेगा। अब तक के प्रमोचित क्षुद्र ग्रह मिशन सारणी-3.1 में दिए गए हैं। 'डान' मिशन के कुछ प्रमुख आँकड़े सारणी-3.2 में दिए गए हैं।

सारणी-3.1

विभिन्न क्षुद्र ग्रह मिशन, जो प्रमोचित किए गए

1. **रोसेट्टा**—यूरोपीय अंतरिक्ष संस्था का पुच्छल तारा मिशन, जो पुच्छल तारों—स्टींस और ल्यूटेटिया के समीप से गुजरेगा (2004)।
2. **हायाबुशा (म्यूसेसे-सी)**-आई.एस.ए.एस. (जापान) का सैंपुल रिटर्न मिशन जिसका लक्ष्य क्षुद्र ग्रह 25143 इतोकावा है (सन् 2003)।
3. **जेनेसिस**—नासा का डिस्कवरी कार्यक्रम के अंतर्गत सौर-पवन सैंपुल रिटर्न मिशन।
4. **स्टारडस्ट**—नासा का पुच्छल तारा की पूँछ का सैंपुल रिटर्न मिशन, जो क्षुद्र ग्रह अने फ्रैंक के समीप से गुजरा (सन् 1996)।
5. **डीप स्पेस-1**—क्षुद्र ग्रह ब्रैले के समीप से गुजरनेवाला नासा का मिशन (सन् 1998)।
6. **कैसिनी मिशन**—नासा/यूरोपीय अंतरिक्ष संस्था का शनि ग्रह मिशन, जो क्षुद्र ग्रह बेल्ट से गुजरा।

7. **नियर शूमेकर मिशन**—नासा का मिशन, जो क्षुद्र ग्रह इरोज पर उतरा तथा इस प्रकार किसी क्षुद्र ग्रह पर उतरनेवाला यह प्रथम मिशन था।
8. **गैलीलियो**—बृहस्पति ग्रह के लिए नासा का मिशन, जो अपनी यात्राओं के दौरान क्षुद्र ग्रहों गैस्प्रा और इडा के समीप से गुजरा।

सारणी-3.2

	'डान' मिशन		
1.	संबंधित संस्था	:	नासा
2.	प्रमुख ठेकेदार	:	ऑरबिटल साइंस, जेपीएल, यूसीएलए (यूनिवर्सिटी ऑफ कैलीफोर्निया, लॉस एंजेलिस)
3.	मिशन का प्रकार	:	ऑरबिटर (परिक्रमा करनेवाला)
4.	लक्ष्य-पिंड	:	'सेरेस' और 'वेस्टा'
5.	प्रमोचन यान	:	डेल्टा 7925 एच
6.	मिशन अवधि	:	आठ वर्ष
7.	अंतरिक्ष यान 'डान' का भार	:	1,250 कि.ग्रा.
8.	उत्केंद्रता	:	लगभग वृत्तीय
9.	झुकाव	:	ध्रुवीय

'डान' मिशन के लक्ष्य

'डान' मिशन का प्रमुख लक्ष्य सौर तंत्र के दो प्रमुख लघु ग्रहों (प्रोटा-प्लैनेट्स) के प्रारंभिक विकास की प्रक्रियाओं का अध्ययन करना है, जो प्रारंभ से अब तक अपरिवर्तित (इनटैक्ट) स्थिति में हैं। ये दो प्रोटो-प्लैनेट 'सेरेस' और 'वेस्टा' मंगल ग्रह और बृहस्पति ग्रह के बीच के विस्तृत क्षेत्र में अनेक छोटे-छोटे पिंडों के साथ स्थित हैं, जिसे 'क्षुद्र ग्रह बेल्ट' कहते हैं। इनमें से (सेरेस और वेस्टा) दोनों ही विकासीय प्रक्रियाओं (विभिन्न प्रकार की) के दौर से गुजर चुके हैं तथा यह अवधि कुछ लाख वर्षों की थी।

इस मिशन की सबसे पहली प्राथमिकता यह जानना है कि ग्रहों के विकास में उनके आकार और जल की क्या भूमिका है ? इस संदर्भ में 'सेरेस' और 'वेस्टा' दो सही पिंड हैं, जिनकी ओर यह प्रश्न उन्मुख है तथा इसका कारण यह है कि सबसे भारी प्रोटो-ग्रह हैं तथा ये वे बेबी ग्रह हैं, जिनकी वृद्धि बृहस्पति ग्रह के निर्माण के कारण रुक गई थी। 'सेरेस' अत्यधिक प्राचीन और गीला ड्वार्फ ग्रह है,

चित्र 3.2 : अंतरिक्ष-यान 'डान'।

जबकि 'वेस्टा' विकसित और शुष्क है। इसलिए 'डान' मिशन में भेजे जानेवाले उपकरण उच्च कोटि के हैं। उड़ान के योग्य (फ्लाइट प्रोवेन) हैं तथा बुध ग्रह, मंगल ग्रह, चंद्रमा, इरोज और पुच्छल तारों के अभियानों से मिलते-जुलते हैं। मिशन की वैज्ञानिक टीम में चट्टानी और बर्फीले ग्रहों के महान् विशेषज्ञ शामिल हैं, जो इस मिशन के लिए सिद्धहस्त मापनों तथा विश्लेषण तकनीकों का प्रयोग करेंगे।

'डान' मिशन में लीक से हटकर की जानेवाली खोजें शामिल हैं। 'सेरेस' में अनेक सक्रिय जलीय (हाइड्रोलॉजिकल) प्रक्रियाएँ हो सकती हैं, जो इन पिंडों के अंदर की बातों को समझने में हमारी मदद कर सकती हैं। 'वेस्टा' में अनेक चट्टानें हो सकती हैं, जो मंगल ग्रह की चट्टानों से कहीं अधिक चुंबकीय गुणों से भरपूर हो सकती हैं।

'सेरेस' में एक पतली, स्थायी वायुमंडलीय परत हो सकती है, जो इसे अन्य लघु (माइनर) ग्रहों से भिन्न बना सकती है। मिशन के तीन प्रमुख केंद्रबिंदु इन तीन बातों से संबंधित हैं—

1. यह सौर तंत्र के उद्गम के सबसे प्रारंभिक क्षणों को पकड़ेगा, जिससे हमें इन पिंडों के विकास की कहानी के विषय में पता चल सकेगा।

2. 'डान' मिशन उन बिल्डिंग ब्लॉकों के स्वभाव का पता करेगा, जिनसे पार्थिव ग्रहों का निर्माण हुआ तथा इस प्रकार यह इन ग्रहों के निर्माण के प्रति हमारी समझ को बढ़ाएगा।
3. इस मिशन की एक विशेष प्रस्तुति यह होगी कि यह दो लघु ग्रहों के निर्माण और विकास का बिलकुल भिन्न तरीका प्रस्तुत करेगा, जिससे हम यह समझ सकेंगे कि उस विकास को कौन नियंत्रित करता है।

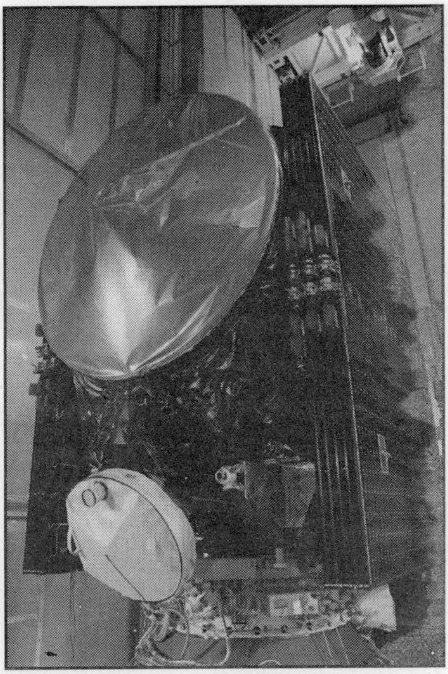

चित्र 3.3 : प्रमोचन पैड पर 'डान'।

'डान' मिशन का प्रमोचन बहुत ही सामयिक था। सौर तंत्र के प्रारंभिक विकास की कहानी को समझने के संदर्भ में यह अतिरिक्त सौर ग्रहीय़ तंत्रों के प्रेक्षण में भी काफी मदद करेगा। अंत में यह आंतरिक सौर तंत्र के प्रथम चरण के अन्वेषण का कार्य पूरा करेगा। नासा द्वारा निर्धारित सौर तंत्र के उद्‌गम और विकास की कहानी-कार्यक्रम को संबोधित करेगा तथा बुध ग्रह, पृथ्वी एवं मंगल ग्रह के ऊपर चल रहे ऑन-गोइंग गतिविधियों के लिए परिपूरक सिद्ध होगा।

'डान' मिशन का वैज्ञानिक नीतभार

1. **फ्रेमिंग कैमरा**—यह 'डान' मिशन प्रतिबिंबन तंत्र है। इसका निर्माण मैक्स प्लैंक इंस्टीट्यूट फॉर सिस्टम रिसर्च, जर्मनी ने किया है।
2. **वी.आई.आर. स्पेक्ट्रोमीटर (विजुअल और इन्फ्रारेड स्पेक्ट्रोमीटर)**—यह वह उपकरण है, जो 'डान' मिशन के वैज्ञानिक और मापन उद्‌देश्यों की पूर्ति करेगा तथा इसके द्वारा स्पेक्ट्रल प्रतिबिंबों

को बनाया जा सकेगा। इसका निर्माण इटली ने किया है।

3. **गामा किरण और न्यूट्रान स्पेक्ट्रोमीटर**—इस उपकरण का निर्माण 'वेस्टा' और 'सेरेस' की सतह पर उपलब्ध तत्त्वों की उपलब्धता के मापन के लिए किया जाएगा।
4. **रेडियो विज्ञान**—इसका निर्माण ऑरबिटल्स साइंस कॉर्पोरेशन, वर्जीनिया ने किया है।

वैज्ञानिक नीतभार द्वारा पृथ्वी के लिए भेजा जानेवाला डाटा

ये वैज्ञानिक डाटा इस प्रकार के होंगे—

1. 'वेस्टा' की सतह के सात रंगों में तथा 'सेरेस' की सतह के तीन रंगों में सतही प्रतिबिंबन।
2. मानचित्रण स्पेक्ट्रोमीटर द्वारा प्रदत्त बैंडों में 0.35 से 0.9 माइक्रोन, 0.8 से 2.5 माइक्रोन और 2.4 से 5.0 माइक्रोन में डाटा।
3. न्यूट्रॉन और गामा किरण स्पेक्ट्रम द्वारा सतह के तत्त्वों का (प्रत्येक क्षुद्र ग्रह का) मानचित्रण, जिसमें प्रमुख चट्टान बनानेवाले तत्त्व (ऑक्सीजन, एल्यूमिनियम, मैग्नीशियम, सिलिकन, कैल्सियम, टाइटेनियम और लोहा), ट्रेस तत्त्व, रेडियोधर्मी तत्त्व और हलके तत्त्व, जैसे—हाइड्रोजन, कार्बन और नाइट्रोजन शामिल हैं।
4. भार, गुरुत्व फील्ड, प्रमुख अक्षरेखा, घूर्णन अक्षरेखा और जड़त्व के आघूर्ण की रेडियो ट्रैकिंग।

'सेरेस' और 'वेस्टा' पिंडों की पौराणिक मान्यताएँ

प्रथम आविष्कृत और सबसे बड़ा क्षुद्र ग्रह 'सेरेस' का नामकरण रोमन कृषि की देवी के नाम पर रखा गया है। 'सेरेस' का अन्वेषण 1 जून, 1801 को पालेर्मो प्रेक्षण के गिउसेप्पे पियाजी द्वारा किया गया। पियाजी की बीमारी के कारण 'सेरेस' के

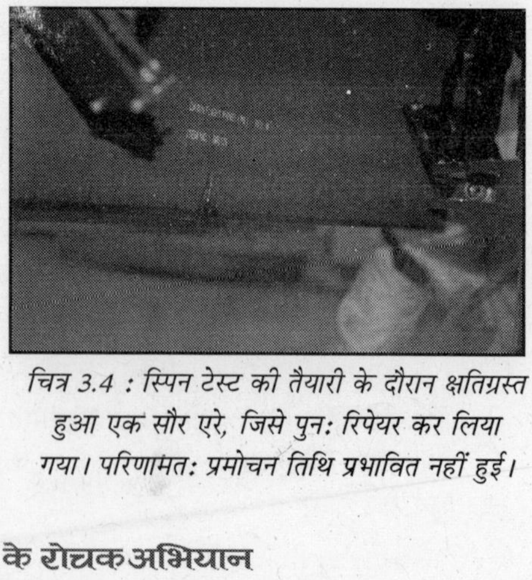

चित्र 3.4 : स्पिन टेस्ट की तैयारी के दौरान क्षतिग्रस्त हुआ एक सौर एरे, जिसे पुन: रिपेयर कर लिया गया। परिणामत: प्रमोचन तिथि प्रभावित नहीं हुई।

अतिरिक्त प्रेक्षणों को स्थगित कर दिया गया था। चौबीस वर्ष की उम्र में कार्ल फ्रेडरिक गॉस 17 रैखिक समीकरणोंवाले तंत्र का हल निकालने में सफल हुए तथा इसके आधार पर उन्होंने 'सेरेस' की कक्षा का पता लगाया और इस प्रकार 'सेरेस' का पुनः अन्वेषण किया गया, जो कि उस समय के अनुसार एक बड़ा कार्य था। इसके परिणामस्वरूप इसके प्रथम अन्वेषण के एक वर्ष के अंदर हेनरिच ओल्बर्स और फैंज वॉन जैच 'सेरेस' की स्थिति का पुनः निर्धारण कर सकने में समर्थ हुए। सूर्य का एक चक्कर लगाने में सेरेस 4.6 पार्थिव (टेरिस्ट्रियल) वर्ष का समय लेता है। इसका व्यास लगभग 900 कि.मी. है।

'वेस्टा' सबसे अधिक चमकीला क्षुद्र ग्रह है तथा इसका नाम पौराणिक रोमन देवी—स्वास्थ्य के नाम पर रखा गया है। यह एकमात्र ऐसा क्षुद्र ग्रह है, जो नंगी आँखों से दिखाई पड़ता है। इसका अन्वेषण 29 मार्च, 1807 को हेनरिच ओल्बर्स ने किया था। यह आविष्कृत किया गया चौथा लघु ग्रह (माइनर प्लैनेट) था। यह दूसरे नंबर का सबसे भारी तथा तीसरे नंबर का सबसे विशाल क्षुद्र ग्रह है। इसकी सतह की संरचना बेसाल्ट-युक्त (भूरी चट्टानी) है।

'सेरेस' और 'वेस्टा' दोनों पिंडों का निर्माण सौर तंत्र के प्रारंभिक ऐतिहासिक काल में हुआ। इस प्रकार इन दोनों पिंडों के साथ अनेक घटनाओं के रिकॉर्ड बँधे हुए हैं। तापीय विकास अध्ययन बतलाते हैं कि 'सेरेस' का निर्माण 'वेस्टा' के बाद हुआ होगा। लेकिन ऐसा विश्वास है कि 'वेस्टा' सौर तंत्र के अनेक सूक्ष्माकार पिंडों का स्रोत रहा होगा। अधिकांश (सभी नहीं) वी प्रकार के पृथ्वी-समीप क्षुद्र ग्रह तथा मुख्य बेल्ट के कुछ अन्य क्षुद्र ग्रहों का स्पेक्ट्रम 'वेस्टा' से मिलता-जुलता है तथा इसलिए उन्हें कभी-कभी 'वेस्टवायड्स' भी कहते हैं। पृथ्वी में पाए जानेवाले उल्काओं के 5 प्रतिशत सैंपुलों में अधिकांश एच.ई.डी. उल्काओं द्वारा 'वेस्टा' से हुए टकरावों के परिणाम हैं।

अतः ग्रहों—'सेरेस और 'वेस्टा' के विभिन्न गणक सारणी-4.3 और सारणी-4.4 में दिए गए हैं।

सारणी-3.3

क्षुद्र ग्रह 'सेरेस' के कुछ गणक

1.	आविष्कारक	:	गिउसेपे पियाजी
2.	आविष्कार की तिथि	:	1 जनवरी, 1801
3.	सूर्य से इष्टतम दूरी	:	2.987 खगोलिकी इकाई

4.	सूर्य से निम्नतम दूरी	:	2.544 खगोलिकी इकाई
5.	सेमी—मेजर अक्ष रेखा	:	2.765 खगोलिकी इकाई
6.	उत्केंद्रता	:	0.079
7.	कक्षीय गति (औसत)	:	17.882 कि.मी. प्रति सेकंड
8.	झुकाव	:	10.58 डिग्री
9.	परिमाप	:	975 × 909 कि.मी.
10.	भार	:	9.46 +/− 0.04 × 10^{20} कि.ग्रा.
11.	घनत्व	:	2.08 ग्राम. प्रति घन सें.मी.
12.	भूमध्य रेखीय गुरुत्व	:	0.27 मीटर प्रति सेकंड^2
13.	पलायन गति	:	0.51 कि.मी. प्रति सेकंड
14.	सतह का तापमान	:	167 डिग्री केल्विन (औसत),239 डिग्री केल्विन (इष्टतम)
15.	क्षुद्र ग्रह बेल्ट का सबसे बड़ा पिंड		

सारणी-3.4

क्षुद्र ग्रह 'वेस्टा' के कुछ प्रमुख गणक

1.	आविष्कारक	:	हेनरिच विल्हेल्म ओल्बर्स
2.	आविष्कार की तिथि	:	29 मार्च, 1807
3.	सूर्य से इष्टतम दूरी	:	2.572 खगोलिकी इकाई
4.	सूर्य से निम्नतम दूरी	:	2.151 खगोलिकी इकाई
5.	सेमी—मेजर अक्ष रेखा	:	2.361 खगोलिकी इकाई
6.	उत्केंद्रता	:	0.08902
7.	कक्षीय आवर्तकाल	:	1325.46 दिन
8.	औसत कक्षीय गति	:	19.34 कि.मी. प्रति सेकंड
9.	झुकाव	:	7.133 डिग्री
10.	परिमाप	:	578 × 560 × 458 कि.मी.
11.	भार	:	2.7 × 10^{20} कि.ग्रा.
12.	घनत्व	:	3.4 ग्राम प्रति घन सें.मी.
13.	सतही गुरुत्व	:	0.22 मीटर प्रति सेकंड^2
14.	पलायन गति	:	0.35 कि.मी. प्रति सेकंड
15.	तापमान	:	−188 डिग्री सेंटीग्रेड (निम्नतम) −18 डिग्री सेंटीग्रेड (इष्टतम)
16.	क्षुद्र ग्रह बेल्ट का दूसरे नंबर का सबसे बड़ा भारी पिंड		

‘डान’ मिशन रद्दकरण (कैन्सीलेशन) और पुनःस्थापन प्रक्रियाएँ

‘डान’ मिशन की समय-तालिका बड़े नाटकीय रूप से परिवर्तित हुई है। दिसंबर 2003 में ‘डान’ परियोजना रद्द कर दी गई थी। अक्तूबर 2005 में डान प्रोजेक्ट का कार्य ‘स्टैंड डाउन’ मोड में डाल दिया गया था। जनवरी 2006 में डान परियोजना के ‘स्टैंड डाउन’ मोड पर पुनः चर्चा हुई तथा इसे ‘अनिश्चितकालीन पोस्टपोंड’ मोड पर डाल दिया गया तथा नासा ने मिशन की स्थिति पर किसी नई तिथि की घोषणा नहीं की। 2 मार्च, 2006 तक भी यह एक प्रकार से अघोषित रद्द स्थिति में था, लेकिन बाद में यह रद्द स्थिति से पुनः विचार स्थिति में डाल दिया गया तथा 27 मार्च, 2006 को यह घोषित किया गया कि डान मिशन रद्द नहीं किया जाएगा।

सितंबर 2006 के अंतिम सप्ताह में डान मिशन के उपकरणों का मिशन इंटीग्रेशन किया गया। यह इंटीग्रेशन काफी सफल रहा। सितंबर 2007 में प्रमोचन के समय तक इस मिशन के अंतरिक्ष यान की विधिवत् जाँच-पड़ताल की गई।

‘डान’ अंतरिक्ष यान की माइक्रो चिप

‘डान’ अंतरिक्ष यान में एक लघु कंप्यूटर चिप लगाई गई है, जिसमें 3,60,000 से भी अधिक अंतरिक्ष-प्रेमियों के नाम अंकित हैं। अंतरिक्ष-प्रेमियों ने सितंबर 2005 से 4 नवंबर, 2006 तक अपने-अपने नाम ऑन-लाइन कंप्यूटर प्रणाली से भेजे थे। इस माइक्रो चिप का आकार अमेरिका के 5 सेंट के सिक्के के बराबर है तथा इसका स्थापन अंतरिक्ष यान ‘डान’ के आगे के आयन प्रणोदक के ऊपर तथा यान के उच्च लब्धि एंटेना के नीचे किया गया (17 मई, 2007 को)। पूरे नामों को ध्यान में रखते हुए एक से अधिक माइक्रो चिपें बनाई गईं। माइक्रो चिप की बैकअप प्रतिलिपि का प्रदर्शन भी सन् 2007 के ओपेन हाउस में नासा की कैलीफोर्निया स्थित जेट प्रोपल्शन प्रयोगशाला (पसाडेना) में किया गया।

अंतरिक्ष यान ‘डान’ की संरचना के कुछ प्रमुख पहलू

1. प्रयुक्त उपकरण और तंत्र/उपतंत्र पूर्ण स्पेस विश्वसनीय एवं कम जोखिमवाले हैं तथा इन्हें पिछले अनेक अभियानों में प्रयुक्त किया जा चुका है।
2. इसके आयन प्रोपल्शन-तंत्र का डिजाइन, असेंबली और जाँच-पड़ताल का कार्य नासा की जेट प्रोपल्शन प्रयोगशाला में किया गया तथा नासा

चित्र 3.5 : जब 'डान' अंतरिक्ष यान के प्रमोचन की तिथि विलंबित हुई तो उस समय उसे पुनः हैंगर में ले जाया गया।

की 'सोलर इलेक्ट्रिक प्रोपल्शन टेक्नोलॉजी असेसमेंट रेडीनेस टीम' ने इसकी जाँच का कार्य डीप स्पेस-1 मिशन की तर्ज पर किया।

3. इसमें 100 वॉट के ट्रैवलिंग वेब ट्यूब प्रवर्द्धक (एंप्लीफायर), अनुवर्तन/दूरादेश/दूरमिति तंत्र का प्रयोग 1.5 मीटर उच्च लब्धि एंटेना और 3 निम्न लब्धि एंटेना के साथ किया गया है।
4. 10 कि.वा. ट्रिपल जंक्शन सौर एरे का प्रयोग हुआ है।
5. इसका अभिवृत्त नियंत्रण तंत्र उड़ान के लिए पूर्ण सक्षम है तथा इस प्रकार के तंत्र का प्रयोग कुछ अन्य अंतरिक्ष मिशनों, जैसे—टोपोग्राफी मिशन और 'फॉर अल्ट्रावायलेट एक्सप्लोरर' में किया जा चुका है।
6. इसका हाइड्राजीन प्रतिक्रिया उपतंत्र बड़ा साधारण सा है, जिसमें 0.9 न्यूनतम क्षमतावाले 12 इंजनों का प्रयोग हुआ है।
7. इसका कमांड और डाटा हैंडलिंग-तंत्र फ्लाइट सॉफ्टवेयर (जो मॉडुलर और मल्टीटास्क-युक्त है) आर्बव्यू मिशन की भाँति है।

'डान' मिशन के अपडेट्स

'डान' मिशन अनेक उतार-चढ़ावों के बीच से गुजरा है तथा अनेक प्रकार के घटनाक्रम संपन्न हुए हैं। यहाँ पर 'डान' परियोजना के विकास के कुछ प्रमुख तकनीकी पहलुओं पर प्रकाश डाला जाएगा। ये घटनाक्रम इस प्रकार हैं—

1. **2-6 अप्रैल, 2007**—नौसेना अनुसंधान प्रयोगशाला में डान मिशन की एकाउस्टिक जाँच पूरी की गई। इससे यह निश्चितता आ गई कि उच्च विभव इलेक्ट्रॉनिक असेंबली को हटाकर पुनः स्थापन का कार्य अंतरिक्ष यान को किसी प्रकार की भी क्षति नहीं पहुँचाएगा। 'डान' मिशन से संबंधित प्रमोचन यान डेल्टा-II अवयवों के परिवर्तन के लिए प्रमोचन-तिथि को 10 दिन के लिए विलंबित करके 30 जून, 2007 कर दिया गया। यह परिवर्तन मिशन के उद्देश्यों और वैज्ञानिक उद्देश्यों को किसी भी तरह नहीं प्रभावित करेगा।
2. **9-13 अप्रैल, 2007**—'डान' अंतरिक्ष यान को ट्रक द्वारा नौसेना अनुसंधान प्रयोगशाला वाशिंगटन (डीसी) से केप केनेवरल के पास ऑस्ट्रोटेक स्पेस ऑपरेशंस सेंटर ले जाया गया। वहाँ इसे खोलकर 'क्लीन रूम' में रखा गया। जाँच करने पर पता चला कि यह बिलकुल सही स्थिति में था। लंबी ट्रक यात्रा का इस पर कोई असर नहीं पड़ा।
3. **16-20 अप्रैल, 2007**—'डान' के सौर एरे, जो सूर्य के प्रकाश को विद्युत् ऊर्जा में परिवर्तित करेंगे, ऑस्ट्रोटेक ऑपरेशन केंद्र में पहुँच गए, जहाँ अंतरिक्ष यान में काम चल रहा था। सौर एरे अंतरिक्ष यान 'डान' से दिसंबर में निकाल दिए गए थे। इस अवधि के दौरान फ्लोरिडा में अंतरिक्ष यान पर तेजी से कार्य किया गया।
4. **23-27 अप्रैल, 2007**—इस अवधि में आयन प्रणोदकों पर कार्य किया गया। मिशन नियंत्रकों ने चार दिवसीय उन तरीकों के सिमुलेशन कार्य को पूरा किया, जिनसे आयन प्रोपल्शन तंत्र का नियंत्रण और मॉनीटरन किया जाना था। इस गतिविधि का नाम था 'ऑपरेशनल तैयारी टेस्ट'।
5. **30 अप्रैल-4 मई, 2007**—इस अवधि में बृहत् रूप से निष्पादन टेस्ट पूरे किए गए। ये टेस्ट दो सप्ताह तक चले। प्रत्येक टेस्ट में प्रत्येक इंजीनियरिंग उपतंत्र और प्रत्येक उपकरण काफी लंबी अवधि के लिए प्रचालित किया गया तथा यह प्रचालन यह जानने के लिए किया गया कि क्या ये डिजाइन उद्देश्यों की भाँति कार्य करते हैं।

6. **7-11 मई, 2007**—इस अवधि में अंतरिक्ष यान के अवयवों के संरेखण (एलाइनमेंट) का सत्यापन किया गया तथा इन पर कुछ अंतिम निर्णय भी लिये गए—यह सुनिश्चित करने के लिए कि एंटेना, आयन प्रणोदक, वैज्ञानिक उपकरण और अन्य युक्तियाँ समुचित तरीके से दिग्विन्यास प्रक्रिया के अनुसार उन्मुख की गई हैं।
7. **14-18 मई, 2007**—इस अवधि के दौरान अनेक दूरसंचार परीक्षण और 'वेस्टा' प्रेक्षण अभियान पर कार्य किए गए। केनेडी स्पेस सेंटर के डीप स्पेस नेटवर्क में ये परीक्षण किए गए।
8. **21-25 मई, 2007**—सौर एरे को अंतरिक्ष यान 'डान' से संलग्न करके आखिरी टेस्ट किए गए।
9. **4-8 जून, 2007**—इस दौरान अंतरिक्ष यान में ईंधन भरा गया। 'डान' के प्रमोचन यान की असेंबली में विलंबन के कारण (केप केनेवरल में) इसकी नई प्रमोचन तिथि 7 जुलाई, 2007 निर्धारित की गई। जेनान नोदक (आयन प्रोपल्शन तंत्र के लिए) अंतरिक्ष यान में भरे गए। इसी बीच मिशन प्रचालन टीम में प्रमोचन से संबंधित अतिरिक्त सिमुलेशन संपन्न किए गए।
10. **11-15 जून, 2007**—अंतरिक्ष में 'डान' यान को घुमाने के लिए स्पिन परीक्षण पूरे किए गए तथा अंतरिक्ष यान में संतुलन भार भी लगाए गए। स्पिन टेस्ट की तैयारी के दौरान सौर पैनल का पिछला भाग थोड़ा क्षतिग्रस्त हो गया। लघु आकार के प्रभावित क्षेत्र को ठीक कर लिया तथा रिपेयर समय के कारण प्रमोचन तिथि प्रभावित नहीं हुई। इसके साथ ही मिशन टीम ने उड़ान के दौरान की कुछ अतिरिक्त गतिविधियों का भी सिमुलेशन किया। अब तक उड़ान के दौरान प्रस्तावित सभी परीक्षणों की सिमुलेशन जाँच पूरी हो चुकी थी।
11. **18-22 जून, 2007**—आस्ट्रोटेक प्रांगण में अंतरिक्ष यान को प्रमोचन यान की तीसरी स्टेज से जोड़ा गया। अंतरिक्ष प्रमोचन कॉम्प्लेक्स 17 बी में दूसरी स्टेज उठाकर निर्धारित स्थान पर रखी गई और प्रथम स्टेज से जोड़ी गई।
12. **25-29 जून, 2007**—'डान' अंतरिक्ष यान और प्रमोचन रॉकेट की तीसरी स्टेज ऑस्ट्रोटेक कॉम्पलेक्स से अंतरिक्ष प्रमोचन कॉम्प्लेक्स 17 में स्थानांतरित किए गए तथा दूसरी स्टेज के ऊपर लगाए गए।

जाँच-पड़ताल का दौर प्रमोचन यान की तीनों स्टेजों पर जारी रहा।

13. **2-6 जुलाई, 2007**—लगातार मौसम की खराबी तथा प्रमोचन यान की तकनीकी खामियों के मद्देनजर 'डान' अंतरिक्ष यान का प्रमोचन 27 सितंबर, 2007 के लिए निर्धारित किया गया।

'डान' मिशन की प्रोजेक्ट टीम

'डान' मिशन टीम को नेतृत्व प्रदान किया है यू.सी.एल.ए. (कैलिफोर्निया विश्वविद्यालय, लॉस एंजेलिस) के अंतरिक्ष वैज्ञानिक और प्रिंसिपल इन्वेस्टीगेटर क्रिस्टोफर टी.रसेल ने। माइकल मूक ऑरबिटल साइंस कॉर्पोरेशन में (जहाँ पर डान अंतरिक्ष यान का निर्माण किया गया) 'डान' परियोजना के मिशन मैनेजर हैं। अर्मेंडो पिलोटो केनेडी स्पेस सेंटर में 'डान' परियोजना के मैनेजर हैं। नासा की जेट प्रोपल्शन प्रयोगशाला ने आयन प्रोपल्शन-तंत्र प्रदान किया तथा संपूर्ण फ्लाइट-तंत्र विकास के प्रबंधक की भूमिका निभाई। जर्मनी के एयरोस्पेस तथा मैक्स प्लैंक इंस्टीट्यूट फॉर सोलर सिस्टम रिसर्च संस्थान ने फ्रेमिंग कैमरा प्रदान किया, इटली की अंतरिक्ष संस्था ने मैपिंग स्पेक्ट्रोमीटर तथा लॉस एलामोस राष्ट्रीय प्रयोगशाला ने गामा किरण और न्यूट्रॉन स्पेक्ट्रोमीटर का निर्माण किया।

प्रमोचन की तैयारियाँ

'डान' अंतरक्षि यान 10 अप्रैल, 2007 को आस्ट्रोटेक स्पेस ऑपरेशंस केंद्र, फ्लोरिडा में पहुँच गया, जहाँ से इसके प्रमोचन की तैयारियाँ प्रारंभ हुईं। 'डान' का प्रमोचन केप केनेवेरल वायुसेना बेस के पैड संख्या 17-बी से डेल्टा 7925 एच द्वारा किया गया। पहले प्रमोचन की तिथि 20 जून, 2007 निर्धारित की गई थी, लेकिन इसे 30 जून तक के लिए कुछ अन्य तंत्रों के आगमन के कारण विलंबित किया गया था। अस्टोट्रेक स्पेस ऑपरेशंस सुविधा में अंतरिक्ष यान 'डान' के एक सोलर एरे को क्षति पहुँची, लेकिन इसकी प्रमोचनतिथि पर कोई प्रभाव नहीं पड़ा। लेकिन खराब मौसम के कारण प्रमोचन की तिथि 8 जुलाई, 2007 निर्धारित की गई। तत्पश्चात् रेंज अनुवर्तन की समस्याओं ने इस प्रमोचन तिथि को 9 जुलाई और 15 जुलाई कर दिया, लेकिन प्रमोचन तिथि फीनिक्स मिशन के प्रमोचन के कारण और भी विलंबित हुई और अंत में इसका प्रमोचन सितंबर 2007 के लिए निर्धारित किया गया। सितंबर में प्रमोचन का निर्णय 7 जुलाई, 2007 को नासा के विज्ञान मिशन निदेशालय के द्वारा 'डान' परियोजना के मिशन मैनेजरों, 'डान' के प्रिंसिपल इन्वेस्टीगेटर तथा नासा

प्रशासक के साथ समुचित चर्चा और रिव्यू के बाद लिया गया। 27 सितंबर, 2007 के प्रमोचन का एक अन्य कारण यह भी था कि जुलाई में प्रमोचन तिथियाँ काफी सीमित थीं तथा मंगल ग्रह मिशन 'फीनिक्स' का प्रमोचन अगस्त के लिए तय था।

27 सितंबर, 2007 को पृथ्वी से उठने के बाद 'डान' अंतरिक्ष यान ने तीन जेनॉन आयन प्रणोदकों का प्रयोग किया, जिन्हें एक-एक करके प्रज्वलित किया गया। 'डान' की अनुमानित यात्रा का विवरण सारणी-4.5 में दिया गया है।

सारणी-3.5

'डान' अंतरिक्ष यान की यात्रा का विवरण			
1.	27 सितंबर, 2007	:	प्रमोचन
2.	मार्च 2009	:	मंगल ग्रह के साथ ग्रैविटी असिस्ट तकनीकी संपन्न
3.	अक्तूबर 2011	:	क्षुद्र ग्रह 'वेस्टा' में आगमन
4.	अप्रैल 2012	:	क्षुद्र ग्रह 'वेस्टा' से प्रस्थान
5.	फरवरी 2015	:	क्षुद्र ग्रह 'सेरेस' में आगमन
6.	जुलाई 2015	:	प्रचालन का अंत

ऐसी आशा की जाती है कि 'डान' मिशन को सन् 2015 के बाद भी एक्सटेंड करके कुछ अन्य क्षुद्र ग्रहों का भी अन्वेषण किया जाएगा।

'डान' अंतरिक्ष यान पहले 'वेस्टा' क्षुद्र ग्रह और फिर 'सेरेस' क्षुद्र ग्रह की यात्रा करेगा तथा इसके लिए यह आयन इंजन की पावर का प्रयोग करेगा। यह वह तकनीकी है, जिसे सफल अंतरिक्ष मिशन 'डीप स्पेस-1' से लिया गया है। आयन इंजन द्वारा अंतरिक्ष यान को अपनी यात्रा में वांछित स्वतंत्रता मिलती है। क्षुद्र ग्रह बेल्ट में अन्य पिंडों की तुलना में निम्न गति के कारण इसे दो पिंडों की कक्षा में प्रवेश करने में काफी आसानी होगी तथा इसलिए यह प्रथम अंतरिक्ष यान होगा, जो दो ब्रह्मांडीय पिंडों 'सेरेस' और 'वेस्टा' का चक्कर लगाएगा। 'सेरेस' और 'वेस्टा' के सर्वेक्षण के दौरान 'डान' अंतरिक्ष यान काफी समय इन दोनों पिंडों के ऊपर गुजारेगा। प्रारंभ में यह 'सेरेस' की उच्च ऊँचाईवाली कक्षा में प्रवेश करेगा तथा बाद में यह धीरे-धीरे उसके नजदीक पहुँचेगा और नजदीक से प्रेक्षण करेगा। यही तरीका 'वेस्टा' के प्रेक्षण के लिए भी अपनाया जाएगा। इन सर्वेक्षणों के दौरान यह इन दोनों पिंडों का फोटोग्राफिक और खनिज पदार्थों संबंधी मानचित्रण करेगा और ये सर्वेक्षण इन दोनों क्षुद्र ग्रहों की पूरी सतह के किए जाएँगे। इसमें इन क्षुद्र ग्रहों का गुरुत्व और आंतरिक संरचना भी शामिल होगी।

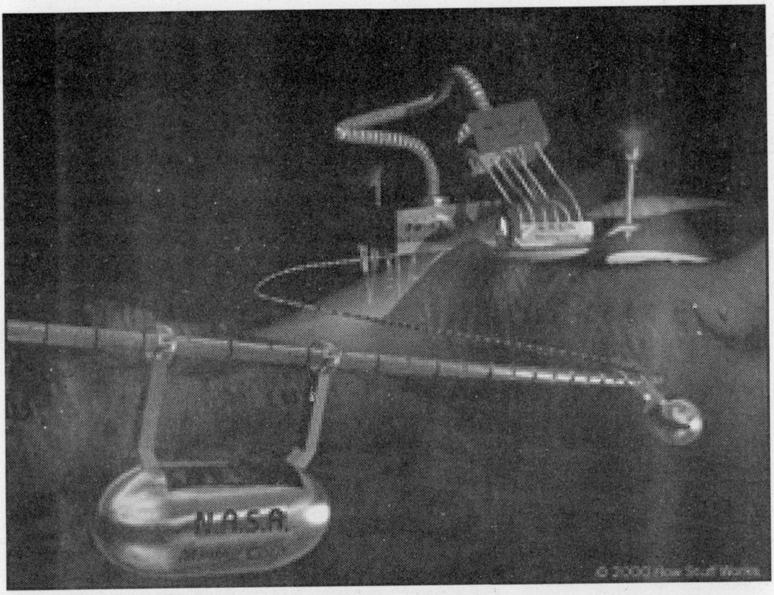

चित्र 3.6 : क्षुद्र ग्रह में माइनिंग का एक दृश्य। स्ट्रिप माइनिंग उपकरण और अन्य कच्चे पदार्थों को क्षुद्र ग्रह की सतह से निकालकर रोबोटिक बग्घी द्वारा प्रोसेसिंग स्थल तक पहुँचाते हैं।

क्षुद्र ग्रहों के अन्वेषण का महत्त्व

वह दिन दूर नहीं है, जब अंतरिक्ष में कार्यों के लिए बहुत अधिक मात्रा में असेंबली पदार्थों की आवश्यकता पड़ेगी। अत्यधिक महँगे अंतरिक्ष परिवहन के संदर्भ में यह आर्थिक दृष्टि से बेहतर और रास्ता होगा, यदि ये पदार्थ अंतरिक्ष स्रोत्रों से लिये जाते हैं। ये पदार्थ क्षुद्र ग्रहों में बहुतायत में प्राप्त किए जा सकते हैं। प्रेक्षणों के आधार पर यह मालूम हुआ है कि अनेक क्षुद्र ग्रह निकिल, आयरन, कोबाल्ट और प्लैटिनम के विशाल भंडारों से भरे हुए हैं। 'माइनिंग द स्काई' पुस्तक के लेखक जॉन एस. लेविस के अनुसार एक किलोमीटर व्यास के एक क्षुद्र ग्रह का भार लगभग 2 बिलियन टन है और हमारे सौर तंत्र में इस तरह के लगभग 10 लाख क्षुद्र ग्रह है। लेविस के अनुसार प्रत्येक क्षुद्र ग्रह में लगभग 30 मिलियन टन निकिल, 1.5 मिलियन टन कोबाल्ट और 7,500 टन प्लैटिनम हो सकता है। अंतरिक्ष बाजार में प्लैटिनम की कीमत ही लगभग 150 बिलियन डॉलर हो सकती है। इस प्रकार क्षुद्र ग्रहों में मानव के लाभ से संबंधित अनेक आशाएँ छिपी हुई हैं।

□

4

हमारे सूर्य की विशिष्टताएँ, विशालताएँ एवं विलक्षणताएँ

सूर्य हमारे सौर तंत्र का सबसे प्रमुख भाग है। यह इतना विशाल है कि सौर तंत्र के भार का 98 प्रतिशत भाग इसमें है। हमारे सौर तंत्र के अनेक अवयव हैं, जो सारणी-4.1 में दिए गए हैं। हमारी पृथ्वी भी सौर तंत्र का एक अवयव है। सूर्य की डिस्क में 109 पृथ्वियाँ फिट बैठ सकती हैं तथा इसके अंत: में 13 लाख पृथ्वियाँ समा सकती हैं। सौर तंत्र के सभी अवयव सूर्य का चक्कर लगाते हैं। सूर्य से प्राप्त ऊर्जा पृथ्वी में फोटोसिंथेसिस के माध्यम से पृथ्वी के जीवन को सपोर्ट प्रदान करती है तथा इसी से पृथ्वी में मौसम और ऋतुओं का सृजन होता है। सूर्य को कभी-कभी लैटिन नाम (सोल) अथवा यूनानी नाम (हेलिओस) से भी संबोधित किया जाता है। इसका खगोलिकी और ज्योतिषीय चिह्न वृत्त के अंदर इसके केंद्र में एक बिंदु है। सूर्य के भार का 74 प्रतिशत भाग हाइड्रोजन, 25 प्रतिशत हीलियम तथा शेष मात्रा में भारी ट्रेस अवयव हैं। सूर्य के कक्षीय और भौतिक गणक क्रमश: सारणी-4.2 एवं सारणी-4.3 में दिए गए हैं।

सारणी-4.1

हमारे सौर तंत्र के अवयव

1. सूर्य
2. इसके समीप के चार चट्टानी पिंड, जिन्हें 'टेरिस्ट्रियल ग्रह' कहते हैं
3. आंतरिक बेल्ट के चट्टानी क्षुद्र ग्रह
4. चार गैस-युक्त विशाल ग्रह

5. कूपियर बेल्ट (बाह्य बेल्ट के लघु बर्फीले पिंड)
6. ग्रहों के ज्ञात 162 चंद्रमा
7. हजारों लघु पिंड, जिनमें क्षुद्र ग्रह उल्काएँ, पुच्छल तारे और अंतरा तारकी धूल शामिल है।

सारणी–4.2

सूर्य के कक्षीय गणक

1.	मिल्की वे आकाशगंगा के कोर से औसत दूरी	2.5×10^{17} कि.मी. (26,000–28,000 प्रकाश वर्ष)
2.	मिल्की वे आकाशगंगा का एक चक्कर लगाने का समय	225 से 250 मिलियन वर्ष
3.	कक्षीय गति	217 कि.मी. प्रति सेकंड
4.	पृथ्वी से औसत दूरी	149.6×10^{6} कि.मी. (92.95×10^{6} मील)

सारणी–4.3

सूर्य के भौतिक गुण

1.	औसत व्यास	:	1.392×10^{6} कि.मी. (पृथ्वी का 109 गुना)
2.	परिधि	:	4.373×10^{6} कि.मी.
3.	चपटापन (आब्लेटनेस)	:	9×10^{-6}
4.	सतह का क्षेत्रफल	:	6.09×10^{12} वर्ग कि.मी. (पृथ्वी का 11,900)
5.	आयतन	:	1.41×10^{18} घन कि.मी. (13,00,000 गुना पृथ्वी का)
6.	भार	:	1.989×10^{30} कि.ग्रा. (पृथ्वी का 3,32,830)
7.	घनत्व	:	1.408 ग्राम प्रति घन सें.मी.
8.	सतह का गुरुत्व	:	273.95 मीटर प्रति से.^{2} (पृथ्वी गुरुत्व का 27.9 गुना)
9.	पलायन गति	:	617.54 कि.मी. प्रति से. (पृथ्वी का 55 गुना)
10.	सतह का तापमान	:	5785 डिग्री केल्विन
11.	कोरोना का तापमान	:	5×10^{6} डिग्री केल्विन
12.	उम्र	:	4.5 अरब वर्ष
13.	रासायनिक संरचना	:	क. हाइड्रोजन 92.1 प्रतिशत
			ख. हीलियम 7.8 प्रतिशत
			ग. ऑक्सीजन 0.061 प्रतिशत
			घ. कार्बन 0.030 प्रतिशत
			च. नाइट्रोजन 0.0084 प्रतिशत

छ.	नियोन	0.0076 प्रतिशत
ज.	लोहा	0.0037 प्रतिशत
झ.	सिलिकन	0.0031 प्रतिशत
ट.	मैगनीशियम	0.0024 प्रतिशत
ठ.	सल्फर	0.0015 प्रतिशत
ड.	अन्य	0.0015 प्रतिशत

चित्र 4.1 : पूर्ण सूर्य-ग्रहण में सूर्य का कोरोना नंगी आँखों से देखा जा सकता है।

सूर्य को स्पेक्ट्रमी वर्गीकरण के अंतर्गत 'जी 2 वी' श्रेणी में रखा गया है। 'जी 2' का अर्थ है कि इसकी सतह का तापमान लगभग 5,500 डिग्री केल्विन है, जो इसे सफेद रंग प्रदान करता है, जो कि पृथ्वी के वायुमंडलीय बिखराव के कारण पीले रंग का प्रतीत होता है। प्रत्यय 'वी' यह प्रदर्शित करता है कि अन्य स्टारों की तरह सूर्य भी एक प्रमुख श्रृंखला स्टार (सीक्वेंस) है। इसका अर्थ यह है कि इसमें ऊर्जा का जनन नाभिकीय फ्यूजन से होता है, जिसके अंतर्गत हाइड्रोजन नाभिक का हीलियम में परिवर्तन होता है। हमारी आकाशगंगा में 100 मिलियन से भी अधिक 'जी 2' श्रेणी के तारे हैं।

चित्र 4.2 : 'हिनोडे' सौर प्रकाशिकी दूरबीन के द्वारा 12 जनवरी, 2007 को सूर्य का लिया गया चित्र।

सूर्य 'मिल्की वे' आकाशगंगा से लगभग 25,000 से 28,000 प्रकाश वर्ष दूर रहकर (आकाशगंगा के केंद्र से) इसका चक्कर लगाता है तथा एक चक्कर लगाने में इसे लगभग 225-250 मिलियन वर्ष का समय लगता है। पाठकों की सूचना के लिए एक प्रकाश वर्ष का अर्थ होता है 94,60,00,00,00,000 कि.मी.

की दूरी, जिसे प्रकाश एक वर्ष में चलता है। पृथ्वी से सूर्य की दूरी को (अर्थात् 14,96,00,000 कि.मी.) एक खगोलिकी इकाई कहते हैं। प्रकाश की गति 2,99,792 कि.मी. प्रति सेकंड होती है तथा एक प्रकाश वर्ष में 63,240 खगोलिकी इकाई होती हैं। एक खगोलिकी इकाई 8 प्रकाश मिनट के बराबर होती है।

पृथ्वी की सतह के समीप ऊर्जा का प्रमुख स्रोत सूर्य का प्रकाश है। सौर स्थिरांक पावर का संग्रहण है, जो सूर्य प्रति इकाई में रखता है, जो सीधे सूर्य के प्रकाश की ओर एक्सपोज होता है। सूर्य एक खगोलिकी इकाई की दूरी (अर्थात् पृथ्वी की सतह पर) सौर स्थिरांक का मान 1,370 वाट प्रति वर्गमीटर होता है। पृथ्वी की सतह तक पहुँचते-पहुँचते सूर्य का प्रकाश पृथ्वी के वायुमंडल द्वारा क्षीण कर दिया जाता है, जो खुले मौसम में 1,000 वाट प्रति वर्गमीटर एक्सपोज्ड क्षेत्रफल में प्राप्त होता है। सूर्य के प्रकाश के अनेक रोचक जैविक गुण होते हैं। सूर्य से निकले अल्ट्रावॉयलेट प्रकाश के कुछ एंटीसेप्टिक गुण भी होते हैं तथा इससे मेडिकल औजारों को निर्जीवीकृत (स्टेरिलाइज्ड) किया जा सकता है। यह सनबर्न देता है तथा इसके कुछ अन्य मेडिकल प्रभाव होते हैं जैसे—विटामिन-डी का उत्पादन। अल्ट्रावॉयलेट प्रकाश पृथ्वी के वायुमंडल द्वारा क्षीण कर दिया जाता है, इसलिए अल्ट्रावॉयलेट की मात्रा अक्षांश के अनुसार परिवर्तित होती है।

चित्र 4.3 : सूर्य की चक्रीय चुंबकीय फील्ड के कारण हीलियोस्फेरिक करेंट शीट।

सूर्य चुंबकीय दृष्टि से एक सक्रिय तारा है तथा यह तारा शक्तिशाली, परिवर्तनशील चुंबकीय फील्ड को सपोर्ट करता है। चुंबकीय फील्ड प्रत्येक वर्ष परिवर्तित होती है तथा प्रत्येक ग्यारह वर्ष बाद अपनी दिशा परिवर्तित करती है। सूर्य की चुंबकीय फील्ड अनेक प्रभाव पैदा करती है, जिन्हें संयुक्त रूप से सौर गतिविधि (सोलर एक्टिविटी) कहते हैं, जिनमें सूर्य की सतह पर सौर धब्बे, सौर ज्वालाएँ, सौर पवन में परिवर्तन, जो सौर तंत्र में अनेक द्रव्यों का स्थानांतरण करती है। पृथ्वी पर सौर गतिविधियों के प्रभावों में मध्यस्थ अक्षांशों से उच्च अक्षांशों तक 'अरोराज'

तथा रेडियो-संचार और विद्युत् पावर का बाधित होना है। ऐसा अनुमान है कि सौर तंत्र के निर्माण और आविर्भाव में सौर-गतिविधियों का बहुत बड़ा हाथ रहा है तथा यह पृथ्वी के बाह्य वायुमंडल के स्ट्रक्चर को काफी अधिक प्रभावित करती है। यद्यपि यह पृथ्वी के सबसे समीप का तारा है तथा वैज्ञानिकों द्वारा सबसे अधिक अध्ययन किया जा चुका तारा है, लेकिन सूर्य के विषय में आज भी अनेक ऐसे प्रश्न हैं जिनका उत्तर अभी तक नहीं दिया जा सका है। जैसे कि इसके बाह्य वायुमंडल का तापमान 10 लाख डिग्री केल्विन से भी अधिक क्यों है, जबकि इसकी दृष्टिगोचर सतह (फोटोस्फीयर) का तापमान 6,000 डिग्री केल्विन से कम है। वर्तमान अनुत्तरित प्रश्नों में अनेक वैज्ञानिक संदेह की बातें हैं, जिसमें सूर्य के नियमित सौर धब्बे, गतिविधि का चक्र, सौर-ज्वालाओं एवं प्रामीनेंसेज की भौतिकी और उद्भव, कोरोना व क्रोमोस्फीयर के बीच चुंबकीय इंटरएक्शन तथा सौर पवन का उद्भव इत्यादि शामिल हैं।

सूर्य की संरचना और सूर्य में ऊर्जा का जनन

सूर्य के निम्नलिखित भाग होते हैं—

1. कोर
2. विकिरण जोन
3. संवहन जोन
4. फोटोस्फीयर
5. वायुमंडल।

सूर्य का अर्द्धव्यास इसके केंद्र से फोटोस्फीयर के आखिरी छोर तक मापा जाता है। सूर्य का अधिकांश भार इसके केंद्र से इसके 0.7 अर्द्धव्यास के अंदर सीमित होता है। सूर्य की कोर इसके केंद्र से 0.2 सौर अर्द्धव्यास तक सीमित रहती है। इसका घनत्व 1,50,000 कि.ग्रा. प्रति घन मीटर (पृथ्वी में पानी के घनत्व का 150 गुना) तथा इसका तापमान 1,56,00,000 डिग्री केल्विन है। सूर्य की सतह का तापमान लगभग 5,785 डिग्री केल्विन (कोर के तापमान का 1/2350 वाँ हिस्सा) है।

सूर्य के 0.2 अर्द्धव्यास से लगभग 0.7 अर्द्धव्यास का भाग विकिरण जोन कहलाता है तथा यहाँ सौर द्रव्य पर्याप्त गरम और घना है। यहाँ तापीय विकिरण द्वारा कोर का भीषण ताप बाहर स्थानांतरित होता है। इस जोन में कोई भी तापीय संवहन प्रक्रिया नहीं होती तथा दूरी के बढ़ने के साथ-साथ द्रव्य ठंडा होता जाता है।

सूर्य की सतह में 0.7 सौर अर्द्धव्यास से इसकी दृष्टिगोचर सतह को संवाहन

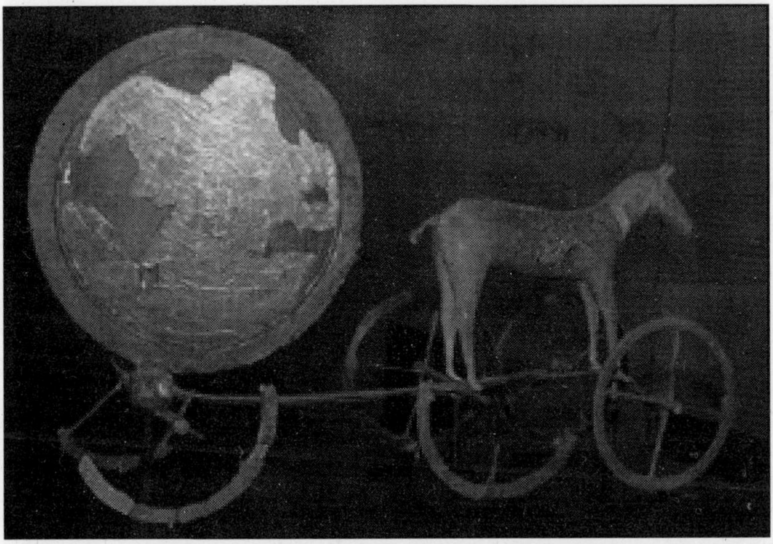

चित्र 4.4 : नार्डिक ब्रांज युग में सूर्य का प्रतीक-चिह्न।

जोन कहते हैं। इस क्षेत्र में सतह न तो इतनी गरम होती है और न ही इतनी सघन होती है कि विकिरण द्वारा ताप-ऊर्जा की स्थानांतरण प्रक्रिया संभव हो पाए। इस कारण से इस क्षेत्र में तापीय संवहन प्रक्रिया संपन्न होती है। सूर्य की दृष्टिगोचर सतह को फोटोस्फीयर कहते हैं तथा यह वह परत होती है, जिसके नीचे सूर्य दृष्टिगोचर प्रकाश के लिए अपारदर्शी हो जाता है। फोटोस्फीयर के ऊपर दृष्टिगोचर सूर्य का प्रकाश अंतरिक्ष के अंदर प्रसारण (प्रोपेगेशन) के लिए मुक्त हो जाता है।

सूर्य के फोटोस्फीयर के ऊपरी भाग को संयुक्त रूप से सौर वायुमंडल कहते हैं। बाह्य वायुमंडल के बाहरीं भाग को कोरोना कहते हैं। कोरोना का तापमान कई लाख कि.मी. तक प्रभावी होता है। 20 सौर अर्द्धव्यास से सौर तंत्र के बाह्य पट को 'हीलियोस्फीयर' कहते हैं। हीलियोस्फीयर से बाहर की ओर सौर पवन लगातार बहती रहती है तथा 50 खगोलिकी इकाई दूर (सूर्य के केंद्र से) ये 'हीलियोपाज' से टकराती हैं।

सूर्य की ऊर्जा का जनन नाभिकीय फ्यूजन रिएक्शनों से होता है, जो मान में 3.86×10^{33} अर्ग प्रति सेकंड अथवा 386 अरब अरब (बिलियन बिलियन) मेगावाट होती है। प्रत्येक सेकंड लगभग 70,00,00,000 टन हाइड्रोजन लगभग 69,50,00,000 टन हीलियम और 50,00,000 टन (अर्थात् 3.86×10^{33} अर्ग) गामा किरण ऊर्जा में

परिवर्तित की जाती है। सूर्य की सतह तक पहुँचते-पहुँचते यह ऊर्जा लगातार निम्न तापमानों के बीच से गुजरती हुई अवशोषित (एब्जॉर्व) और पुनः विकिरित की जाती है तथा सूर्य की सतह तक पहुँचते-पहुँचते यह मुख्यतया दृष्टिगोचर प्रकाश रूप में परिवर्तित हो जाती है। अपनी सतह तक की यात्रा के दौरान 20 प्रतिशत यात्रा के दौर में ऊर्जा का स्थानांतरण विकिरण के बजाय संवहन प्रक्रिया से होता है। सूर्य की कोर में परिस्थितियाँ अपनी चरम सीमा पर होती हैं। यहाँ दाब 250 बिलियन वायुमंडल होता है।

ताप और प्रकाश के अलावा सूर्य निम्न घनत्व के आवेशित कणों का प्रवाह (जिनमें अधिकांश रूप से प्रोटॉन और इलेक्ट्रॉन होते हैं) का उत्सर्जन करता है, जिसे सौर पवन कहते हैं तथा जो पूरे सौर तंत्र में लगभग 450 कि.मी. प्रति सेकंड

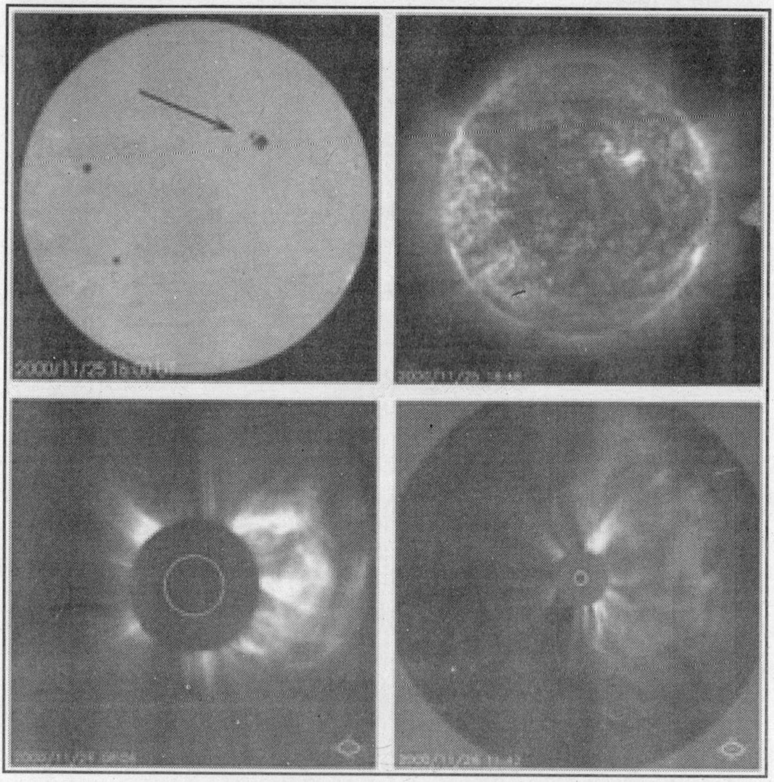

चित्र 4.5 : नवंबर 2000 में सूर्य में घटित 'फायर वर्क' परिघटनाओं के सोहो अंतरिक्ष यान के द्वारा लिये गए चित्र।

की गति से बहती है। सौर पवन पुच्छल तारों की पूँछ पर काफी विशाल प्रभाव दरशाती है और अंतरिक्ष यानों के परिपथों पर भी प्रभाव डालती है।

सूर्य के विषय में कुछ रोचक एवं कौतूहलपूर्ण बातें

1. सूर्य की चुंबकीय फील्ड टेरीस्ट्रियल मानकों के अनुसार बहुत शक्तिशाली है और साथ ही बहुत जटिल भी है।
2. उच्च तापमान के कारण सूर्य के सारे द्रव्य गैस और प्लाज्मा रूप में होते हैं तथा इसके कारण सूर्य अपनी भूमध्य रेखा में उच्च अक्षांशों की तुलना में तीव्र गति से घूमता (रोटेट) है। भूमध्य रेखा में यह अपना एक चक्कर 25 दिन में तथा ध्रुवों के पास 35 दिन में पूरा करता है। इस अप्रत्याशित व्यवहार का कारण यह है कि सूर्य पृथ्वी की भाँति ठोस पिंड नहीं है तथा इस प्रकार के (सूर्य की भाँति के) प्रभाव केवल गैस ग्रहों में ही देखे जाते हैं।
3. सूर्य की सतह, जिसे हम फोटोस्फीयर कहते हैं, का तापमान 5,800 डिग्री केल्विन होता है तथा सौर धब्बे 'ठंडे' क्षेत्र हैं, जिनका तापमान 3,800 डिग्री केल्विन होता है। सूर्य के धब्बों का परिमाप 50,000 कि.मी. व्यास होता है।
4. न तो सूर्य का ऊर्जा आउटपुट और न ही सौर धब्बों की गतिविधि की सक्रियता पूरी तरह से स्थिर होती है।
5. नाभिकीय फ्यूजन द्वारा सूर्य-जनित ऊर्जा में 'हीलियम' बाईप्रोडक्ट के रूप में निकलता है।
6. यदि सूर्य-जनित कुल ऊर्जा एक सेकंड के लिए एकत्रित की जाए तो यह वर्तमान उपभोक्ता दर पर अमेरिका को 90,00,000 वर्षों तक ऊर्जा की आपूर्ति प्रदान कर सकता है।
7. सूर्य की कोर इतनी सघन है तथा सूर्य का आकार इतना विशाल है कि इसके केंद्र में जनित ऊर्जा सूर्य की सतह तक पहुँचने में लगभग 5,00,00,000 वर्ष का समय लेगी तथा इसका अर्थ यह भी हुआ कि यदि सूर्य आज काम करना बंद कर दे तो पृथ्वी पर इसका प्रभाव 5,00,00,000 वर्षों के बाद मालूम होगा।
8. ऐसा अनुमान है कि सूर्य 4.6 अरब वर्षों से सक्रिय है तथा इसके अंदर इतना ईंधन है कि यह आनेवाले 5 अरब वर्षों तक कार्य करता रहेगा। अपने जीवन के अंत में सूर्य हीलियम को भारी तत्त्वों में फ्यूज करना प्रारंभ कर देगा तथा अंत में यह काफी विशाल बन जाएगा। 1 अरब वर्ष के बाद विशालकाय लाल आकृति के रूप में परिणत होकर यह अचानक सफेद ड्वार्फ में परिवर्तित

होकर अंत में एक तारे में बदल जाएगा। इसे ठंडा होने में लगभग 1 ट्रिलियन वर्ष लगेंगे।

9. स्पेक्ट्रोस्कोपिक अध्ययनों से फोटोस्फीयर में उपलब्ध तत्त्वों के विषय में काफी जानकारी प्राप्त हो चुकी है, लेकिन सूर्य की आंतरिक संरचना का अधिक नहीं पता चल पाया है। इसके लिए एक सौर-पवन सैंपुल रिटर्न मिशन 'जेनेसिस' भेजा गया था। जेनेसिस सैंपुल रिटर्न मिशन सन् 2004 में पृथ्वी पर वापस लौटा, लेकिन वापसी में मिशन का अंतरिक्ष यान क्षतिग्रस्त हो गया था। क्षतिग्रस्त हो जाने के बावजूद कुछ उपयोगी सैंपुल रिटर्न मॉड्यूल से प्राप्त हो गए थे, जिनका विश्लेषण किया जा रहा है।

10. पृथ्वी से देखने पर सूर्य और चंद्रमा (पृथ्वी का) एक ही आकार के दिखाई पड़ते हैं, जबकि वास्तविकता बिलकुल इसके विपरीत है। जब सूर्य और पृथ्वी के ठीक बीच में चंद्रमा आ जाता है तो इसे चंद्रग्रहण कहते हैं तथा यदि यह संरेखण संपूर्ण (परफेक्ट) नहीं होता है तो इसे आंशिक सूर्यग्रहण कहते हैं।

सौर गतिविधि और सौर धब्बे (सन स्पॉट)

जब सूर्य को समुचित फिल्टर के साथ प्रेक्षित किया जाता है तो सबसे पहले दृष्टिगोचर आकृतियों में इसके सौर धब्बे आते हैं, जो स्पष्ट रूप से परिभाषित सतही क्षेत्र होते हैं तथा जो आस-पास के क्षेत्र (सराउंडिंग) की तुलना में ज्यादा गहरे रंग के होते हैं। इसका कारण उनका निम्न तापमान होता है। सौर धब्बे तीव्र चुंबकीय गतिविधि के क्षेत्र होते हैं, जहाँ संवहन प्रक्रिया तीव्र चुंबकीय फील्ड के कारण अवरोधित हो जाती है तथा ऊर्जा का स्थानांतरण गरम अंतःभाग से सतह की ओर होता है। चुंबकीय फील्ड कोरोना को अत्यधिक तीव्र गरमी प्रदान करती है, जो ऐसे सक्रिय क्षेत्रों का निर्माण करती है, जो तीव्र सौर-ज्वालाओं के क्षेत्र होते हैं। सबसे बड़े सौर धब्बे कई हजार कि.मी. में फैले होते हैं। सूर्य में दृष्टिगोचर सौर धब्बों की संख्या स्थिर नहीं होती है, बल्कि यह 10-12 वर्ष की अवधि में परिवर्तित होते रहते हैं। इसे 'सौर चक्र' या सोलर साइकल कहते हैं। सौर गतिविधि की निम्नतम सीमा में केवल कुछ ही सौर धब्बे दृष्टिगोचर होते हैं तथा प्रायः सभी सौर धब्बे दिखाई नहीं पड़ते। जैसे-जैसे सौर धब्बों का साइकल आगे बढ़ता है, वैसे-वैसे धब्बों की संख्या बढ़ती है तथा वे भूमध्य रेखा (सूर्य की) के बहुत समीप पहुँच जाते हैं। इस परिघटना को 'स्पोरर्स नियम' कहते हैं। सौर धब्बे प्रायः जोड़ों में होते हैं तथा उनकी चुंबकीय ध्रुवणता (पोलैरिटी) एक-दूसरे के विपरीत होती है।

लीडिंग (वृद्धि की ओर अग्रसर) सौर धब्बे की ध्रुवणता प्रत्येक सौर चक्र में बदलती रहती है, ताकि यह एक सौरचक्र में उत्तरी चुंबकीय पोल तथा अगले में दक्षिणी चुंबकीय पोल हो।

सौर चक्र (साइकल) अंतरिक्ष के मौसम को बहुत अधिक प्रभावित करता है। ऐसा अनुमान है कि यह पृथ्वी के मौसम को भी काफी प्रभावित करता है। सौर गतिविधि की निम्नतम सीमा ठंडे तापमानों से संबंधित होती है तथा औसत सौर चक्र से अधिक सीमा गरम तापमानों से संबंधित होती है। विश्लेषणों के आधार पर यह पाया गया है कि सत्रहवीं शताब्दी में सौर साइकल कई दशकों के लिए लुप्तप्राय हो गया था तथा इस अवधि में बहुत थोड़े से ही सौर धब्बे प्रेक्षित किए गए थे। इस अवधि को 'माउंडर निम्नतम (माउंडर मिनिमम)' या 'लिटिल आइस एज' नाम से संबोधित करते हैं। इसके कारण से इस अवधि में यूरोप में बहुत अधिक ठंड पड़ी थी।

सौर प्रेक्षण और आँख का खतरा

सूर्य का प्रकाश बहुत चमकीला होता है तथा नंगी आँखों से अल्प अवधि के लिए सूर्य की ओर देखना आँख के लिए कष्टदायक हो सकता है, लेकिन खतरनाक नहीं। लगातार सीधे सूर्य की ओर देखना अस्थायी रूप से आंशिक अंधेपन का अहसास कराता है। सूर्य का प्रकाश आँख के रेटिना की ओर 4 मि.वा. का प्रकाश फेंकता है, जिससे यह थोड़ा गरम हो जाता है तथा सामान्यत: इसे क्षति नहीं पहुँचाता है। आँख का अल्ट्रावॉयलेट विकिरण की ओर एक्सपोजर वर्षों की अवधि में आँख के लेंस को पीला बना देता है तथा इससे मोतियाबिंद हो सकता है। प्रकाश संकेंद्रण युक्तियों, जैसे—बाइनो कुलर के माध्यम से बिना समुचित फिल्टर के उपयोग के सूर्य की ओर देखना बहुत ही खतरनाक होता है। बिना फिल्टर के ऐसा करने से आँख के रेटिना में नंगी आँखों से सूर्य की ओर देखने से रेटिना पर गिरनेवाले प्रकाश की तुलना में 500 गुना अधिक सूर्य का प्रकाश गिरता है।

आंशिक सूर्यग्रहण में सूर्य की ओर देखना खतरनाक होता है। आंशिक सूर्य ग्रहण के समय अधिकांश सूर्य-प्रकाश चंद्रमा द्वारा अवरोधित कर लिया जाता है, लेकिन फोटोस्फीयर (सूर्य की संरचना का एक भाग) के बिना ढके हुए भाग की सतह का चमकीलापन उतना ही होता है, जितना एक सामान्य दिन में सूर्य का चमकीलापन। सूर्योदय और सूर्यास्त के समय सूर्य का प्रकाश काफी क्षीण हो जाता है। बदली की परिस्थितियाँ, वायुमंडलीय धूल (डस्ट) और उच्च आर्द्रता सूर्य के प्रकाश की तीव्रता को क्षीण कर देती है। वेल्डिंग ग्लास एक स्वीकृत सोलर फिल्टर

की भाँति कार्य कर सकता है, लेकिन काले रंग की एक्सपोज फोटोग्राफी फिल्म सौर फिल्टर की तरह कार्य नहीं कर सकती।

सूर्य के विषय में कुछ प्रारंभिक विख्यात मत और खोजें

पाश्चात्य दुनिया में सूर्य के विषय में प्रथम स्पष्टीकरण देनेवाला व्यक्ति था यूनानी दर्शनशास्त्री अनाक्सागोरस, जिन्होंने यह तर्क दिया कि सूर्य धातु का एक अग्नि गोला है, जिसका आकार पेलोपोनेसस (यूनान का दक्षिणी पेनिनसुला) से भी बड़ा है, लेकिन सूर्य देवता के रथ से बड़ा नहीं है। इस घोषणा के लिए उन्हें दंडित भी किया गया। एरेटोस्थेंस शायद प्रथम व्यक्ति थे, जिन्होंने शुद्धता से पृथ्वी से सूर्य की दूरी की गणना की तथा उनके अनुसार यह दूरी लगभग 14.9 करोड़ (149 मिलियन) किलोमीटर थी, जो कि वर्तमान के आँकड़े से काफी मिलती-जुलती है।

सोलहवीं शताब्दी में एक और वैज्ञानिक निकोलस कोपरनिकस हुए, जिन्होंने सूर्य के संदर्भ में स्वीकृत संकल्पना को चुनौती दी कि पृथ्वी सूर्य का चक्कर लगाती है, न कि सूर्य पृथ्वी का चक्कर लगाता है। सत्रहवीं शताब्दी के प्रारंभ में गैलीलियो ने सूर्य का दूरबीनों द्वारा प्रेक्षण करने की प्रणाली विकसित की। उससे पहली बार सूर्य के सौर धब्बों तथा इनकी स्थितियों का प्रेक्षण ज्ञात किया जा सका। सर आइजक न्यूटन ने सूर्य के प्रकाश का प्रेक्षण करने के लिए इस प्रकाश को एक प्रिज्म के अंदर से गुजारा तथा यह सिद्ध किया कि यह प्रकाश कई रंगों से बना हुआ है। सन् 1800 में विलियम हर्सेल ने सौर स्पेक्ट्रम के लाल रंग के बाहर इन्फ्रारेड विकिरण की खोज की। सन् 1800 में सूर्य के अनेक स्पेक्ट्रोस्कोपिक अध्ययन किए गए तथा इस वर्ष में जोसेफ वॉन फ्राउनहोफर ने सौर स्पेक्ट्रम की अवशोषण (एब्जॉर्वशन) रेखाओं का प्रथम प्रेक्षण किया तथा इन्हें आज भी 'फ्राउनहोफर रेखाओं' के नाम से जाना जाता है। वर्तमान वैज्ञानिक युग के प्रारंभिक वर्षों में सूर्य की ऊर्जा का स्रोत एक वैज्ञानिक पहेली बन गया था। लॉर्ड केल्विन ने यह संकल्पना दी कि सूर्य एक मद्धिम गति से ठंडा हो रहा द्रव पिंड है, जो आंतरिक संचयित ताप का उत्सर्जन कर रहा है। बाद में केल्विन और हर्मन वॉन हेल्महोल्ट्ज ने सूर्य के ऊर्जा आउटपुट के विषय में संयुक्त संकल्पना दी। सन् 1890 में सौर स्पेक्ट्रम में हीलियम का पता करनेवाले वैज्ञानिक जोसेफ लाकेयर ने सूर्य के निर्माण से संबंधित उल्कामय (मीटियोराइट) संकल्पना का प्रस्ताव दिया। सन् 1904 में अर्नेस्ट रदरफोर्ड ने यह प्रस्ताव दिया कि सूर्य की ऊर्जा का रख-रखाव ताप के आंतरिक स्रोत के द्वारा किया जाता है तथा उन्होंने यह भी प्रस्ताव दिया कि यह स्रोत 'रेडियोएक्टिव डिके'

हो सकता है। बाद में अल्बर्ट आइंस्टीन ने सूर्य की ऊर्जा का स्पष्टीकरण अपने विख्यात समीकरण (भार-ऊर्जा समीकरण) से प्रदान किया। सन् 1920 में सर ऑर्थर एडिंग्टन ने प्रस्तावित किया कि सूर्य की कोर का दाब और तापक्रम नाभिकीय फ्यूज्स रिएक्शन पैदा करता है, जो हाइड्रोजन को हीलियम में बदलकर ऊर्जा पैदा करता है। यह संकल्पनात्मक तथ्य सन् 1930 में भौतिक-शास्त्री सुब्रह्मण्यम चंद्रशेखर और हंस थेथे द्वारा विकसित किया गया।

चित्र 4.6 : पृथ्वी से कैमरा लेंस से देखने पर सूर्य का दृश्य।

मानव सभ्यता में सूर्य की महिमा

मानव सभ्यताओं ने सूर्य को पवित्रता का प्रतीक माना है तथा इसकी पूजा-अर्चना की है। हिंदू धार्मिक साहित्य में सूर्य का वर्णन एक दृष्टिगोचर ईश्वर के रूप में किया गया है, जिसे रोज देखा जा सकता है। सूर्य प्रमुख सौर देवता है। संध्या-वंदन पूजा हिंदुओं द्वारा सूर्य की आराधना करने के लिए की जाती है। मिस्र संस्कृति में भी सूर्य की आराधना की जाती है। सूर्य देवता को 'हीलियस' भी कहा जाता है। उनके विषय में यह मान्यता है कि वह चमकीला मुकुट पहनकर, एक रथ में सवार होकर आसमान के आर-पार दौड़ते हैं, जिससे दिन का सृजन होता है। समय के लंबे अंतराल में सूर्य को 'अपोलो' भी कहा जाने लगा। रोम के शासकों ने हीलियस को अपने पौराणिक परिवेश में 'सोल' की तरह अपनाया। 'सोल' की पदवी अनेक सौर देवी-देवताओं को दी गई। 'सोल' का अर्थ है 'अविजेय सूर्य', तीसरी और चौथी शताब्दी के रोमन सिक्कों में इन देवी-देवताओं का चित्र भी बनाया गया था।

सूर्य के अध्ययन के लिए भेजे गए अंतरिक्ष मिशन

सन् 1959 से 2006 के सैंतालीस वर्षों के लंबे अंतराल में सूर्य के अध्ययन के लिए 16 प्रोबें प्रमोचित की गईं, जिनका विवरण सारणी-4.4 में दिया गया है। पॉयनियर 5, 6, 7 प्रोबों का प्रमोचन सन् 1959 से 1968 के बीच किया गया। इन प्रोबों ने सूर्य की

परिक्रमा उसी प्रकार तथा उसी दूरी से की, जिस प्रकार पृथ्वी सूर्य का करती है। इनसे पहली बार विस्तृत रूप से सौर पवन और सौर चुंबकीय फील्ड के विस्तृत मापन किए गए। पॉयनियर-9 ने लंबे अरसे तक कार्य किया और 1987 तक सूर्य से प्राप्त आँकड़ों का प्रेषण किया।

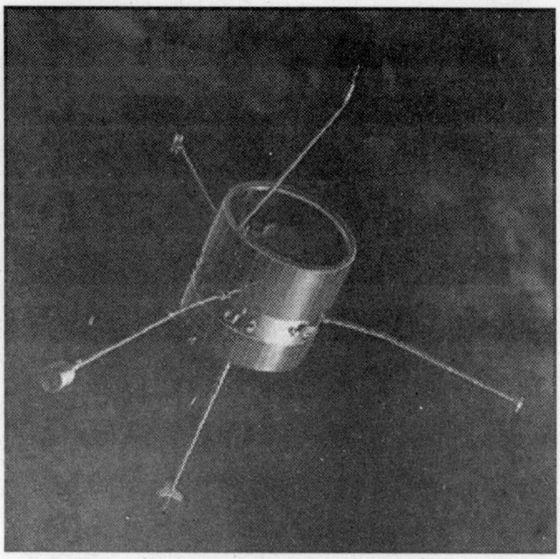

चित्र 4.7 : सूर्य के अध्ययन के लिए पॉयनियर-6, 7, 8 अभियानों में प्रयुक्त अंतरिक्ष यान।

सन् 1970 में 'हेलियोस-1' और स्काईलैब अपोलो टेलीस्कोप माउंट ने सौर पवन और सोलर कोरोना से संबंधित आँकड़े प्रदान किए। हेलियोस-1 उपग्रह एक संयुक्त अमेरिकी-जर्मन प्रोब थी, जिसने कक्षा से सौर पवनों का अध्ययन किया। स्काईलैब स्टेशन का प्रमोचन सन् 1973 में नासा द्वारा किया गया तथा इसके अपोलो टेलीस्कोप माउंट ने सोलर कोरोना से निकलनेवाले प्रथम अल्ट्रावॉयलेट विकिरण का प्रेक्षण किया। सूर्य के कोरोना के अन्य प्रेक्षण भी इस टेलीस्कोष द्वारा किए गए। सन् 1980 में नासा द्वारा सोलर मैक्सिमम मिशन का प्रमोचन किया गया। इसका उद्देश्य सौर ज्वालाओं से निकलनेवाली गामा किरण, एक्स-किरण और अल्ट्रावॉयलेट विकिरणों का प्रेक्षण करना था। प्रमोचन के कुछ महीने बाद सोलर मैक्सिमम उपग्रह में खराबी आ गई थी। तीन वर्ष तक यह निष्क्रिय हालत में अंतरिक्ष में पड़ा रहा। सन् 1984 में स्पेस शटल की उड़ान एस.टी.एस.-41 सी द्वारा अंतरिक्ष में इसकी मरम्मत की गई। इसने सूर्य के अनेक दुर्लभ प्रतिबिंब प्रदान किए। सन् 1991 में प्रमोचित जापानी उपग्रह ने एक्स किरण तरंगदैर्घ्य पर सौर ज्वालाओं का प्रेक्षण किया, लेकिन सौर अभियानों में सबसे महत्त्वपूर्ण अभियान 'सोलर ऐंड हेलियोस्फेरिक ऑब्जर्वेटरी' (सोहो) था। निर्धारित मिशन दो वर्ष के बदले इसने दस वर्ष तक (2006 तक) कार्य किया। यह मिशन इतना सफल रहा कि सन् 2009 के लिए अन्य मिशन 'सोलर डाइनोमिक्स ऑब्जर्वेटरी' निर्धारित किया गया। सन् 1990 में सूर्य के ध्रुवीय क्षेत्रों के अध्ययन के लिए उलायसेस प्रोब छोड़ी गई थी। सन् 2006 में सूर्य के अध्ययन के लिए दो अंतरिक्ष अभियान छोड़े गए।

सारणी-4.4

सूर्य के लिए अब तक भेजे जा चुके अंतरिक्ष मिशन

	मिशन का नाम	*प्रमोचन तिथि*	*टिप्पणी*
1.	पॉयनियर-5	11.3.59	अमेरिकी सौर मॉनीटर। अब यह सौर कक्षा में है।
2.	पॉयनियर-6	16.12.65	अमेरिकी सौर प्रोब। सौर कक्षा से प्रेषण अब भी जारी।
3.	पॉयनियर-7	17.8.66	अमेरिकी सौर प्रोब। हाल में बंद कर दी गई।
4.	पॉयनियर-8	13.12.67	63 कि.ग्रा. की अमेरिकी प्रोब। अब भी कार्यशील।
5.	पॉयनियर-9	8.12.68	63 कि.ग्रा. की अमेरिकी सौर प्रोब। 3.3.87 को बंद हो गई।
6.	स्काईलैब	26.5.73	प्रथम अमेरिकी अंतरिक्ष स्टेशन। सूर्य के 1,50,000 से अधिक फोटो लिये गए।
7.	एक्सप्लोरर-49	10.6.73	अमेरिकी सौर प्रोब भार 328 कि.ग्रा.। चंद्र कक्षा में स्थापित किया गया।
8.	हेलियोस-1	10.12.74	अमेरिकी और पश्चिमी जर्मनी की सौर प्रोब, भार 370 कि.ग्रा.
9.	सोलर मैक्सिमम मिशन	14.2.80	अमेरिकी सौर प्रोब। सौर ज्वाला अध्ययन प्रमुख उद्देश्य
10.	यो खोह	31.8.91	जापान/अमेरिका/ब्रिटेन की सौर प्रोब सौर ज्वालाओं से उच्च ऊर्जा विकिरण का अध्ययन
11.	हेलियोस-2	16.1.76	अमेरिका/पश्चिमी जर्मनी की सौर प्रोब
12.	उलायसेस	6.10.90	370 कि.ग्रा. की अमेरिका और यूरोप की संयुक्त प्रोब
13.	सोहो	12.12.95	यूरोप की सौर प्रोब। प्रमुख उद्देश्य था सूर्य की आंतरिक संरचना का अध्ययन।
14.	जेनेसिस	30.7.2001	अमेरिका का सौर पवन सैंपुल रिटर्न मिशन था।
15.	सोलर टेरीस्ट्रियल रिलेशंस प्रेक्षणशाला	2006	
16.	हिनोडे (प्रारंभिक नाम सोलर-बी)	2006	

सौर मिशन : सौर गतिजता प्रेक्षणशाला-एस.डी.ओ.

सूर्य सौरमंडल का राजा है तथा हमारी पृथ्वी के लिए यह महान् ऊर्जा का स्रोत है। यह अनेक विशिष्टताओं, विलक्षणताओं तथा विशेषताओं से भरा हुआ है। इसके अन्वेषण के लिए अंतरिक्ष यान और प्रोबें अमेरिका, रूस, जापान, ब्रिटेन एवं जर्मनी द्वारा अंतरिक्ष में प्रमोचित की गईं। सूर्य के इन प्रमुख अभियानों में अमेरिका/यूरोप की 'उलायसेस' प्रोब (प्रमोचन 6 अक्तूबर, 1990), यूरोप की सौर प्रोब 'सोहो' (प्रमोचन 12 दिसंबर, 1995), अमेरिका की 'जेनेसिस' प्रोब (सैंपुल रिटर्न मिशन, प्रमोचन 30 जुलाई, 2001) तथा सोलर टेरीस्ट्रियल रिलेशंस प्रेक्षणशाला और हिनोडे प्रेक्षणशालाएँ (दोनों सन् 2006 में प्रमोचित) शामिल हैं। अब तक सूर्य के लिए लगभग 16 अंतरिक्ष यान/प्रोबें (प्रारंभ पॉयनियर-5, 11 मार्च, 1959 से) भेजे जा चुके हैं तथा इनके द्वारा सूर्य की अद्भुत जानकारियाँ प्राप्त हुई हैं। सौर मिशन 'सोहो' इतना सफल मिशन रहा कि सन् 2009 के लिए एक अन्य सौर मिशन 'सोलर डायनॉमिक्स ऑब्जर्वेटरी' (एस.डी.ओ.) के प्रमोचन का निर्धारण किया गया है, जो सूर्य के लिए एक अति महत्त्वपूर्ण अंतरिक्ष मिशन होगा। यहाँ उसी एस.डी.ओ. प्रेक्षणशाला के विभिन्न पहलुओं का वर्णन किया गया है।

चित्र 4.8 : सूर्य के अध्ययन के लिए प्रमोचित 'हीलियोज' प्रोब। सन् 1970 के मध्य में प्रमोचित यह फेडरल रिपब्लिक जर्मनी, नासा और अमेरिकी वायुसेना की संयुक्त परियोजना थी।

परिचय

सौर गतिजता प्रेक्षणशाला 'सोलर डायनॉमिक्स ऑब्जर्वेटरी', जिसे संक्षिप्त में 'एस.डी.ओ.' कहते हैं, 'लिविंग विद स्टार' कार्यक्रम का प्रमुख उद्देश्य उस वैज्ञानिक समझ को विकसित करना है, जिसके द्वारा पृथ्वी-सूर्य तंत्र के उन पहलुओं को संबोधित किया जा सके, जो जीवन और समाज को सीधे प्रभावित करते हैं। 'एस.डी.ओ.' का डिजाइन सूर्य का पृथ्वी और पृथ्वी-समीप अंतरिक्ष के ऊपर

प्रभाव का अध्ययन करने के लिए किया गया है। इसके लिए इस मिशन द्वारा एक साथ अनेक तरंगदैर्घ्यों (वेवलेंथ) पर सौर वायुमंडल का स्पेस और समय के संदर्भ में लघु पैमानों पर अध्ययन किया जाएगा। 'एस.डी.ओ.' द्वारा की जानेवाली जाँच यह पता करेगी कि सूर्य की चुंबकीय फील्ड कैसे पैदा होती है तथा इसकी संरचना कैसी है। 'एस.डी.ओ.' अंतरिक्ष यान में तीन वैज्ञानिक उपकरण, एक अंतरिक्ष यान बस तथा डाटा प्रवाह को हैंडल करने या सँभालने के लिए पूर्णरूप से समर्पित 'का-बैंड' आवृत्ति की लिंक (जो 150 मेगाबिट प्रति सेकंड के डाटा प्रवाह को सँभालने में सक्षम होगी) होंगी। ये सारी चीजें इस सौर मिशन को अत्यधिक महत्त्वपूर्ण और उपयोगी बनाएँगे। इस मिशन का जीवन काल पाँच वर्ष का होगा।

सन् 4.9 : सूर्य के अध्ययन के लिए उलायसेस प्रोब।

अंतरिक्ष मौसम

हम सभी ने पृथ्वी की सतह पर मौसम के बारे में सुन रखा है, जहाँ पानी वाष्प रूप में बदलकर बादल बन जाता है तथा संघनित होकर पुनः वर्षा के रूप में पृथ्वी पर गिरता है और फिर बहता हुआ समुद्र से मिल जाता है। पुनः वाष्पीकरण के बाद उसी चक्र की पुनरावृत्ति होती है। अंतरिक्ष मौसम का अर्थ है—चुंबक मंडल (मैग्नेटोस्फियर), आयनमंडल (आयनोस्फियर) और तापमंडल (थर्मोस्फियर) में होनेवाले परिवर्तन, जो हमारे

चित्र 4.10 : सोहो अंतरिक्ष यान (यूरोपीय अंतरिक्ष संस्था का)।

(अर्थात् पृथ्वी के) तकनीकी तंत्र को प्रभावित कर सकते हैं तथा मानव जीवन अथवा मानव स्वास्थ्य के लिए खतरा बन सकते हैं। ये परिवर्तन सूर्य से आरंभ होते हैं तथा पृथ्वी की ओर बढ़ते हैं। अंतरिक्ष मौसम का आरंभ तब होता है जब एक सौर ज्वाला (फ्लेयर) अथवा सूर्य केंद्रक द्रव्य पलायन (कोरोनल मास इंजेक्शन—सी.एम.ई.) परिघटना सूर्य की सतह से होती है। जब इन दो गणकों—सौर ज्वालाओं या सूर्य-केंद्रक द्रव्य पलायन से निकलकर ऊर्जा पृथ्वी के समीप पहुँचती है तो यह

चित्र 4.11 : सूर्य अध्ययन के लिए प्रमोचित जापानी प्रोब 'हिनोडे'। प्रमोचन के समय इसका नाम 'सोलर-बी' था।

पृथ्वी के ऊपरी वायुमंडल को प्रभावित करती है तथा पृथ्वी के वायुमंडल में आवेशित कणों का प्रवेश होता है। ये आवेशित कण रेडियो संचार को बाधित कर सकते हैं, अंतरिक्ष यानों तथा अंतरिक्ष यात्रियों को नुकसान पहुँचा सकते हैं।

यह बहुत अच्छी तरह से मालूम है कि सूर्य की चुंबकीय फील्ड का जनन विद्युत्-धाराओं द्वारा होता है, जो सूर्य के अंदर चुंबकीय डायनमो की भाँति प्रभावी होती हैं। इन विद्युत्-धाराओं का जनन सूर्य के संवाहन क्षेत्र में गरम और आयनीकृत गैसों के प्रवाह के कारण होता है। हम लोग सूर्य के चुंबकीय डायनमो के विषय में काफी जानते हैं। इसका बाईस वर्ष का चक्र होता है। इस चक्र के प्रथम मध्य में सूर्य का चुंबकीय उत्तरी ध्रुव दक्षिणी गोलार्ध में होता है। सौर धब्बों के चक्र (अर्थात् और गतिविधि इष्टतम) में चुंबकीय ध्रुव अपने स्थान बदलते हैं, जिससे चुंबकीय उत्तरी

ध्रुव अब दक्षिणी गोलार्द्ध में स्थित होता है। यह परिवर्तन प्रत्येक ग्यारह वर्ष में सौर इष्टतम गतिविधि में होता है। 'एस.डी.ओ.' का प्रमुख उद्देश्य इन्हीं सौर परिवर्तनों का मापन करना है।

एस.डी.ओ. मिशन का विज्ञान

'एस.डी.ओ.' सूर्य के गुणों तथा सौर गतिविधियों का मापन करेगी। कुछ खास तरह के मापन इस मिशन के लिए प्रस्तावित हैं, लेकिन इससे भी अधिक मापन लिये जाएँगे। उदाहरणार्थ 'एस.डी.ओ.' के एक उपकरण 'एच.एम.आई.' द्वारा सूर्य की सतह की गति का मापन किया जाएगा तथा इस आँकड़े का प्रयोग अनेक अध्ययनों के लिए किया जाएगा। इसके अलावा 'एस.डी.ओ.' मिशन के अन्य उपकरणों द्वारा लिये गए मापन इस मिशन को और भी अधिक उपयोगी बनाएँगे। मिशन के वैज्ञानिक उद्देश्य निम्न आठ प्रश्नों पर आधारित हैं—

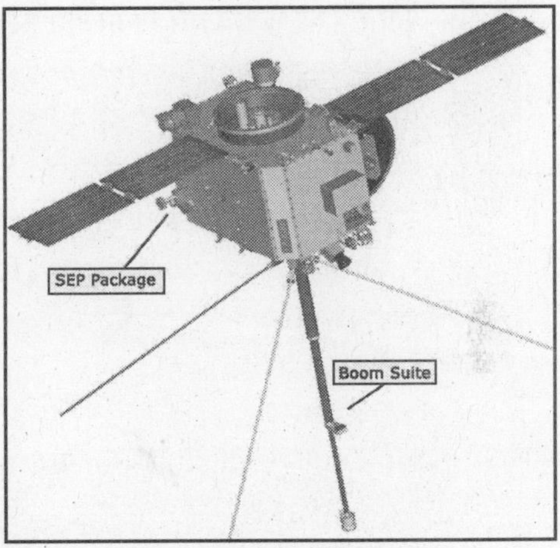

चित्र 4.12 : 'स्टीरियो' सौर मिशन।

1. वह कौन सी अभियांत्रिकी है, जो सौर गतिविधि के ग्यारह वर्षीय चक्र या साइकल को क्रियाशील रखती है?
2. सक्रिय क्षेत्रीय चुंबकीय फ्लक्स का संकेंद्रण और डिस्पर्शन या प्रकीर्णन या विसर्जितन सूर्य की सतह पर किस तरह से होता है?

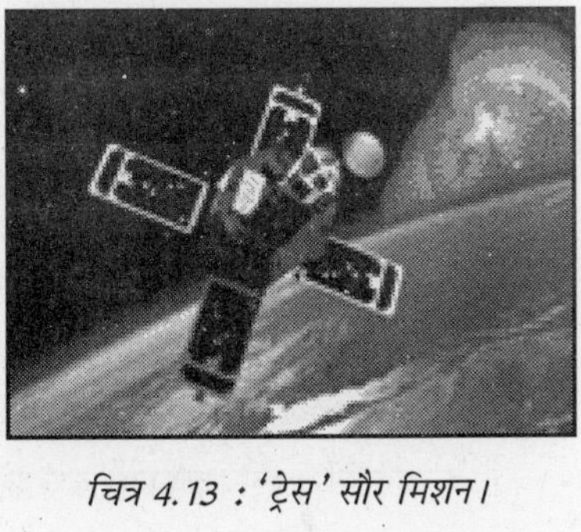

चित्र 4.13 : 'ट्रेस' सौर मिशन।

3. सौर-अंतः में चुंबकीय फील्ड किस प्रकार प्रकट होती है, वितरित होती

है तथा अदृश्य होती है ?

4. वह कौन-कौन सी टोपोलॉजी हैं, जो तीव्र उच्च ऊर्जा रिलीज प्रक्रिया को जन्म देती हैं ?
5. वे कौन सी गतिज प्रक्रिया हैं, जो अंतरिक्ष मौसम को प्रभावित करती हैं ?
6. सौर गतिविधि कब होगी ? क्या अंतरिक्ष मौसम का सही और विश्वसनीय अनुमान लगाया जा सकता है ?
7. क्या पृथ्वी समीप सौर पवन की संरचना और गतिजता का आकलन सौर सतह के समीपवर्ती चुंबकीय फील्ड संरूपण और वायुमंडलीय संरचना स्ट्रक्चर से किया जा सकता है !
8. वे कौन से चुंबकीय फील्ड संरूपण (कॉन्फिगुरेशन) हैं, जो सौर ज्वालाओं (सोलर फ्लेयर) को जन्म देते हैं तथा जो अंत में ऊर्जामय कणों एवं विकिरण को पैदा करते हैं ?

सौर गतिजता प्रेक्षणशाला के उपकरण

'एस.डी.ओ.' अंतरिक्ष यान में निम्नलिखित उपकरण लगे होंगे—

1. **वायुमंडलीय प्रतिबिंबन असेंबली (दि एटमॉस्फेरिक इमेजिंग असेंबली—ए.आई.ए)**—यह उपकरण बहुतरंगदैर्घ्यों में सौर वायुमंडल का प्रतिबिंबन करेगा, जिससे सूर्य की सतह से अंत:भाग में होनेवाले परिवर्तनों के कारणों का पता लगाया जा सके। इस उपकरण द्वारा रिकॉर्ड किए जानेवाले डाटा में सूर्य के 10 तरंगदैर्घ्यों में लिये जाने वाले प्रतिबिंब शामिल होंगे, जो प्रत्येक 10 सेकेंड में लिये जाएँगे। लाकहीड मार्टिन सोलर ऐंड आस्ट्रोफिजिकल प्रयोगशाला द्वारा निर्मित यह उपकरण अनेक अल्ट्रावॉयलेट और उच्च विभेदनों के साथ प्रतिबिंबन करेगा।

चित्र 4.14 : सूर्य अध्ययन का सैंपुल रिटर्न मिशन 'जेनेसिस'।

2. **तीव्र अल्ट्रावॉयलेट परिवर्तनशील परीक्षण (दि एक्सट्रीम अल्ट्रावॉयलेट वैरिएबिलिटी एक्सपेरीमेंट—ई.वी.ई)**—इस उपकरण का निर्माण लैबोरेटरी फॉर एटमॉस्फोरिक ऐंड स्पेस फिजिक्स संस्था (बोल्डर स्थित) द्वारा किया गया है, जो तीव्र अल्ट्रावॉयलेट उत्सर्जन कर अप्रत्याशित विभेदन और परिशुद्धता के साथ मापन करेगा।
3. **हेलियोसेस्मिक और चुंबकीय प्रतिबिंब (एच.एम.आई.)**—इसका निर्माण स्टैनफोर्ड विश्वविद्यालय द्वारा किया गया है तथा इस उपकरण द्वारा सौर-गणकों की परिवर्तनशीलता का अध्ययन किया जाएगा। इसमें सूर्य की चुंबकीय गतिविधि और आंतरिक भाग के विभिन्न अवयवों का अध्ययन भी शामिल है।

एस.डी.ओ. अंतरिक्ष यान के तकनीकी आँकड़े

'एस.डी.ओ.' एक सूर्य-उन्मुख सेमी-आटोनोमस या अर्ध-स्वायत्त अंतरिक्ष यान है, जो लगभग लगातार सूर्य का प्रेक्षण करेगा तथा प्रेक्षित डाटा को लगातार 130 मेगाबिट प्रति सेकंड की दर से पृथ्वी के नियंत्रण केंद्र के लिए प्रेषित करेगा। इस अंतरिक्ष यान की झुकावदार भू-तुल्यकाली कक्षा का चयन लगातार सूर्य के प्रेक्षण के लिए किया जाएगा। 'एस.डी.ओ.' के वृहद् आँकड़े निम्न हैं—

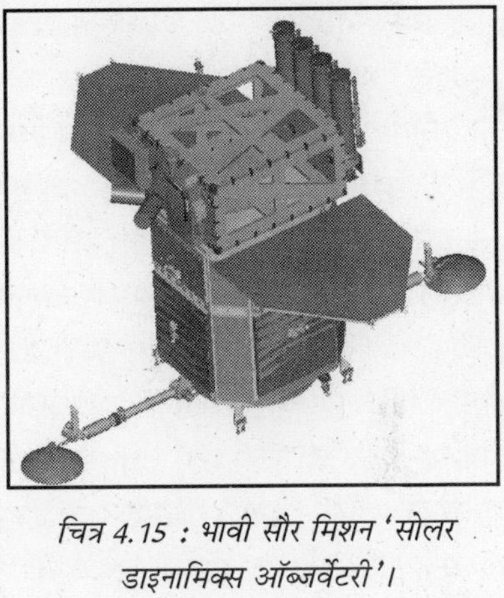

चित्र 4.15 : भावी सौर मिशन 'सोलर डाइनामिक्स ऑब्जर्वेटरी'।

1. 3-अक्षीय भार संतुलित मजबूत अंतरिक्ष यान।
2. प्रमोचन भार 3,100 कि.ग्रा. (6,800 पौंड); 270 कि.ग्रा. नीतभार, 1,400 कि.ग्रा. ईंधन।
3. अंतरिक्ष यान का परिमाप 2.2 × 2.2 × 4.5 मीटर, सौर पैनल 6.5 मीटर (आर-पार) जब प्रस्तरित हों।
4. सौर पैनल 6.6 वर्गमीटर क्षेत्रफल में फैले होंगे तथा इनसे जनित ऊर्जा होगी 1,450 वाट। सौर पैनलों का निर्माण इस प्रकार किया गया है कि

ये उच्च-लब्धि एंटेनाओं को ब्लॉक या निरुद्ध न कर सकें।

5. वैज्ञानिक डाटा ग्राउंड स्टेशन के लिए 130 मेगाबिट प्रति सेकंड की दर से 26 गीगाहर्ट्ज, की 'का-बैंड' आवृत्ति में भेजा जाएगा।

एस.डी.ओ. की अंतरिक्ष कक्षा

इस अंतरिक्ष यान द्वारा सूर्य के लगातार कवरेज (कार्यक्षेत्र) को ध्यान में रखते हुए इसें झुकावदार कक्षा में स्थापित किया जाएगा। इसके कारण एक अकेली पूर्णरूपेण समर्पित, उच्च डाटा गतिवाली ग्राउंड लिंक से अंतरिक्ष यान को लगभग लगातार कॉन्टैक्ट (संपर्क) में रखा जाएगा। सूर्य का लगातार प्रेक्षण अन्य अंतरिक्ष कक्षाओं से भी प्राप्त किया जा सकता है, जैसे—पृथ्वी की निम्न कक्षा में स्थापित किया जाता है तो वैज्ञानिक डाटा का विशाल भंडार अंतरिक्ष यान में डाउनलिंक अवसर के आने तक संचयित करके रखना पड़ेगा। 'एस.डी.ओ.' की विशाल डाटा गति तथा अंतरिक्ष यान में विशालकाय डाटा के संचयन की समस्या के प्रबंधन ने लगातार पृथ्वी संपर्क को अहम मुद्दा बना दिया। 'एस.डी.ओ.' की चयनित कक्षा का प्रमुख दोष उच्च प्रमोचन कीमत (निम्न कक्षा की तुलना में) तथा ग्रहण समस्या (पृथ्वी की छाया अर्थात् शैडो) है, जो वर्ष में दो बार आती है। इन दो-तीन सप्ताह की ग्रहण अवधियों में 'एस.डी.ओ.' अंतरिक्ष यान रोजाना सौर प्रेक्षण में बाधा महसूस करेगा। इस कक्षा में इसके अलावा प्रत्येक वर्ष तीन चंद्र शैडो घटनाएँ भी होंगी। 'एस.डी.ओ.' की कक्षा पृथ्वी की विकिरण पेटी की बाह्य पहुँच में स्थित होगी, जहाँ विकिरण की खुराक (डोज) काफी ज्यादा होगी। इसके लिए 'एस.डी.ओ.' अंतरिक्ष यान के उपकरणों तथा इलेक्ट्रॉनिकी भाग के लिए अतिरिक्त शील्डिंग प्रदान की गई है, जिससे रेडिएशन के एक्सपोजर से आनेवाली समस्याओं को रोका जा सके। इसे अंतरिक्ष मौसम प्रभाव या 'स्पेस वेदर इफेक्ट' कहते हैं।

एस.डी.ओ. का प्रस्तावित प्रमोचन

सौर गतिजता प्रेक्षणशाला का प्रमोचन अगस्त 2008 में अटलस V प्रमोचन रॉकेट से किए जाने का प्रस्ताव था लेकिन यह विलंबित कर दिया गया है। प्रमोचन के तुरंत बाद यह प्रेक्षणशाला भू-तुल्यकाली (जियोसिंक्रोनस) अंतरण या ट्रांसफर कक्षा में अटलस V द्वारा स्थापित की जाएगी। इसके बाद 'एस.डी.ओ.' का नोदन तंत्र (प्रोपल्शन सिस्टम) वृत्तीयकरण (सर्कुलराइजेशन) प्रसाधन प्रक्रिया संपन्न कराएगा, जिसके द्वारा 'एस.डी.ओ.' अंतरिक्ष यान को भू-तुल्यकाली कक्षा में

स्थापित किया जाएगा। 'एस.डी.ओ.' का मुख्य इंजन एक बाई-प्रोपेलेंट (द्विनोदन) तंत्र है, जिसमें मोनोमीथाइल हाइड्रोजन ईंधन और नाइट्रोजन टेट्राऑक्साइड का प्रयोग किया जाएगा। प्रणोदक उसी ईंधन और ऑक्सीकारक का प्रयोग करके 'एस.डी.ओ.' अंतरिक्ष यान को मिशन के दौरान सही कक्षा में रखेंगे।

हमारे सूर्य के विषय में कुछ खास बातें

सूर्य की पृथ्वी से औसत दूरी 149.6 × 10^6 कि.मी. है तथा आकाशगंगा या 'मिल्की वे' का एक चक्कर लगाने में यह 22.5 से 25 करोड़ वर्ष का समय लेता है। सूर्य द्वारा 'मिल्की वे' या आकाशगंगा का एक चक्कर लगाने में लगे समय को 'कॉस्मिक वर्ष' कहते हैं। इस प्रकार 'प्रकाशवर्ष' दूरी की इकाई है तथा 'कॉस्मिक वर्ष' समय की इकाई है। सूर्य की कक्षीय गति 217 कि.मी. प्रति सेकंड है। यह आकाशगंगा या 'मिल्की वे' से लगभग 25,000 से 28,000 प्रकाश वर्ष दूर है। सूर्य की आयु लगभग 5 अरब वर्ष है। सूर्य इतना विशाल है कि इसकी कोर से इसकी सतह तक चलने में प्रकाश को 2 लाख वर्ष लगेंगे, जबकि उसी प्रकाश को सूर्य से हमारी पृथ्वी तक पहुँचने में लगभग 8 मिनट (या 500 सेकंड) लगते हैं। सूर्य के अंत: में सबसे अधिक मात्रा हाइड्रोजन की (92 प्रतिशत) है तथा दूसरे तत्त्व हीलियम की मात्रा 7.8 प्रतिशत है। बाकी तत्त्व ऑक्सीजन, कार्बन, नाइट्रोजन, नियोन, लोहा, सिलिकन, मैग्नीशियम, सल्फर इत्यादि बहुत अल्प मात्रा में हैं। सूर्य की सतह का गुरुत्व त्वरण 273.95 मीटर प्रति सेकंड (या प्रति वर्ग सेंकंड) है, जो पृथ्वी में मात्र 9.8 मीटर प्रति सेकंड प्रति सेकंड प्रति सेकंड (या प्रति वर्ग सेकंड) है। सूर्य के कोरोना का तापमान 5 × 10^6 डिग्री केल्विन है। सूर्य का भार पृथ्वी के भार का 3,32,830 गुना है तथा आयतन 13,00,000 गुना है। सूर्य का सतही क्षेत्रफल पृथ्वी के सतही क्षेत्रफल का 11,900 गुना है तथा इसकी सतह से पलायन गति पृथ्वी की सतह से पलायन गति की 55 गुना है। पृथ्वी की सतह से पलायन गति लगभग 7 मील प्रति सेकंड होती है। सूर्य का औसत व्यास पृथ्वी के औसत व्यास का 109 गुना है। सूर्य की चुंबकीय फील्ड प्रत्येक ग्यारह वर्ष बाद परिवर्तित होती है। सूर्य की ऊर्जा का जनन नाभिकीय फ्यूजन रिएक्शनों से होता है, जो मान में 3.86 ×10^{33} अर्ग प्रति सेकंड होता है। सूर्य के अंदर प्रत्येक सेकंड 70,00,00,000 टन हाइड्रोजन 69,50,00,000 टन हीलियम और 50,00,000 टन गामा किरण ऊर्जा में परिवर्तित की जाती है।

□

5

अंतरिक्ष का ध्रुवीय ज्योति मिशन–‘थीमिस’

साफ आसमानवाली अँधेरी रातों में कई बार हमारी पृथ्वी के उत्तरी भाग के उच्च अक्षांशों में जगमगाती हुई प्रकाश की रेखाएँ दिखाई देती हैं, जिन्हें ‘नॉर्दर्न लाइट्स’ अथवा ‘अरोरा बोरेलिस’ या ध्रुवीय ज्योति कहते हैं। प्रकाश की ये रेखाएँ आसमान में पूर्व से पश्चिम की ओर फैली होती हैं। इसी प्रकार की प्रकाश की रेखाएँ हमारी पृथ्वी के दक्षिणी ध्रुव के पास दक्षिणी उच्च अक्षांशों में भी दृष्टिगोचर होती हैं। इन्हें ‘सदर्न लाइट्स’ या ‘अरोरा ऑस्ट्रोलिस’ कहते हैं। काफी समय से अनुसंधानकर्ताओं तथा वैज्ञानिकों को यह पता है कि ये जगमगाती हुई प्रकाश की रेखाएँ तब पैदा होती हैं जब उच्च गति और ऊर्जावाले इलेक्ट्रॉनों की वर्षा हमारी पृथ्वी के ऊपरी वायुमंडल की चुंबकीय फील्ड (मैग्नेटोस्फीयर) को स्ट्राइक करती है। यह सब सौर पवन–ऊर्जा द्वारा होता है। सौर पवनों द्वारा पृथ्वी के पर्यावरण में पहुँचनेवाली विस्फोटक ऊर्जा से जनित परिस्थिति को ‘सब–स्टॉर्म’ अथवा उप–तूफान कहते हैं। इसे समझने के लिए अंतरिक्ष मौसम (स्पेस वेदर) को समझना पड़ता है। ये उप–तूफान अंतरिक्ष में मानव और उपग्रहों के लिए घातक होते हैं। ये अंतरिक्ष यानों, रेडियो–संचार, जी.पी.एस. नेविगेशन तंत्र, पॉवर तंत्र इत्यादि के लिए बाधक सिद्ध होते हैं। यद्यपि इन तूफानों के दूरगामी परिणाम मालूम हैं, लेकिन अभी तक वैज्ञानिकों को यह नहीं पता चल पाया है कि पृथ्वी के मैग्नेटोस्फीयर में संचित सौर पवन ऊर्जा पृथ्वी के ऊपरी वायुमंडल के इलेक्ट्रॉनों को कब, कैसे और क्यों त्वरपित (ऐक्सलरेट) करती है, जिससे ये उप–तूफान बनते हैं। इस प्रकार ये उप–तूफान मूलतः वायुमंडलीय दृष्टिगोचर परिघटनाएँ होती हैं, जो दक्षिणी और उत्तरी गोलार्द्ध में अचानक जगमगाहट भरी रेखाओं के रूप में प्रतीत होती हैं। इसी गंभीर चिंतन के परिणामस्वरूप अमेरिकी अंतरिक्ष संस्था ‘नासा’ ने 17 फरवरी, 2007 को

फ्लोरिडा स्थित केप केनेवरल वायुसेना बेस के प्रमोचन पैड 17-बी से 'थीमिस' अंतरिक्ष मिशन का सफल प्रमोचन किया। 'थीमिस' शब्द का अर्थ है—'टाइम हिस्ट्री ऑफ इवेंट्स ऐंड मैक्रोस्केल इंटरऐक्शंस ड्यूरिंग सब-स्टार्म्स'—अर्थात् उप-तूफानों के दौरान परिघटनाओं और स्थूल पैमानोंवाली अन्योन्य क्रियाओं की समय सारणी। यह नासा का प्रथम 5-उपग्रहीय मिशन है, जिसका प्रमोचन एक अकेले रॉकेट द्वारा किया गया। इस प्रकार 'थीमिस' अंतरिक्ष यान में पाँच एक समान उपग्रह हैं। प्रमोचन के लगभग 73 मिनट बाद 'थीमिस' अंतरिक्ष उपग्रह प्रमोचन यान से अलग हो गए तथा कैलीफोर्निया और बर्कले विश्वविद्यालय के मिशन प्रचालकों ने अंतरिक्ष उपग्रहों को दूरादेश (कमांड) सिग्नल भेजे और पाँचों उपग्रहों से सिग्नल प्राप्त किए। इस अभिग्रहण से यह सुनिश्चित हो गया कि 'थीमिस' अंतरिक्ष उपग्रह सामान्य रूप से प्रमोचन यान से अंतरिक्ष में अलग हुए।

'थीमिस' अंतरिक्ष यान का नामकरण

यूनानी पौराणिक मान्यता के अनुसार 'थीमिस' न्याय, बुद्धि, सुघड़ सम्मति और शपथ की अभिभावक देवी मानी जाती हैं। चित्रों में देवी थीमिस को तलवार और स्केल (पैमाना) के साथ दरशाते हैं तथा ये दोनों चीजें उस देवी की शक्ति और न्याय-निष्ठा को दरशाती हैं। उनकी आँखों में पट्टी बँधी होती है। उनकी यह फोटो न्यायालयों और विधि-कार्यालयों में टाँगी जाती है। इस मिशन का नाम 'थीमिस' इसलिए रखा गया है जिससे कि थीमिस मिशन निष्पक्ष रूप से उप-तूफानों (सब स्टार्म्स) के वर्तमान में चल रहे मुख्य प्रश्न—'अंतरिक्ष में उप-तूफान कब और कैसे प्रारंभ होते हैं?' के ऊपर चल रही दो विभिन्न संकल्पनाओं में सही संकल्पना को

चित्र 5.1 : थीमिस अंतरिक्ष मिशन।
क. थीमिस मिशन का प्रमोचन। ख. थीमिस अंतरिक्ष यान।

सुनिश्चित कर सके। 'उप-तूफान कब और कैसे प्रारंभ होते हैं' यह तीस वर्ष पुराना एक ऐसा प्रश्न है, जिसका उत्तर अभी तक नहीं दिया जा सका है।

थीमिस अंतरिक्ष मिशन के उद्देश्य

सूर्य लगातार अदृष्टिगोचर विद्युत् आवेशित गैसों की धारा अंतरिक्ष में फेंकता रहता है, जिसे सौर पवन कहते हैं। सौर पवन पृथ्वी के मैग्नेटोस्फीयर (चुंबक मंडल) के अंदर से अत्यधिक तीव्र गति से प्रवाहित होती है। पृथ्वी का चुंबक मंडल इससे टकरानेवाली सौर पवन ऊर्जा का कुछ अंश कैप्चर करके अपने अंदर की चुंबकीय लाइनों के अंदर संचित कर लेता है, जो रबड़ बैंड की भाँति स्ट्रेच करती हैं। उप-तूफानों के दौरान सौर पवन पृथ्वी के चुंबक मंडल (मैग्नेटोस्फीयर) को अत्यधिक ऊर्जा से अधिभारित (ओवरलोड) कर देती है तथा इसके कारण पृथ्वी की ओर उन्मुख विद्युत् आवेशित कणों को और भी अधिक ऊर्जामय बना देती है। इस प्रकार से निर्मित उप-तूफानों (सब-स्टार्म) को ध्यान में रखते हुए थीमिस मिशन के निम्न उद्देश्यों का निर्धारण किया गया था—

1. यह पता लगाना कि उप-तूफान कहाँ से प्रारंभ होते हैं?
2. यह पता लगाना कि उपतूफान के विभिन्न अवयव एक-दूसरे से कैसे इंटरऐक्ट करते हैं?
3. यह पता लगाना कि उप-तूफान ध्रुवीय ज्योति (अर्थात् अरोरा परिघटना) को कैसे शक्तिशाली बनाते हैं?
4. वैश्विक स्तर पर उप-तूफानों की परिघटनाओं में स्थानीय बाधाओं और परिवर्तनों की क्या भूमिका होती है? इन उद्देश्यों को पूरा करने के लिए थीमिस अंतरिक्ष मिशन ने पाँच साल के लिए समान उपकरण-युक्त उपग्रहों का प्रयोग किया है, जिनकी अंतरिक्ष कक्षाओं का चयन सावधानीपूर्वक इस प्रकार किया गया है कि इनकी अपोजी (पृथ्वी से किसी उपग्रह की अधिकतम दूरी को अपोजी कहते हैं) स्थितियाँ चार दिन में एक बार एक रेखा में आ जाती हैं तथा इस स्थिति में इन उपग्रहों (पाँचों) का प्रेक्षण कनाडा एवं उत्तरी अमेरिका स्थित प्रेक्षणशालाओं से किया जा सकेगा। पृथ्वी से 10 पृथ्वी-अर्द्धव्यास की दूरी से तीन थीमिस उपग्रह हलचलों की तीव्रता का मापन करेंगे, जबकि पृथ्वी से 20 पृथ्वी-अर्द्धव्यास एवं 30 पृथ्वी-अर्द्धव्यास की दूरी से 2 बाह्य उपग्रह प्लाज्मा त्वरण (एक्शलरेशन) का मापन करेंगे। थीमिस उपग्रहों में तथा

पृथ्वी स्थित प्रेक्षणशाला के एरे एंटेनाओं से प्राप्त सूचनाओं के आधार पर अनुसंधानकर्ताओं को यह सुनिश्चित करने में मदद मिलेगी कि उप-तूफान कहाँ से प्रारंभ होते हैं।

'थीमिस' नाम से दो अंतरिक्ष मिशन

अंतरिक्ष अभियानों में 'थीमिस' शब्द दो बार प्रयुक्त हुआ है। एक तो थीमिस मिशन, जिसका वर्णन इस पूरे लेख में किया गया है। दूसरा थीमिस (थर्मल इमिशन इमेजिंग सिस्टम—तापीय उत्सर्जन प्रतिबिंबन तंत्र) नामक उपकरण मंगल ग्रह मिशन 'मार्स ओडीसी' अंतरिक्ष यान में लगाया गया था। इसमें 5 तरंगदैर्घ्यों (वेवलेंथ) वाला दृष्टिगोचर प्रतिबिंबन तंत्र तथा इसी के साथ-साथ 9 तरंगदैर्घ्यो वाला एक इन्फ्रारेड प्रतिबिंबन तंत्र भी था। मार्स ओडीसी का प्रमोचन 7 अप्रैल, 2001 को हुआ तथा 24 अक्तूबर, 2001 को यह मंगल ग्रह की कक्षा में पहुँच गया।

थीमिस अंतरिक्ष यान

थीमिस अंतरिक्ष मिशन 5 माइक्रो-उपग्रहों का पुंज है तथा प्रत्येक माइक्रो-उपग्रह का डिजाइन और बनावट तथा उसमें लगाए गए उपकरण बिलकुल एक समान हैं। ये पाँच माइक्रो-उपग्रह थीमिस मिशन की किसी एक कक्षा में रखे जा सकते हैं। थीमिस माइक्रो-उपग्रहों के निर्माण में निम्न बातों का विशेष ध्यान रखा गया था—

1. इनका आकार छोटा हो तथा कम पॉवर की आवश्यकता हो।
2. हार्डवेयर इलेक्ट्रॉनिक्स विकिरणों से प्रभावित या क्षतिग्रस्त न हो।
3. प्रत्येक उपग्रह को स्थायित्व प्रदान करने के लिए उसे स्पिन मोड में रखा गया है।
4. मिशन में अधिक-से-अधिक ईंधन भेजने का प्रयास किया गया है।
5. सतही आवेशित प्रभावों को हटाने के लिए बाह्य सतह को उच्चतम सुचालक बनाया गया है।
6. सारे माइक्रो-उपग्रहों को इस प्रकार बनाया गया है, जिससे वे तापक्रम की विशाल सीमाओं (–115 डिग्री सेंटीग्रेड से +115 डिग्री सेंटीग्रेड) को झेल सकें। यद्यपि इस प्रकार की आवश्यकताओं को अन्य अंतरिक्ष यानों में भी पूरा किया जाता है, लेकिन एक साथ 5 माइक्रो उपग्रहों में इस आवश्यकता को पूरा करना एक चुनौतीपूर्ण कार्य था।

प्रत्येक थीमिस माइक्रो-उपग्रह के अन्य भाग

1. प्रतिक्रिया नियंत्रण उपतंत्र थीमिस मिशन के उपग्रहों की गति में परिवर्तन जड़त्व अभिवृत्ति और स्पिन गति में परिवर्तन प्रदान करता है। इसके लिए इसमें ईंधन के 2 टैंक, 4 इंजन और अन्य हार्डवेयर लगाए गए थे।
2. उपग्रहों के विभिन्न तंत्र और उपतंत्र एवं ढाँचा काफी हलके पदार्थ का बनाया गया था।
3. अभिवृत्ति नियंत्रण उपतंत्र। यह तंत्र स्पिन गतिजता के लिए दूरमिति और दूरादेश क्षमता प्रदान करता है।
4. पॉवर उपतंत्र यह तंत्र सभी विद्युत् अवयवों को पॉवर की आपूर्ति करता है। इसके लिए प्रत्येक माइक्रो-उपग्रह के बाह्य भाग में सौर एरे माउंट किए गए हैं तथा पॉवर संचयन के लिए लीथियन-आयन बैटरी का प्रयोग किया गया है।
5. संचार तंत्र इस तंत्र में एक एस-बैंड ट्रांसपोंडर और एक एस-बैंड एंटेना प्रत्येक माइक्रो-उपग्रह में लगा है। इस तंत्र द्वारा थीमिस के प्रत्येक माइक्रो-उपग्रह से पृथ्वी के भू-केंद्रों से संपर्क स्थापित किया जाता है।
6. प्रत्येक माइक्रो-उपग्रह में एक फ्लाइट कंप्यूटर भी है तथा डाटा हैंडलिंग और आंतरिक्ष संचार इंटरफेस उपकरण, विद्युत् इंटरफेस तथा माइक्रो-उपग्रह का पावर नियंत्रण भी इसी फ्लाइट कंप्यूटर द्वारा किया जाता है।
7. माइक्रो-उपग्रह का ताप नियंत्रण उपतंत्र। इसके द्वारा माइक्रो-उपग्रहों के अंदर आवश्यक तापक्रम बनाया जाता है।
8. बिलगाव (सेपेरेशन) तंत्र थीमिस मिशन के 5 माइक्रो-उपग्रहों का अंतरिक्ष में प्रस्तरण (डिप्लॉयमेंट) एक प्रोब कैरियर से किया गया, जो 'थीमिस मिशन' को अंतरिक्ष में प्रमोचित करनेवाले डेल्टा-II रॉकेट की तीसरी स्टेज में लगाया गया था। प्रोब कैरियर और अंतरिक्ष में बिलगाव-तंत्र के डिजाइन में यह काफी महत्त्वपूर्ण इंजीनियरिंग चुनौती थी। इसका एक अति विशिष्ट कारण है।
9. प्रत्येक माइक्रो-उपग्रह का अंतरिक्ष में स्थायित्व, जो पृथक्करण (सेपरेशन प्रक्रिया) प्रक्रिया में नितांत आवश्यक है, ताकि माइक्रो-उपग्रहों और प्रोब कैरियर के बीच किसी प्रकार के टकराव को हटाया जा सके।

थीमिस मिशन जैसे बहु-उपग्रहीय अंतरिक्ष अभियानों का नासा के लिए क्या महत्त्व है?

नासा एक विशाल सूर्य-केंद्रित भौतिकी प्रेक्षणशाला के निर्माण की योजना

चित्र 5.2 : थीमिस अंतरिक्ष यान की जाँच-पड़ताल।
क. क्लीन रूम में थीमिस अंतरिक्ष यान की जाँच। ख. थीमिस की प्रयोगशाला जाँच।

बना रहा है, जिसमें पर्यावरणीय वैज्ञानिक अंतरिक्ष-अभियानों के वितरित तंत्र (डिस्ट्रीब्यूटेड सिस्टम) का प्रयोग किया जाएगा, जो सूर्य से पृथ्वी-चंद्रमा तंत्र, मंगल ग्रह और सौर तंत्र के बाहर के अंतरातारकीय माध्यम को कवर करेगा। इन प्रेक्षणशालाओं के मापन यह बताने में सक्षम होंगे कि सूर्य और ग्रहों के बीच की अन्योन्य क्रिया (अर्थात् इंटरऐक्शन) सौर तंत्र के अंतरिक्ष पर्यावरण को किस प्रकार प्रभावित करती है। इस कड़ी में 'थीमिस अंतरिक्ष मिशन' पृथ्वी के अंतरिक्ष पर्यावरण और सूर्य के साथ इसके इंटरएक्शन को समझने की दिशा में एक बढ़ता हुआ और प्रशंसनीय कदम है। उप-तूफानों को समझने और जानने से हमें अंत में अंतरिक्ष की मौसम परिघटना को समझने में बेहतर मदद मिलेगी, जो व्यावसायिक उपग्रहों या अंतरिक्ष स्टेशनों में अंतरिक्ष यात्रियों के लिए (जो चंद्रमा की यात्रा पर जा रहे हों) या अन्य ग्रहों के लिए जा रहे अंतरिक्ष यानों के लिए खतरा साबित हो सकता है।

'थीमिस मिशन' के उद्देश्यों से मिलता-जुलता एक अन्य मिशन—'स्टीरियो' नासा द्वारा 25 अक्तूबर, 2006 को अंतरिक्ष में प्रमोचित किया गया था। इसके द्वारा नासा पहली बार सौर विस्फोटों (सौर इरप्शन), जिन्हें कोरोनल द्रव्य पृथक्कन (कोरोनल मास इजेक्शन) कहते हैं, का सूर्य से पृथ्वी के बीच अनुवर्तन पहली बार किया। 'थीमिस' और 'स्टीरियो' दोनों मिशन नासा के सूर्य-केंद्रित भौतिकी कार्यक्रम को एक नया आयाम देने में सफल हुए तथा सूर्य-पृथ्वी के संबंधों को समझने की दिशा में महत्त्वपूर्ण चहलकदमी करेंगे।

थीमिस अंतरिक्ष मिशन की कुछ रोचक बातें

1. थीमिस मिशन इस मामले में विशिष्ट है कि प्रमोचन से पहले यह बिलकुल नहीं पता था (जो कि प्रोजेक्ट नियोजन में भी था) कि इसके पाँच उपग्रहों में से कौन सा उपग्रह किस अंतरिक्ष कक्षा में जाएगा और इसीलिए पाँचों उपग्रह बिलकुल एक समान बनाए गए।
2. परियोजना का नियोजन इस प्रकार किया गया है कि यदि थीमिस मिशन के 5 उपग्रहों में एक फेल हो जाए तो भी मिशन का निर्धारित उद्देश्य पूरा हो जाएगा। मिशन के निर्धारित उद्देश्यों में कम-से-कम पाँच उप-तूफानों का अनुवर्तन करना है।
3. पाँच थीमिस उपग्रहों की अंतरिक्ष कक्षाएँ इस प्रकार हैं—पृथ्वी से सबसे दूरस्थ उपग्रह की दूरी पृथ्वी-चंद्रमा दूरी की आधी दूरी है तथा यह पृथ्वी का एक चक्कर चार दिन में लगाता है। पृथ्वी से दूरी के हिसाब से दूसरा उपग्रह पृथ्वी

से पृथ्वी-चंद्रमा दूरी के एक-तिहाई भाग दूर है। इसका कक्षीय काल 2 दिवस है। बाकी तीन उपग्रहों की पृथ्वी से दूरी पृथ्वी-चंद्रमा दूरी का छठा हिस्सा है तथा इन तीनों उपग्रहों का कक्षीय काल एक दिन है। इन पाँचों उपग्रहों की एक खास बात यह है कि ये पाँचों उपग्रह चार दिन में एक बार अपनी दीर्घवृत्तीय कक्षा के उच्चतम बिंदु (अर्थात् अपोजी बिंदु) पर अवश्य पहुँचेंगे।

थीमिस अंतरिक्ष यान में लगे वैज्ञानिक उपकरण

थीमिस अंतरिक्ष यान में निम्नलिखित उपकरण लगाए गए हैं—

1. उपकरण डाटा प्रोसेसिंग इकाई (आई.डी.पी.यू.)—इसका विकास कैलीफोर्निया विश्वविद्यालय द्वारा किया गया। 4.75 कि.ग्रा. भारवाले इस यंत्र का प्रमुख उद्देश्य उपकरणों का नियंत्रण, डाटा की सैंपलिंग, संचयन, संपीडन (कंप्रेशन) तथा दूरमिति है।
2. विद्युत् फील्ड उपकरण (ई.एफ.आई.)—इस उपकरण का विकास संवेदन अंतरिक्ष विज्ञान प्रयोगशाला कैलीफोर्निया विश्वविद्यालय, बर्कले वायुमंडलीय और अंतरिक्ष भौतिकी प्रयोगशाला (डाटा प्रोसेसिंग) तथा कोलोरैडो विश्वविद्यालय में किया गया। इसका प्रमुख उद्देश्य पृथ्वी के डायनॉमिक चुंबकीय मंडल (मैग्नेटोस्फीयर) की विद्युत्-फील्ड का मापन करना तथा भीषण उप-तूफानों से संबंधित प्लाज्मा और विद्युत् चुंबकीय तरंगों के प्रवाह का पता लगाना है।
3. सर्च क्वायल मैग्नेटोमीटर (एस.सी.एम.)—इसका विकास फ्रांस में किया गया तथा इसका उद्देश्य पृथ्वी के चुंबक-मंडल में चुंबकीय फील्ड के परिवर्तनों का मापन करना है।
4. फ्लक्स गेट मैग्नेटोमीटर (एफ.जी.एम.)—इसका विकास जर्मनी के तकनीकी विश्वविद्यालय (टब्स) में हुआ तथा इसका उद्देश्य उप-तूफान के दौरान पृष्ठभूमिक (बैकग्राउंड) चुंबकीय फील्ड तथा इसके ऊपर किसी निम्न आवृत्ति के अध्यारोपण (सुपरइंपोज) का मापन करना है।
5. स्थिर वैद्युत् (इलेक्ट्रोस्टैटिक) विश्लेषक (ई.एस.ए.)—इसका विकास कैलिफोर्निया विश्वविद्यालय ने किया। इसके द्वारा एक निर्धारित ऊर्जा में निर्धारित समय में तापीय इलेक्ट्रॉनों और आयनों की संख्या का मापन किया जाता है।

6. ठोसावस्था टेलीस्कोप (एस.एस.टी.)—इसका विकास भी कैलीफोर्निया विश्वविद्यालय ने किया। इसका प्रमुख उद्देश्य उप-तूफान के दौरान सुपरतापीय आयनों और इलेक्ट्रॉनों के मापन से दूरस्थ स्थल से गरम प्लाज्मा में होनेवाले प्रसरण (एक्सपैंसन) का मापन करना है।
7. पृथ्वी-स्थिति संपूर्ण आकाश प्रतिबिंबक एरे (ए.एस.आई.)—यह भी कैलीफोर्निया विश्वविद्यालय में विकसित इकाई है। इसका प्रमुख उद्देश्य कनाडा से अलास्का तक उत्तरी अमेरिकी महाद्वीप के ऊपर ध्रुवीय ज्योति (अरोरा बोरेलिस) का प्रतिबिंबन करना है, जिससे यह पता किया जा सके कि सौर पवन से जनित उप-तूफानों की तीव्रता कब और कहाँ बढ़ती है। इसके लिए पृथ्वी स्थित एक मैग्नेटोमीटर के साथ 20 कैमरे लगाए गए हैं। संयुक्त रूप से उन्हें पृथ्वी-स्थित प्रेक्षणशाला कहते हैं। इस प्रतिबिंबक द्वारा पृथ्वी के विशाल क्षेत्र में ध्रुवीय परिघटना का प्रेक्षण किया जाना संभव हो सकेगा।
8. पृथ्वी स्थित मैग्नेटोमीटर एरे (जी.एम.ए.जी.)—इसका निर्माण लॉस एंजेलिस स्थित कैलीफोर्निया विश्वविद्यालय द्वारा किया गया है। इसका प्रमुख उद्देश्य उप-तूफानों के कारण पृथ्वी के समीप की सतह में पृथ्वी की चुंबकीय फील्ड में होनेवाले परिवर्तनों का मापन करना है। 'थीमिस' परियोजना के इंजीनियरों ने 21 जी.एम.ए.जी. स्टेशनों का स्थापन किया है।

थीमिस अंतरिक्ष अभियान के प्रत्येक उपग्रह में ये सारे उपकरण (और पूर्णत: एक प्रकार के तकनीकी दृष्टि से) लगाए गए हैं। जैसाकि पहले बताया जा चुका है कि इस मिशन के उपग्रहों की संख्या कुल पाँच है तथा पाँचों उपग्रहों का अंतरिक्ष में स्थायित्व 'स्पिन स्थायित्व प्रणाली' द्वारा किया गया है। थीमिस मिशन का तकनीकी विवरण सारणी-5.1 में दिया गया है।

सारणी-5.1

थीमिस अंतरिक्ष मिशन का तकनीकी विवरण

1.	अंतरिक्ष यान में उपग्रहों की संख्या	: 5
2.	प्रत्येक उपग्रह का भार	: 128 कि.ग्रा.
3.	प्रत्येक उपग्रह में भेजा गया ईंधन	: 49 कि.ग्रा.
4.	थीमिस अंतरिक्ष यान का कुल भार	: 7766 कि.ग्रा.

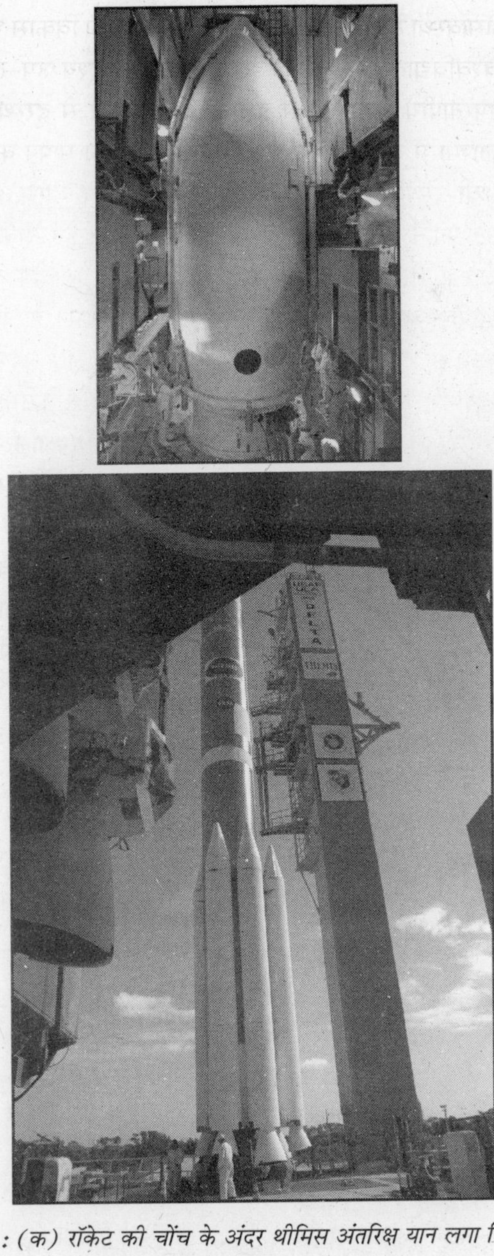

चित्र 5.3 : (क) रॉकेट की चोंच के अंदर थीमिस अंतरिक्ष यान लगा दिया गया है।
(ख) प्रमोचन की तैयारी का एक दृश्य।

5.	प्रत्येक उपग्रह की औसत पावर आवश्यकता	:	37 वाट
6.	संचार उपतंत्र	:	एस-बैंड (अर्थात् 2,000 मेगाहर्ट्ज से 4,000 मेगाहर्ट्ज में काम करते हैं।)
	क. दूरादेश (कमांड सिग्नल) डाटा गति	:	1 कि. बिट प्रति सेकंड
	ख. पृथ्वी की ओर डाटा भेजने की गति	:	1.024 मेगाबिट प्रति सेकंड
7.	प्रयुक्त ईंधन	:	हाइड्राजीन
8.	संचार एंटेना डिश	:	2.1 मीटर
9.	प्रमोदकों की संख्या	:	4 और 2
10.	मिशन नीतभार	:	5
11.	प्रमोचन तिथि	:	17 फरवरी, 2007
14.	कक्षीय संरूपण	:	क. प्रमोचन यान से रिलीज होने के बाद कक्षा-दीर्घ वृत्तीय 435 × 91,845 कि.मी., 16 डिग्री झुकाव, ख. प्रथम उपग्रह की कक्षा, जो पृथ्वी से सबसे अधिक दूर है—दीर्घ वृत्तीय 10,205 × 2,16,852 कि.मी., 7 डिग्री झुकाव
15.	मिशन अवधि	:	2 वर्ष
16.	ऑरबिट जाँच	:	30 दिन तक

'थीमिस मिशन' का प्रबंधन

'थीमिस मिशन' नासा का वित्तीय समर्थित मिशन है, जिसका प्रबंधन ग्रीनबेल्ट (मेरीलैंड) स्थित गोडार्ड स्पेस फ्लाइट सेंटर के एक्सप्लोरर्स प्रोग्राम के अंतर्गत किया जा रहा है। मिशन के प्रमुख इन्वेस्टीगेटर वैसिलिस एंजेलोपोलस कंपनी है, जो कैलीफोर्निया विश्वविद्यालय की अंतरिक्ष विज्ञान प्रयोगशाला में स्थित है। कैलीफोर्निया विश्वविद्यालय संपूर्ण प्रबंधन, मिशन डिजाइन, अंतरिक्ष यान की उपलब्धता, तीन फ्लाइट उपकरणों का विकास, दो गैर-अमेरिकी फ्लाइट उपकरणों का इंटीग्रेशन, उपकरण डाटा प्रोसेसिंग इकाई का विकास, पृथ्वी स्थित उपकरणों का विकास, मिशन के इंटीग्रेशन प्रमोचन स्थल की प्रोसेसिंग, मिशन प्रचालन और डाटा विश्लेषण के लिए उत्तरदायी है।

इस मिशन के अन्य अमेरिकी भागीदार हैं—कोलोरैडो विश्वविद्यालय, न्यू

हैंपशायर विश्वविद्यालय, नासा का गोडार्ड स्पेस फ्लाइट सेंटर। मिशन के अंतरराष्ट्रीय भागीदारों में अन्य संस्थान हैं—टब्स (जर्मनी), ऑस्ट्रिया, फ्रांस, कनाडा का कैलगैरी विश्वविद्यालय, यूरोपीय अंतरिक्ष संस्था का इस्टेक कार्यालय, रूस का सेंटपीटर्सबर्ग विश्वविद्यालय, जापान की आई.एस.ए.एस. संस्था इत्यादि।

श्री विलिस एस. जेनकिंस जू. थीमिस मिशन के एक्जीक्यूटिव हैं। उन्हें नासा और उद्योग जगत् में पच्चीस वर्षों का इंजीनियरिंग और कार्यक्रम प्रबंधन का अनुभव है। वे एक्सप्लोरर्स कार्यक्रम के विज्ञान मिशन निदेशालय को बहुत सफलता पूर्वक चला रहे हैं। डॉ. क्रेग पालक थीमिस प्रोग्राम के वैज्ञानिक हैं तथा रॉकेटों और उपग्रहों द्वारा प्लाज्मा परीक्षणों के उपकरणों को अंतरिक्ष में भेजने का उनका भी पच्चीस वर्षों का अनुभव है।

□

6

मंगल ग्रह मिशन–फीनिक्स मार्स लैंडर

4 अगस्त, 2007 को नासा के अत्यंत महत्त्वपूर्ण मंगल ग्रह मिशन 'फीनिक्स मार्स लैंडर' का अंतरिक्ष में प्रमोचन किया गया। हम जानते हैं कि अंतरिक्ष पिंडों में पृथ्वी के चंद्रमा के बाद सबसे अधिक अन्वेषण मंगल ग्रह का किया गया है। मंगल ग्रह में जीवन होने की आशा की नासा द्वारा उद्घोषणा के बाद इस ग्रह के लिए अनेक मिशन प्रमोचित किए गए। पिछले दस वर्षों में मंगल ग्रह के लिए मिशनों का विवरण सारणी–6.1 में दिया गया है। इसी वर्ष अगस्त के महीने में मंगल ग्रह के

चित्र 6.1 : फीनिक्स अंतरिक्ष यान।

सारणी–6.1

	पिछले एक दशक के प्रमोचित मंगल ग्रह मिशन				
	मिशन	*प्रमोचन*	*समाप्ति*	*उद्‌देश्य*	*परिणाम*
1.	मार्स पाथ फाइंडर	4.12.96	22.9.97	लैंडर/रोवर	सफल
2.	नोजोमी	3.7.98	9.12.2003	ऑरबिटर	कक्षा में प्रवेश नहीं किया
3.	मार्स क्लाइमेट ऑरबिटर	11.12.98	23.9.99	ऑरबिटर	दुर्घटनाग्रस्त लैंडिंग
4.	मार्स पोलर लैंडर	3.1.99	3.12.99	लैंडर	मंगल ग्रह पर पहुँचने के पहले संपर्क टूटा
5.	2001 मार्स ओडीसी	7.4.2001	वर्तमान में प्रचालित	ऑरबिटर	सफल
6.	मार्स एक्सप्रेस ऑरबिटर	2.6.2003	वर्तमान में प्रचालित	ऑरबिटर	सफल
7.	बीगल–2	2.6.2003	25.12.2003	लैंडर	लैंडिंग के समय संपर्क टूटा
8.	स्पिरिट रोवर	10.6.2003	वर्तमान में प्रचालित	रोवर	सफल
9.	आपरच्यूनिटी रोवर	7.7.2003	वर्तमान में प्रचालित	रोवर	सफल
10.	मार्स रिकॉनिशंस ऑरबिटर	12.8.2005	वर्तमान में प्रचालित	ऑरबिटर	सफल

लिए एक अति विशिष्ट मिशन 'फीनिक्स मार्स लैंडर' भेजा गया है, जो मंगल ग्रह के लिए एक टेलीरोबोटिक मिशन है, जो इस ग्रह में जैविक अस्तित्व के लिए उपलब्ध पर्यावरण का पता लगाएगा तथा वहाँ जल उपलब्धता के इतिहास के बारे में कुछ अनुसंधान कार्य करेगा। 'मार्स पाथ फाइंडर' और 'मार्स अन्वेषण बग्घियों' की अभूतपूर्व सफलता के बावजूद फीनिक्स मिशन एक लैंडर का प्रयोग करेगा। इसका कारण यह है कि यह एक अलग तरह का मिशन है। बग्घियों अर्थात् रोवरों का डिजाइन विभिन्न मंगल ग्रह स्थलों पर चट्टानों के अध्ययन के लिए किया गया। इसका उद्देश्य उन प्रमाणों का भी पता करना था कि किसी समय मंगल ग्रह की सतह पर पानी प्रवाहित हुआ था। रोवरों से भिन्न, जो मंगल ग्रह की सतह के इर्द-गिर्द पानी होने के प्रमाणों का पता कर रहे थे, 'फीनिक्स लैंडर' को यह पहले से पता होगा कि मंगल ग्रह में पानी का पता करने के लिए कहाँ जाया जाए। जल-प्राप्ति स्थल का पता करने के लिए 'फीनिक्स लैंडर' सतह के नीचे कुछ गहराई तक खुदाई करेगा। 'फीनिक्स लैंडर' उस क्षेत्र में स्थापित किया जाएगा, जहाँ की सतह के नीचे पानी होने की आशा है।

पिछले मंगल ग्रह मिशनों की तुलना में 'फीनिक्स मिशन' में एक विशिष्ट अंतर है। 'मार्स पाथ फाइंडर' और 'मार्स एक्सप्लोरेशन रोवर' ने मंगल ग्रह की सतह पर उतरते समय एयर बैगों का प्रयोग किया। इसका कारण यह था कि ये बहुत ही छोटे थे तथा एयर बैगों की सीमाओं में आते थे। एयर बैगों के लिए 'फीनिक्स लैंडर' बहुत भारी था। एयर बैग 'फीनिक्स' लैंडर के लिए उपयोगी नहीं हो सकते हैं, इसलिए इसमें मंगल ग्रह की सतह में लैंडिंग के लिए प्रणोदकों का प्रयोग किया गया।

मिशन का इतिहास

'फीनिक्स मिशन' का चयन नासा के मार्स स्काउट कार्यक्रम के अंतर्गत प्रथम मिशन के तौर पर किया गया था, जो औद्योगिक एकेडेमिक और सरकारी दृष्टि से काफी स्पर्द्धात्मक मिशन है। पहले 'मार्स डिस्कवरी' नाम से इस प्रोग्राम का प्रस्ताव मार्स सोसाइटी द्वारा सन् 1998 के अधिवेशन में दिया गया था। उस समय इसके उद्देश्यों में प्रमुख बात थी कि इसके द्वारा रोबोटिक मार्स एक्सप्लोरेशन कार्यक्रम को बढ़ावा दिया जाएगा। फीनिक्स मंगल ग्रह के उत्तरी ध्रुव के पास मई 2008 में लैंड करेगा तथा यह रेड प्लैनेट में भूतकालीन और वर्तमान समय के जैविक अस्तित्व से संबंधित अनेक ज्वलंत प्रश्नों का उत्तर देगा। मिशन का नाम

चित्र 6.2 : फीनिक्स अंतरिक्ष यान की रोबोटिक भुजा।

'फीनिक्स' एक पौराणिक पक्षी के नाम पर रखा गया है, जो राख (ऐसेज) से बार-बार जन्म लेता है। पौराणिक पक्षी की भाँति फीनिक्स मिशन में पूर्व निर्मित अनेक अवयवों का प्रयोग किया गया है। इस मिशन में प्रयुक्त लैंडर 'मार्स सर्वेयर 2001 लैंडर' (जिसे सन् 2000 में रद्द कर दिया गया था) का संवर्द्धित स्वरूप है। इसके अलावा इसमें लगे उपकरण भी भूतकालीन लैंडर मिशनों में प्रयुक्त किए जा चुके हैं।

फीनिक्स मार्स लैंडर मिशन के उद्देश्य

1. **अंतरिक्ष में जल-समृद्ध पर्यावरण की जानकारी**—अंतरिक्ष में जल-समृद्ध पर्यावरण को ढूँढ़ने की मानव की लंबे समय से चली आ रही अतृप्त चाहत (जिसका प्रारंभ वाइकिंग अंतरिक्ष अभियानों से हुआ) को पूरा करने के लिए फीनिक्स लैंडर मंगल ग्रह की सतह के नीचे मृदा-बर्फ इंटरफेस में जीवन होने के संकेतों (क्ल्यू) का पता करेगा। फीनिक्स आर्कटिक के मैदानी भागों में लैंड करेगा, जहाँ इसकी रोबोटिक भुजा सूखी मिट्टी को खोदकर बर्फीली परतों तक पहुँचकर वहाँ से मिट्टी और बर्फ के सैंपुल लाएगी तथा उन्हें लैंडर प्लेटफॉर्म पर लाकर उनका विश्लेषण किया जाएगा। यह विश्लेषण फीनिक्स में लगे

वैज्ञानिक उपकरण करेंगे।

2. **मंगल ग्रह के मौसम की जानकारी**—फीनिक्स मंगल ग्रह के ध्रुवीय आवरण के ऊपर उस समय लैंड करेगा, जब ठंडी मृदा लंबे शीतकाल के बाद पहली बार सूर्य के प्रकाश की ओर एक्सपोज होती है। ऐसे समय में ग्राउंड सतह तथा मंगल ग्रह के वायुमंडल के बीच होनेवाला इंटरऐक्शन मंगल ग्रह के वर्तमान और भूतकाल के मौसम की जानकारी प्राप्त करने के लिए बहुत महत्त्वपूर्ण होगा। फीनिक्स मंगल ग्रह के ध्रुवीय क्षेत्र में प्रथम मौसम-विज्ञानी स्टेशन होगा।
3. **मंगल ग्रह के भूगर्भशास्त्र की जानकारी**—पृथ्वी में जल का भूतकालीन इतिहास सतह के नीचे लिखा होता है, क्योंकि द्रव पानी मृदा के रसायनशास्त्र

चित्र 6.3 : फीनिक्स मिशन के टेगा उपकरण की जाँच।

को कुछ खास तरीके से परिवर्तित कर देता है। कुछ वैज्ञानिकों का मत है कि फीनिक्स की लैंडिंग साइट कहीं गहरे सागर में होनी चाहिए थी, जिससे सेडीमेंटेशन के कुछ प्रमाण मिलते। यदि मृदा और सिल्ट के सूक्ष्म सेडीमेंट उस साइट पर मिलते हैं तो यह मंगल ग्रह में रहे प्राचीन समुद्र की पुष्टि करेंगे। इसके साथ ही बालू के सूक्ष्म सेडीमेंट भूतकालीन जल-प्रवाह की ओर इशारा कर सकते हैं। मंगल ग्रह में प्रथम बार वास्तविक माइक्रोस्कोप की सहायता से फीनिक्स मिशन

बालू के इन दानों का अवलोकन करके मंगल ग्रह के भूगर्भ-शास्त्र में जल के प्रभाव से संबंधित बेहतर जवाब दे सकेगा।

4. **मंगल ग्रह के लिए मानव-युक्त अंतरिक्ष मिशन की तैयारी**—फीनिक्स मिशन मंगल ग्रह में जल-बर्फ होने के प्रमाण देगा तथा इसके ध्रुवीय क्षेत्रों के मृदा रसायनशास्त्र का आकलन करेगा। भावी अंतरिक्ष अन्वेषकों के लिए पानी एक जटिल स्रोत होगा तथा इस दृष्टि से फीनिक्स मिशन इस बात की प्रशंसनीय और उपयोगी सूचना प्रदान करेगा कि मंगल ग्रह पर पानी कैसे प्राप्त किया जा सकेगा।

फीनिक्स अंतरिक्ष मिशन का प्रबंधन

फीनिक्स मिशन विश्वविद्यालयों, नासा केंद्रों और वैमानिकी अंतरिक्ष (एरोस्पेस) उद्योग के बीच की भागीदारी की परियोजना है। इसके वैज्ञानिक उपकरण और उनके प्रचालन का उत्तरदायित्व अरिजोना विश्वविद्यालय पर है। नासा की पसाडेना (कैलीफोर्निया) स्थित जेट प्रोपल्शन प्रयोगशाला इस परियोजना का प्रबंधन करेगी

चित्र 6.4 : फीनिक्स अंतरिक्ष यान की विज्ञान डेक पर जाँच।

तथा मिशन डिजाइन और नियंत्रण सपोर्ट देगी। लॉकहीड मार्टिन स्पेस सिस्टम्स, डेनवेर (कोलोरैडो) ने फीनिक्स अंतरिक्ष यान का निर्माण और जाँच की है। कनाडा की अंतरिक्ष संस्था ने इस प्रोजेक्ट के लिए एक मौसम-विज्ञानी स्टेशन बनाया है,

जिसमें एक लेजर-आधारित वायुमंडलीय संवेदक भी शामिल है। फीनिक्स परियोजना के सहायक संस्थानों में शामिल हैं—मैलिन स्पेस साइंस सिस्टंस, मैक्स प्लैंक इंस्टीट्यूट फॉर सोलर सिस्टम रिसर्च, नासा एम्स रिसर्च सेंटर, नासा जॉनसन स्पेस सेंटर, ऑप्टेक इनकॉर्पोरेड, सेटी इंस्टीट्यूट, टेक्सास ऐंड एम विश्वविद्यालय, टफट्स विश्वविद्यालय, कोलोरैडो विश्वविद्यालय, मिशिगन विश्वविद्यालय, स्विट्जरलैंड का विश्वविद्यालय, डलास स्थित टेक्सास विश्वविद्यालय, वाशिंगटन विश्वविद्यालय, सेंट लुइस स्थित वाशिंगटन विश्वविद्यालय और योर्क विश्वविद्यालय।

फीनिक्स परियोजना के नियंत्रक व्यक्ति भी बँटे हुए हैं। मिशन के प्रमुख जाँचकर्ता (प्रिंसिपल इन्वेस्टीगेटर) अरिजोना विश्वविद्यालय के पीटर एच. स्मिथ हैं। परियोजना के प्रोजेक्ट मैनेजर जेट प्रोपल्शन प्रयोगशाला से हैं तथा फ्लाइट सिस्टम इंजीनियर लॉकहीड मार्टिन स्पेस सिस्टम से हैं। ये तीनों हस्तियाँ आपस में लगातार संपर्क में रहती हैं तथा ये तीनों यह सुनिश्चित करते हैं कि प्रत्येक निर्णय (फीनिक्स मिशन से संबंधित) समुचित तरीके से समझा जाए और उसे पूरी तरह कार्यान्वित किया जाए।

फीनिक्स अंतरिक्ष यान

फीनिक्स अंतरिक्ष यान में उच्च कोटि के उपकरण लगे होंगे, जिसमें असफल हो चुके मार्स पोलर लैंडर के पैनोरैमिक कैमरे और वाष्पशील विश्लेषण उपकरण भी शामिल हैं। इसके साथ ही कुछ उन परीक्षणों को भी शामिल किया गया है, जो 'मार्स सर्वेयर-2001 लैंडर' के लिए बनाए गए थे। जेट प्रोपल्शन प्रयोगशाला द्वारा निर्मित खुदाई करनेवाली एक रोबोट भुजा और एक रसायन-शास्त्र-माइक्रोस्कोपी उपकरण भी मिशन में लगाए गए हैं। फीनिक्स अंतरिक्ष यान में निम्नलिखित उपकरण नीतभार लगाए गए हैं—

1. **रोबोटिक भुजा**—इस भुजा का डिजाइन इस प्रकार किया गया है कि इसे इसके बेस से 2.35 मीटर तक खींचा जा सकता है और यह सतह के नीचे 0.5 मीटर तक की खुदाई कर सकती है। यह मृदा और जल-बर्फ के सैंपुल निकालेगी, जिसका लैंडर में लगे उपकरण विश्लेषण करेंगे। इस भुजा का डिजाइन और निर्माण जेट प्रोपल्शन प्रयोगशाला के लिए अलाएंस स्पेस सिस्टम्स द्वारा किया गया।
2. **रोबोटिक भुजा कैमरा**—यह कैमरा रोबोटिक भुजा में लगाया गया है। यह एक रंगीन कैमरा है तथा यह उस क्षेत्र का चित्रण करेगा एवं

चित्र 6.5 : फीनिक्स का उच्च कोटि लैंडिंग तंत्र अंतरिक्ष यान को 10 कि.मी. के क्षेत्र में स्पर्श कराने की क्षमता रखता था। यान के प्रणोदकों ने तब काम करना शुरू कर दिया, जब फीनिक्स यान मंगल ग्रह की सतह से 1,900 फीट ऊँचाई पर था।

भुजा द्वारा प्रदत्त सैंपलों का सत्यापन करेगा। यह उस क्षेत्र के मृदा के दानों की जाँच करेगा, जिन्हें रोबोटिक भुजा खोदकर निकालेगी। इस कैमरे का निर्माण अरिजोना विश्वविद्यालय और जर्मनी के मैक्सप्लैंक इंस्टीट्यूट द्वारा किया गया है।

3. **सतही स्टीरियो प्रतिबिंबक**—यह फीनिक्स अंतरिक्ष यान का प्रमुख कैमरा होगा। यह एक स्टीरियो कैमरा है तथा इसके विषय में यह कहा जाता है कि भूतकालीन मंगल ग्रह मिशनों 'मार्स पाथ फाइंडर' तथा 'मार्स पोलर लैंडर' में प्रयुक्त कैमरों का यह उच्च विभेदन अपग्रेड है। इस कैमरे से यह आशा की जाती है कि यह मंगल ग्रह के आर्कटिक क्षेत्र के अनेक स्टीरियो प्रतिबिंब खींचेगा। सूर्य का संदर्भ (रेफरेंस)

चित्र 6.6 : फीनिक्स अंतरिक्ष यान ने जब मंगल ग्रह के वायुमंडल में प्रवेश किया तब इसकी हीट शील्ड ने इसकी भीषण गरमी से इसकी रक्षा की।

लेकर यह मंगल ग्रह के वायुमंडल के वायुमंडलीय डिस्टार्शन का मापन करेगा, जिसका कारण धूल के कण, वायु और अन्य गणक होंगे। इसका निर्माण भी अरिजोना विश्वविद्यालय और मैक्स प्लैंक इंस्टीट्यूट द्वारा मिलकर किया गया है।

चित्र 6.7 : मंगल ग्रह के वायुमंडल में प्रवेश करने के 5 मिनट पहले यात्रा स्टेज (क्रूस स्टेज) प्रारंभ हो गई, जिसमें सौर पैनल और अन्य अवयव थे।

4. **तापीय एवं बाह्य-प्रवाहित गैस विश्लेषक (थर्मल ऐंड इवाल्व्ड गैस अनालाइजर—TEGA)**— यह उपकरण मूलरूप से एक भट्ठी (ओवेन) है, जिसमें एक द्रव्य स्पेक्ट्रोमीटर लगा हुआ है। इस उपकरण का उपयोग मंगल ग्रह की सतह से निकाले गए मृदा के नमूनों को तोड़कर उन्हें छोटे टुकड़ों में परिवर्तित करने में किया जाएगा, जिससे नमूनों में निहित तत्त्वों को परिशुद्धता से पता किया जा सके। इस उपकरण में विभिन्न प्रकार की आठ भट्ठियाँ हैं तथा प्रत्येक भट्ठी एक-एक नमूने की जाँच करेगी। इन परिणामों के विश्लेषणों के आधार पर यह पता किया जा सकेगा कि

नमूनों में कितनी जल-वाष्प, कार्बन-डाइऑक्साइड और खनिज पदार्थ हैं। यह उपकरण नमूनों में ऑर्गनिक वाष्पशील पदार्थों का भी पता करेगा।

5. **मंगल ग्रह पर उतरनेवाला प्रतिबिंबक (मार्स डीसेंट इमैजर)**—यह प्रतिबिंबक मंगल ग्रह की मृदा के उस समय प्रतिबिंब लेगी, जब फीनिक्स लैंडर मंगल ग्रह की सतह पर उतरेगा। यह मंगल ग्रह की सतह से 5 मील की ऊँचाई से ही सतह का प्रतिबिंब लेना शुरू कर देगा। इन प्रतिबिंबों से यह भी पता चलेगा कि फीनिक्स लैंडर मंगल ग्रह की सतह पर कहाँ उतरा है। यह लैंडिंग स्थल के भी फोटो लेगा तथा उससे आस-पास के स्थल की आकृतियों का भी पता चलेगा। इस उपकरण का निर्माण मैलिन स्पेस साइंस सिस्टम्स द्वारा किया गया। इस उपकरण की खास बात यह है कि मंगल ग्रह में लैंड करनेवाला यह सबसे हलका और दक्ष कैमरा होगा तथा मात्र 3 वॉट पॉवर का इस्तेमाल करेगा, जबकि भूतकालीन अंतरिक्ष अभियानों के कैमरे ज्यादा पॉवर का इस्तेमाल करते थे।

6. **माइक्रोस्कोपी, विद्युत् रसायनी (इलेक्ट्रोकैमिस्ट्री) और चालकता (कंडक्टिविटी) विश्लेषक**—यह उपकरण एक संयुक्त उपकरण है तथा यह एक वेट (गीला) रसायनशाला, प्रकाशिकी एवं परमाणवीय बल माइक्रोस्कोप और एक तापीय व विद्युतीय चालकता प्रोब है। इसका निर्माण जेट प्रोपल्शन प्रयोगशाला (पसाडेना, कैलीफोर्निया) द्वारा किया गया है। इस उपकरण का प्रयोग करके अनुसंधानकर्ता 16 माइक्रोन जैसे सूक्ष्म मृदा कणों की जाँच (मंगल ग्रह की मृदा) करेंगे। अनुसंधानकर्ता इसके द्वारा रोबोटिक भुजा के स्कूप में एक प्रोब लगाकर मंगल ग्रह के मृदा कणों की विद्युतीय और तापीय सुचालकता का मापन करेंगे

7. **मौसम-विज्ञानी स्टेशन (मेट)**—मंगल ग्रह में फीनिक्स मिशन के दौरान मौसम-विज्ञानी यह स्टेशन दैनिक मौसम की रिकॉर्डिंग करेगा। मौसम की रिकॉर्डिंग के लिए इसमें अनेक तापक्रम और दाब संवेदक लगे होंगे। यहाँ की वायु में धूल कणों के मापन के लिए एक लिडार उपकरण लगा होगा। मौसम-विज्ञानी स्टेशन का निर्माण कनाडा की अंतरिक्ष संस्था ने किया है।

फीनिक्स मिशन की इंजीनियरिंग सूचना

फीनिक्स लैंडर का निर्माण लॉकहीड मार्टिन कंपनी द्वारा किया गया है। इसके अधिकांश भाग रद्द कर दिए गए 'मार्स सर्वेयर 2001 लैंडर' मिशन के लिए बनाए गए थे। बनाए जाने के बाद फीनिक्स अंतरिक्ष यान कई वर्षों तक क्लीनरूम में बंद रहा तथा नासा द्वारा 'स्काउट कार्यक्रम' की फंडिंग के बाद इस मिशन को एक बल मिला। जबकि फीनिक्स मिशन के अनेक अवयव भूतकालीन अंतरिक्ष मिशनों से लिये गए हैं। अनेक अवयव अपटूडेट भी किए गए हैं। फीनिक्स लैंडर में निम्नलिखित उपतंत्र होंगे—

1. अंतरिक्ष यान को कमांड करने तथा डाटा हैंडल करने के लिए एक कंप्यूटर तंत्र।
2. सौर एरे और बैटरियों से युक्त एक विद्युत् तंत्र।
3. एक दूरसंचार-तंत्र, जो पृथ्वी से तथा 'मार्स ओडीसी' और 'मार्स रिकॉनिसंस' ऑरबिटर अंतरिक्ष मिशनों से सीधे संपर्क स्थापित कर सके।
4. फीनिक्स अंतरिक्ष यान की मंगल ग्रह की सतह में सफलतापूर्वक लैंडिंग के लिए एक प्रभावशाली गाइडेंस तंत्र।
5. मंगल ग्रह की सतह में सुरक्षित लैंडिंग के लिए एक नोदन तंत्र, जिसमें 6 हाइड्राजीन इंजन लगे हैं।
6. अंतरिक्ष यान का ढाँचा।
7. अंतरिक्ष यान के अवयवों

चित्र 6.8 : अगस्त 2007 में फीनिक्स मार्स लैंडर का प्रमोचन किया गया।

को गतिजता प्रदान करने के लिए अनेक मेकैनिकल तंत्र।
8. अंतरिक्ष यान फीनिक्स को अत्यधिक ठंडक से बचाने के लिए एक संवेदनशील तापीय नियंत्रण तंत्र।

फीनिक्स मार्स लैंडर का प्रमोचन

फीनिक्स मार्स लैंडर मिशन का प्रमोचन डेल्टा-II 7925 रॉकेट के द्वारा अगस्त 2007 में किया गया। इस रॉकेट का निर्माण यूनाइटेड लॉञ्च एलाएंस, डेनवर कंपनी द्वारा किया गया है। प्रथम स्टेज प्रमोचन पैड 17-ए (केप केनेवरल वायुसेना स्टेशन) पर पहले लगाई गई तथा उसके बाद उसमें 9 स्ट्रैप ऑन रॉकेट बूस्टर लगाए गए। प्रथम स्टेज के ऊपर दूसरी स्टेज लगाई गई, उसके ऊपर फेयरिंग लगाई गई।

फीनिक्स मिशन के प्रमोचन के लिए डेल्टा-II 7925 रॉकेट का चयन इसलिए किया गया, क्योंकि इसके पीछे एक सफल प्रमोचन इतिहास छिपा हुआ है। भूतकाल में अनेक मंगल ग्रह अभियान इस रॉकेट द्वारा प्रमोचित किए गए हैं। 'स्पिरिट' और 'ऑपरच्यूनिटी' मंगल ग्रह रोवरों का प्रमोचन सन् 2003 में इसी रॉकेट द्वारा किया गया। इस प्रमोचन रॉकेट का भार 6,28,820 पौंड है। इस रॉकेट द्वारा 8,90,000 न्यूटन प्रणोद पैदा होता है।

प्रमोचन के बाद फीनिक्स का यात्रा दौर

फीनिक्स अंतरिक्ष मिशन की मंगल ग्रह यात्रा 10 महीने में पूरी हुई। अपनी यात्रा के दौरान फीनिक्स अंतरिक्ष यान अपने उपकरणों के स्वास्थ्य की जाँच की और अपने मंगल ग्रह के परिपथ में जाने के लिए अनेक प्रसाधन प्रक्रियाएँ (मनूवर) संपन्न की। इस प्रकार की प्रक्रियाएँ मंगल ग्रह के पूर्व मिशनों—मार्स ओडीसी और मार्स अन्वेषण रोवरों में भी

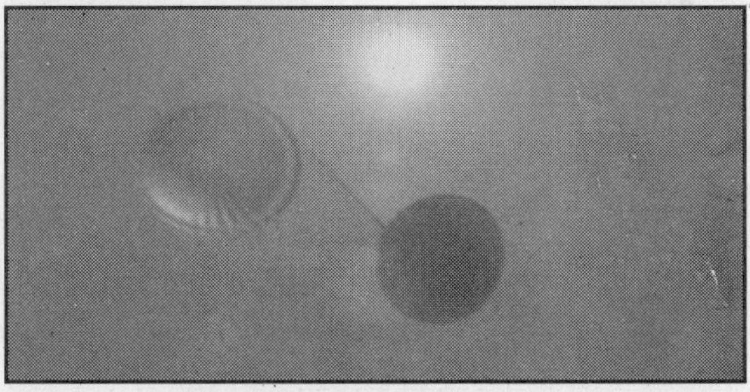

चित्र 6.9 : पैराशूट के डिप्लाय होने के बाद फीनिक्स लैंडर मंगल ग्रह की तरफ आगे बढ़ा।

संपन्न की गई थीं। फीनिक्स अंतरिक्ष यान के मंगल ग्रह के वायुमंडल में प्रवेश के दो सप्ताह पहले डीप स्पेस नेटवर्क (डी.एस.एन.) काफी नजदीकी से फीनिक्स अंतरिक्ष यान का अनुवर्तन किया। मंगल ग्रह के वायुमंडल में प्रवेश करते समय एक हीट-शील्ड ने यान की भीषण घर्षण गरमी से इसकी रक्षा किया। यान के सौर पैनलों को मंगल ग्रह के वायुमंडल में प्रवेश से 5 मिनट पहले खोला गया।

वायुमंडलीय प्रवेश, उतरना और लैंडिंग

125 कि.मी. की ऊँचाई से फीनिक्स यान ने मंगल ग्रह के वायुमंडल में प्रवेश किया। फीनिक्स लैंडर में लगे एंटेना का प्रयोग वर्तमान में मंगल ग्रह का चक्कर लगा रहे तीन अंतरिक्ष यानों से संपर्क करने के लिए किया गया। ये तीनों ऑरबिटर पृथ्वी के नियंत्रण केंद्र को तदनुसार सिग्नल और फीनिक्स की लैंडिंग सूचना भेजते रहे। जब मंगल ग्रह की सतह पर धीरे-धीरे उतरते हुए फीनिक्स लैंडर की गति कम होकर मैच 1.7 (अर्थात् ध्वनि की गति का 1.7 गुना) पहुँची, तब फीनिक्स के पैराशूट खुल गए। पैराशूट के खुल जाने के बाद हीटशील्ड प्रज्वलित कर दी गई, लैंडिंग राडार ऐक्टिवेट कर दिया गया तथा लैंडिंग टाँगें खुल जाएँगी। लैंडर का मंगल ग्रह के वायुमंडल से 1 कि.मी. की ऊँचाई तक उतरना जारी रहा और 1 कि.मी. की ऊँचाई (मंगल ग्रह की सतह से) पर लैंडर पैराशूट से अलग हो गया। इस समय लैंडिंग प्रणोदक और त्वरण अवरोधक सक्रिय हो गए। जब फीनिक्स लैंडर 12 मीटर की ऊँचाई पर पहुँचा अथवा 2.4 मीटर प्रति सेकंड की गति से चल रहा था तो उसके बाद इसकी गति स्थिर हो गई। जब लैंडिंग इंजन बंद हो गए तब लैंडर की टाँगों में लगे संवेदक सतह स्पर्श का संसूचन करके पृथ्वी को सूचित करने लगे कि फीनिक्स अंतरिक्ष यान मंगल ग्रह की सतह पर लैंड कर गया है।

चित्र 6.10 : लाकहीड मार्टिन स्पेस सिस्टम्स कंपनी में फीनिक्स अंतरिक्ष यान का संयोजन संपन्न हुआ।

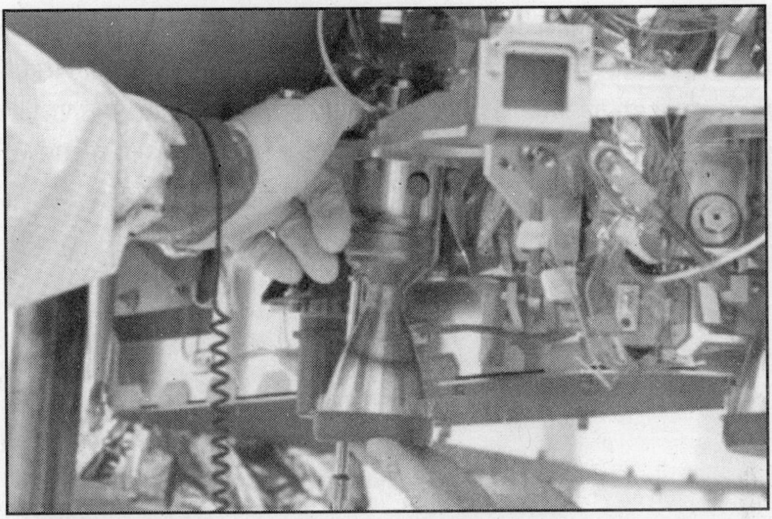

चित्र 6.11 : मंगल ग्रह की सतह पर उतरनेवाले प्रणोदक फीनिक्स अंतरिक्ष यान में (प्रमोचन के पहले) लगाए जा रहे हैं।

मंगल ग्रह की सतह पर

मंगल ग्रह की सतह पर फीनिक्स मिशन के प्रचालन की योजना मंगल ग्रह दिवसों (जिन्हें 'सोल्स' कहते हैं) को ध्यान में रखकर बनाई गई। चूँकि मंगल ग्रह अपनी कक्षा में पृथ्वी की तुलना में थोड़ी धीमी गति से रोटेट करता है, इससे सोल (अर्थात् मंगल ग्रह के एक दिवस की अवधि) हमारी पृथ्वी के 24 घंटे वाले दिवस की तुलना में 40 मिनट लंबा होता है। इसलिए सतही प्रचालन की योजना बहुत सोच-समझकर बनाई गई थी।

फीनिक्स अंतरिक्ष यान के मंगल ग्रह की सतह के स्पर्श (सोल-0) के साथ ही कुछ जटिल उपकरण जैसे सतही स्टीरियो प्रतिबिंबक और सौर एरे का डिप्लॉयमेंट हुआ। 'सोल-0' दिवस को दोपहर के बाद मार्स डीसेंट इमैजर के प्रतिबिंब पृथ्वी को भेजे गए। अधिकांश उपकरण चालू कर दिए गए और डिप्लॉय कर दिए गए। दूसरे दिन से फीनिक्स के उपकरणों ने मापन करना प्रारंभ कर दिया। 7 मई, 2007 को फीनिक्स लैंडर कैनेडी स्पेस सेंटर में पहुँच गया तथा वहाँ पर अनेक तैयारियों के बाद यह यान 4 अगस्त, 2007 में अपनी लंबी यात्रा (अर्थात् मंगल ग्रह की यात्रा)

के लिए रवाना हो गया। 25 मई, 2008 को यह अंतरिक्ष यान मंगल ग्रह के वैस्टिटस बोरियालिस की ग्रीन वैली में लैंड कर गया। 31 जुलाई, 2008 को नासा ने इस बात की पुष्टि की कि फीनिक्स ने मंगल ग्रह सतह में जल बर्फ की पुष्टि की। अब तक इसके द्वारा काफी परीक्षण किए जा चुके थे। 28 अक्तूबर, 2008 को उस मौसम में मंगल ग्रह पर अपर्याप्त सूर्यप्रकाश पहुँचने के कारण इसे सेफ मोड में डाल दिया गया। 10 नवंबर, 2008 को मिशन नियंत्रण केंद्र ने फीनिक्स से संपर्क टूटने की बात बताई। फीनिक्स लैंडर का डिजाइन 90 दिन के लिए किया गया था।

□

7

पृथ्वी का सिस्टर ग्रह—शुक्र ग्रह

शुक्र ग्रह सूर्य से दूसरे नंबर का सबसे निकट का ग्रह है। यह सूर्य का एक चक्कर लगाने में 224.7 पृथ्वी दिवस लेता है। रात्रि के आसमान में यह चंद्रमा के बाद सबसे ज्यादा चमकनेवाला पिंड है। यह सूर्य से ज्यादा दूर नहीं होता है। शुक्र ग्रह का चमकीलापन अपनी इष्टतम सीमा में सूर्योदय से पहले अथवा सूर्यास्त के बाद पहुँचता है। इसीलिए इसे कभी-कभी 'प्रात:कालीन स्टार' अथवा 'सायंकालीन स्टार' के नाम से भी संबोधित किया जाता है।

टेरीस्ट्रियल ग्रह के रूप में कभी-कभी इसे पृथ्वी का 'सिस्टर ग्रह' भी कहते हैं तथा इसका कारण यह है कि शुक्र ग्रह और पृथ्वी दोनों ही आकार एवं संरचना

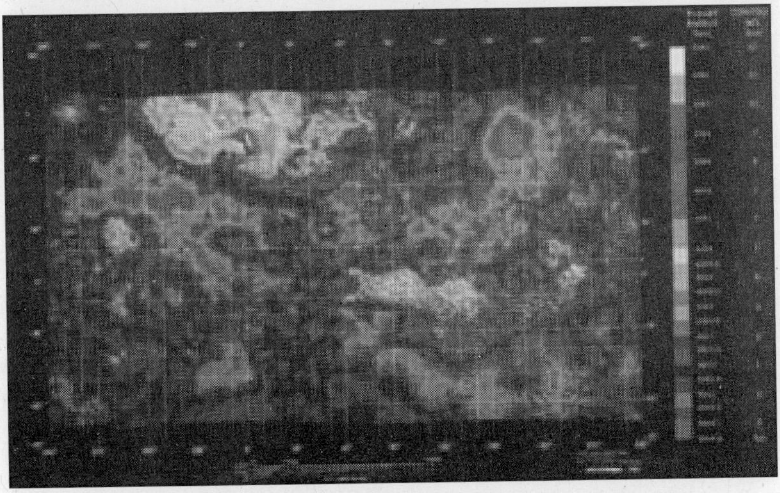

चित्र 7.1 : शुक्र ग्रह का मानचित्रण, जिसमें उभरे हुए भाग दिखाई देते हैं।

में काफी समानताएँ रखते हैं। शुक्र ग्रह अत्यधिक परावर्तक बादलों की अपारदर्शी परत से ढका रहता है और इसकी सतह अंतरिक्ष से दृष्टिगोचर प्रकाश में दिखाई नहीं पड़ती है तथा इसी वजह से यह काफी अरसे तक विचित्रताओं से भरा हुआ विषय जाना जाता रहा। बीसवीं शताब्दी में ग्रहीय विज्ञान के विकास के बाद इसके अनेक गोपनीय तथ्यों को जाना जा सका। सभी टेरीस्ट्रियल ग्रहों में शुक्र ग्रह का वायुमंडल सबसे घना है, जिसमें अधिकांश रूप से कार्बन-डाइऑक्साइड होती है तथा इस ग्रह की सतह पर वायुमंडलीय दाब पृथ्वी की सतह के वायुमंडलीय दाब की तुलना में 90 गुना है।

शुक्र ग्रह की सतह का वृहत् रूप में मानचित्रण पिछले 20 वर्षों में किया गया है। इसकी सतह में ज्वालामुखी प्रवृत्ति काफी पाई गई है तथा इसके कुछ ज्वालामुखी आज भी सक्रिय हैं। ऐसा विश्वास किया जाता है कि शुक्र ग्रह 'प्लेट टेक्टोनिक्स' के दौर से कुछ निश्चित अवधियों के बीच से गुजरता है, जिसके अंतर्गत इसके क्रस्ट में परिवर्तन होते रहते हैं। शुक्र ग्रह के विभिन्न कक्षीय गणक सारणी-7.1 में दिए गए हैं।

सारणी-7.1

शुक्र ग्रह के कक्षीय गणक

1.	सेमी-मेजर अक्ष रेखा	:	10,82,08,926 कि.मी. 0.72333199 खगोलिकी इकाई
2.	कक्षीय परिधि	:	68,00,00,000 कि.मी. 4.545 खगोलिकी इकाई
3.	उत्केंद्रता	:	0.00677323
4.	उपसौर (पेरीहीलियन)	:	10,74,76,002 कि.मी. 0.718, 43270 खगोलिकी इकाई
5.	अपसौर (एपीहीलियन)	:	10,89,41,849 कि.मी. 0.72823128 खगोलिकी इकाई
6.	कक्षीय आवर्तकाल	:	224.70069 दिन
7.	औसत कक्षीय गति	:	35.020 कि.मी. प्रति से.
8.	इष्टतम कक्षीय गति	:	35.259 कि.मी. प्रति से.
9.	निम्नतम कक्षीय गति	:	34.784 कि.मी. प्रति से.
10.	कक्षीय झुकाव	:	3.39471 डिग्री (सूर्य की भूमध्य-रेखा पर 3.86 डिग्री)
11.	आरोही नोड का देशांतर	:	76.68069 डिग्री
12.	चंद्रमाओं की संख्या	:	0

शुक्र ग्रह का नामकरण रोम की प्यार की देवी 'वीनस' के नाम पर रखा गया है। इसकी सतह के अधिकांश लक्षण भी पौराणिक महिलाओं के नाम पर वर्णित किए गए हैं।

शुक्र ग्रह की संरचना

शुक्र ग्रह चार टेरीस्ट्रियल ग्रहों में से एक है, जिसका अर्थ यह हुआ कि पृथ्वी की भाँति यह भी चट्टानी भागों से भरा हुआ है। आकार और भार में पृथ्वी के बहुत अधिक समतुल्य होने के कारण इसे पृथ्वी का 'ट्विन' भी कहते हैं। शुक्र ग्रह का व्यास पृथ्वी के व्यास की तुलना में केवल 650 कि.मी. ही कम है तथा इसका भार पृथ्वी के भार का 81.5 प्रतिशत है। इसके बावजूद शुक्र ग्रह की सतह पर परिस्थितियाँ पृथ्वी की सतह की तुलना में काफी ज्यादा भिन्न हैं तथा इसका कारण इसका सघन कार्बन-डाइऑक्साइड का वायुमंडल है। शुक्र ग्रह के वायुमंडल के विभिन्न गणक सारणी-7.2 में दिए गए हैं। इस ग्रह के भौतिक गुण और भौतिक गणक सारणी-7.3 में दिए गए हैं।

सारणी-7.2

शुक्र ग्रह के वायुमंडलीय गुण			
1.	वायुमंडलीय दाब	:	9.2 एम.पी.ए. (मेगा पैस्कल)
2.	कार्बन-डाइऑक्साइड	:	96.5 प्रतिशत
3.	नाइट्रोजन	:	3.5 प्रतिशत
4.	सल्फर-डाइआक्साइड	:	0.015 प्रतिशत
5.	ऑर्गन	:	0.007 प्रतिशत
6.	जलवाष्प	:	0.002 प्रतिशत
7.	कार्बन-मोनोऑक्साइड	:	0.0017 प्रतिशत
8.	हीलियम	:	0.0012 प्रतिशत
9.	नियोन	:	0.0007 प्रतिशत
10.	हाइड्रोजन क्लोराइड हाइड्रोजन फ्लूराइड		

आंतरिक संरचना

यद्यपि शुक्र ग्रह की आंतरिक संरचना के विषय में बहुत थोड़ी सी सूचना प्राप्त है, लेकिन इसके आकार और घनत्व में पृथ्वी की तुलना में समानता के आधार पर यह निष्कर्ष निकाला जा सकता है कि शुक्र ग्रह की आंतरिक संरचना भी पृथ्वी की आंतरिक संरचना से मिलती-जुलती है, जिसमें एक कोर, एक मैंटल और एक क्रस्ट होता है। पृथ्वी की कोर की भाँति शुक्र ग्रह की कोर भी आंशिक रूप से द्रव रूप में है। शुक्र ग्रह के गहरे आंतरिक भाग में दाब पृथ्वी की तुलना में काफी कम होता है। दोनों ग्रहों में मुख्य अंतर यह है कि शुक्र ग्रह में 'प्लेट टेक्नोनिक्स' की प्रक्रिया इसकी शुष्क सतह के कारण कम होती है। इसके कारण इस ग्रह में ताप क्षति कम होती है।

सारणी-7.3

शुक्र ग्रह के भौतिक गुण			
1.	भूमध्य रेखीय व्यास	:	12,103.7 कि.मी. (पृथ्वी का 0.949)
2.	सतही क्षेत्रफल	:	4.6×10^{8} वर्ग कि.मी. (पृथ्वी का 0.902)
3.	आयतन	:	9.28×10^{11} घन कि.मी. (पृथ्वी का 0.857)
4.	भार (मास)	:	4.8685×10^{24} कि.ग्रा. (पृथ्वी का 0.815)
5.	भूमध्य रेखा पर गुरुत्व मान	:	8.87 मीटर प्रति सेकंड^2 (पृथ्वी का 0.904)
6.	पलायन (इस्केप)	:	10.36 कि.मी. प्रति सेकंड
7.	परिक्रम (रोटेशन) आवर्तकाल	:	243.0185 दिन
8.	परिक्रम गति	:	6.52 कि.मी. प्रति घं. (भूमध्य रेखा पर)
9.	अक्षीय झुकाव (टिल्ट)	:	2.64 डिग्री
10.	सतही तापमान	:	228 डिग्री केल्विन (न्यूनतम) 737 डिग्री केल्विन (औसत) 773 डिग्री केल्विन (इष्टतम)

शुक्र ग्रह का भूगर्भ-विज्ञान

शुक्र ग्रह की सतह का लगभग 80 प्रतिशत भाग ज्वालामुखी निर्मित समतल मैदानों से बना हुआ है। शेष भाग दो उच्च-स्थलीय महाद्वीपों से बना है, जिसमें एक इस ग्रह के उत्तरी गोलार्द्ध में तथा दूसरा इसकी भूमध्य रेखा के दक्षिण में स्थित है। उत्तरी महाद्वीप को 'इस्तार टेरा' के नाम से संबोधित करते हैं, जो एक देवी का नाम

है तथा इसका आकार लगभग ऑस्ट्रेलिया महाद्वीप के बराबर है। शुक्र ग्रह का सबसे ऊँचा पर्वत 'मैक्सवेल मांटेस' है, जो इस्तार टेरा में स्थित है तथा इसकी चोटी की ऊँचाई शुक्र ग्रह की सतह से 11 कि.मी. है, जबकि पृथ्वी का सबसे ऊँचा पर्वत माउंट एवरेस्ट 9 कि.मी. ऊँचा है। दक्षिणी महाद्वीप को 'अफ्रोडाइट टेरा' कहते हैं। इसका नाम भी यूनानी प्यार की देवी के नाम पर रखा गया है। इसका आकार अनुमानतः दक्षिणी अमेरिका के बराबर है। इस महाद्वीप का अधिकांश भाग दरारों से ढका हुआ है। इसके अलावा इस ग्रह में अनेक समाघात (इंपैक्ट) क्रेटर, पर्वत और घाटियाँ हैं, जो इस चट्टानी ग्रह की विचित्र आकृति और संरचना को दरशाती हैं। साथ-साथ इस ग्रह में कुछ विचित्र प्रकार की ज्वालामुखी आकृतियाँ भी हैं, जिन्हें 'फरा' कहते हैं और जो 20-50 कि.मी. क्षेत्र में समतल रूप में फैली होती हैं। इनकी ऊँचाई 100-1,000 मीटर के बीच में होती है। ग्रह में दरारों से बनी हुई अनेक आकृतियाँ भी विद्यमान हैं, जिन्हें 'नोवे' (स्टार के रूप में बनी दरारें), 'एराक्नायड्स' (मकड़ी के जाले की भाँति बनी दरारें) और 'कोरोने' (वृत्तीय रिंगों के रूप में दरारें) कहते हैं। शुक्र ग्रह के ये सारे स्वरूप ज्वालामुखी गतिविधियों के परिणाम हैं। शुक्र ग्रह की सतह के लगभग सभी लक्षणों और विशिष्टताओं को ऐतिहासिक व पौराणिक देवी-देवताओं के नाम के साथ संबोधित किया गया है। कुछ अपवादों में पर्वत 'मैक्सवेल मांटेस' का नाम विश्व-विख्यात वैज्ञानिक जेम्स क्लर्क मैक्सवेल के नाम से रखा गया है। इसी प्रकार दो उच्च स्थलीय भूखंडों 'अल्फा रेजियो' और 'बीटा रेजियो' का नाम भी गैर देवी-देवताओं के नाम पर रखा गया है।

सतही भूगर्भ-विज्ञान

शुक्र ग्रह की सतह की अधिकांश संरचना ज्वालामुखी संरचना से निर्मित हुई है। पृथ्वी की भाँति ही इसमें भी ज्वालामुखी होते हैं, जिनमें 167 विशाल ज्वालामुखी हैं, जो 100 कि.मी. क्षेत्र में फैले हैं। इस प्रकार का ज्वालामुखी प्रांगण पृथ्वी में हवाई का 'बिग आइलैंड' है। शुक्र ग्रह की वर्तमान में चल रही ज्वालामुखीय गतिविधियों के प्रमाण 'वेनेरा-11' और 'वेनेरा-12' से प्राप्त हुए तथा इन प्रोबों ने लैंडिंग करने के बाद लगातार दिखनेवाली लाइटनिंग तथा गड़गड़ाहटवाली गर्जना रिकॉर्ड की। शुक्र ग्रह में वर्षा नहीं होती है। लाइटनिंग और गड़गड़ाहट वर्षा से होती है, जो हम लोगों ने पृथ्वी पर देखा है; लेकिन इस प्रकार की परिघटनाओं का शुक्र ग्रह में दिखाई देना आश्चर्यजनक है। इसकी एक संभावना यह लगती है कि

ज्वालामुखी फटने से निकली हुई राख से ये परिघटनाएँ जन्म लेती हैं। शुक्र ग्रह में लगभग 1,000 आघात क्रेटर हैं, जो लगभग समान रूप से फैले हुए हैं। शुक्र ग्रह के क्रेटर 3 कि.मी. से 280 कि.मी. व्यासवाले क्षेत्रों में फैले हुए हैं।

1. **वायुमंडल**—शुक्र ग्रह का वायुमंडल काफी सघन है। उसमें कार्बन-डाइऑक्साइड बहुतायत में उपलब्ध है तथा नाइट्रोजन की बहुत अल्प मात्रा है। ग्रह की सतह में दाब का मान पृथ्वी की सतह की तुलना में 90 गुना है। कार्बन-डाइऑक्साइड की अत्यधिक बहुतायत एक तीव्र 'ग्रीनहाउस प्रभाव' पैदा करता है, जो इसकी सतह के तापमान को 400 डिग्री सेंटीग्रेड बढ़ा देता है। इसके कारण शुक्र ग्रह की सतह बुध ग्रह की सतह से भी अधिक गरम हो जाती है, जबकि शुक्र ग्रह की सूर्य से दूरी सूर्य-बुध ग्रह दूरी का लगभग दो गुना है तथा शुक्र ग्रह में अभि ग्रहीत सौर ऊर्जा बुध ग्रह की तुलना में केवल 25 प्रतिशत है। तापीय जड़त्व और पवनों द्वारा ताप स्थानांतरण (निम्न वायुमंडल में) के कारण ग्रह के मद्धिम गति से रोटेशन के बावजूद उसकी सतह के दिन

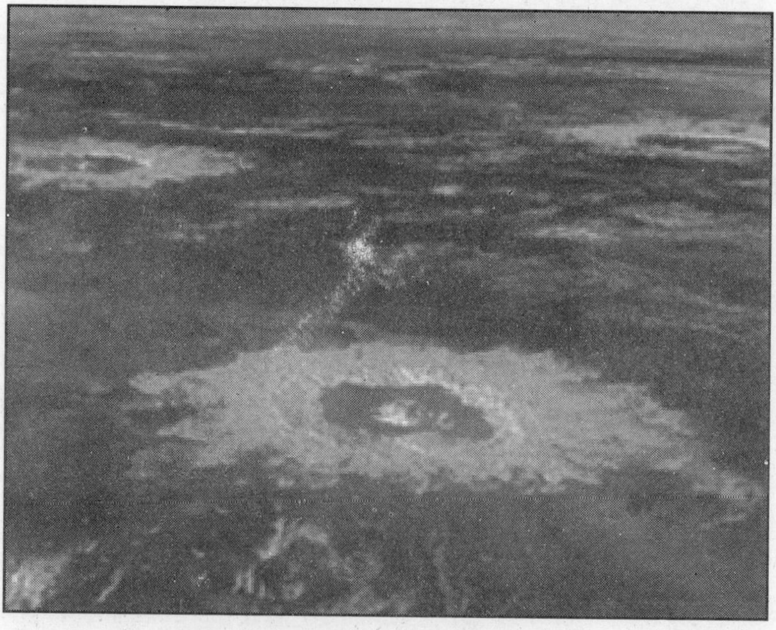

चित्र 7.2 : शुक्र ग्रह की सतह पर आघात क्रेटर।

और रात के तापमान में बहुत अधिक परिवर्तन नहीं होता। शुक्र ग्रह की सतह में यद्यपि पवन गति बहुत कम होती है (कुछ कि.मी. प्रति घंटे की), लेकिन वायुमंडल अत्यधिक सघन होने के कारण ये पवनें काफी अधिक बलशाली होती हैं और धूल तथा छोटे पत्थरों को भी उड़ा ले जाती हैं। कार्बन-डाइऑक्साइड की परत के ऊपर इसके वायुमंडल में सल्फर-डाइऑक्साइड और सल्फ्यूरिक एसिड की बूँदों के घने बादल होते हैं। इसके कारण ये बादल 60 प्रतिशत सूर्य के प्रकाश का अंतरिक्ष की ओर परावर्तन कर देते हैं। इसके कारण दृष्टिगोचर प्रकाश में भी शुक्र ग्रह का प्रेक्षण मुश्किल हो जाता है।

2. **चुंबकीय फील्ड और कोर**—सन् 1980 में 'पॉयनियर वीनस ऑरबिटर' ने यह पता लगाया कि शुक्र ग्रह की चुंबकीय फील्ड पृथ्वी की तुलना में कमजोर और छोटी है। जो भी थोड़ी चुंबकीय शक्ति शुक्र ग्रह में है, वह आयनमंडल और सौर पवन के इंटरऐक्शन से जनित इंडक्शन प्रभाव के कारण पैदा होती है, न कि कोर में छिपे किसी डायनमो की भाँति, जैसा पृथ्वी की चुंबकीय फील्ड में होता है। शुक्र ग्रह का मैग्नेटोस्फीयर पृथ्वी के वायुमंडल को कॉस्मिक विकिरण से बचाने में काफी कमजोर है।
3. **कक्षा और रोटेशन**—शुक्र ग्रह सूर्य का चक्कर 106 मिलियन कि.मी. की दूरी से लगाता है तथा 224.7 पृथ्वी-दिवस में सूर्य की एक परिक्रमा पूरी करता है। यद्यपि सभी ग्रहीय कक्षाएँ दीर्घवृत्तीय हैं, लेकिन शुक्र ग्रह की कक्षा 1 प्रतिशत से कम उत्केंद्रता के साथ लगभग वृत्ताकार है। जब शुक्र ग्रह पृथ्वी और सूर्य के बीच आता है तो इस स्थिति को 'इन्फीरियर कंजंक्शन' कहते हैं तथा यह स्थिति औसत रूप से प्रत्येक 584 दिन के बाद आती है। अपनी अक्ष रेखा में रहता हुआ शुक्र ग्रह 243 दिन में एक परिक्रमा पूरी करता है। अगर सूर्य के उत्तरी ध्रुव के ऊपर से खड़े होकर ग्रहों को देखा जाए तो शुक्र ग्रह को छोड़कर सभी ग्रह 'एंटी-क्लॉकवाइज' दिशा में घूमते हैं। शुक्र ग्रह 'क्लॉकवाइज' दिशा में घूमता है। वर्तमान में शुक्र ग्रह का अपना कोई भी चंद्रमा नहीं है।

शुक्र ग्रह का प्रारंभिक अध्ययन

हिंदू ज्योतिष के अनुसार इस ग्रह को शुक्र ग्रह के नाम से जाना जाता है।

चित्र 7.3 : वेनेरा-14 अंतरिक्ष यान द्वारा लिया गया शुक्र ग्रह की सतह का चित्र। यहाँ पर बसाल्ट के अनेक मैदान हैं।

पश्चिमी देशों में टेलीस्कोप के आविर्भाव से पहले शुक्र ग्रह को 'पर्यटक तारा' (वांडरिंग स्टार) के नाम से जाना जाता था। ऐतिहासिक रूप में अनेक संस्कृतियों और युगों ने इसकी विभिन्न आकृतियों—'मॉर्निंग स्टार' और 'ईवनिंग स्टार' को दो अलग-अलग पिंडों के रूप में जाना। इस बात के लिए श्रीमान पाइथागोरस प्रशंसा के पात्र हैं, जिन्होंने छठी शताब्दी (बी.सी.) में यह पता लगाया कि 'मॉर्निंग स्टार' और 'ईवनिंग स्टार' एक ही पिंड है, दो अलग-अलग पिंड नहीं हैं। जब सत्रहवीं शताब्दी के प्रारंभ में गैलीलियो ने इसका प्रेक्षण किया तो इसने विभिन्न चरणों को दरशाया। यह संभव तभी हो सकता था, यदि शुक्र ग्रह सूर्य का चक्कर लगाता है तथा इस प्रेक्षण ने पहली बार पिछली सौर तंत्र की संकल्पना को गलत सिद्ध किया कि सौर तंत्र पृथ्वी पर केंद्रित है। वास्तव में सौर तंत्र सूर्य पर केंद्रित है। शुक्र ग्रह वायुमंडल के विषय में जानकारी सन् 1790 में जॉन स्क्रोटर द्वारा दी गई थी।

शुक्र ग्रह का पृथ्वी आधारित अनुसंधान

बीसवीं शताब्दी तक शुक्र ग्रह के विषय में बहुत थोड़ा ही पता चल सका। इसके विषय में विस्तृत जानकारी केवल स्पेक्ट्रोस्कोपिक राडार और अल्ट्रॉवायलेट प्रेक्षणों के आधार पर ही पता चल सकी। प्रथम अल्ट्रावॉयलेट प्रेक्षण सन् 1920 में फ्रैंक ई. रॉस द्वारा किया गया। सन् 1900 में स्पेक्ट्रोस्कोपिक प्रेक्षणों के आधार पर शुक्र ग्रह के रोटेशन के विषय में प्रथम जानकारी प्राप्त हुई। वैज्ञानिक वेस्टो स्लिफर ने शुक्रग्रह से परावर्तित प्रकाश द्वारा प्रकाश की डॉप्लर शिफ्ट मापन का प्रयास किया तथा निष्कर्ष निकाला कि पूर्व मापनों से ग्रह की रोटेशन अवधि कहीं अधिक है। बाद के प्रेक्षणों (सन् 1950 में) से पता चला कि रोटेशन उलटा (रेट्रोग्रेड) है। सन् 1970 के राडार प्रेक्षणों से पहली बार शुक्र ग्रह की सतह की विस्तृत जानकारी प्राप्त हुई तथा यह प्रेक्षण विश्व की विशाल ग्राउंड टेलीस्कोप-एक्रीबो प्रेक्षणशाला द्वारा किया गया।

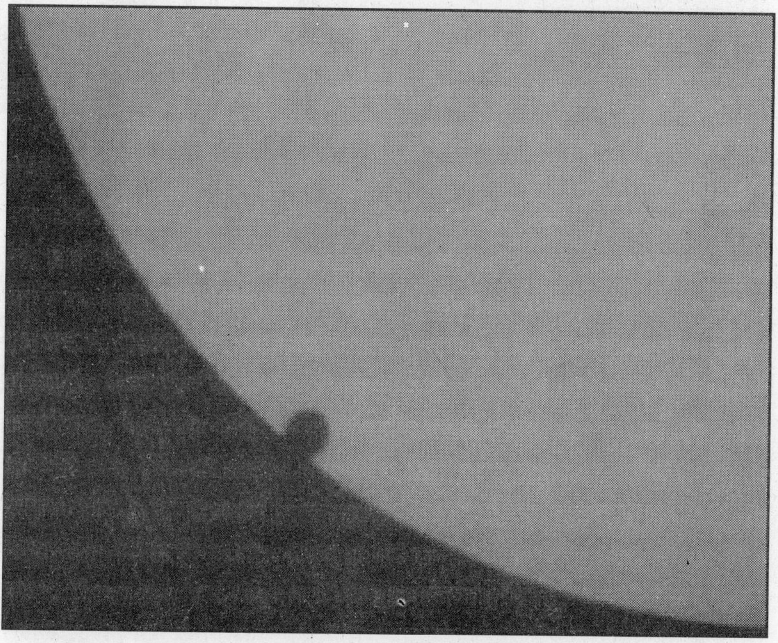

चित्र 7.4 : शुक्र ग्रह द्वारा आच्छादित सूर्य की डिश, जिसे 'शुक्र ट्रांजिट' कहते हैं।

शुक्र ग्रह और पृथ्वी की तुलना

आकार, भार, घनत्व एवं आयतन की दृष्टि से शुक्र ग्रह और पृथ्वी आपस में काफी मिलते-जुलते हैं। अनुमान है कि इन दोनों ग्रहों का निर्माण 4.5 अरब वर्ष पहले हुआ होगा। दोनों ग्रहों में सबसे विशाल अंतर उनके रोटेशन में है। शुक्र ग्रह का अक्षीय झुकाव 177.36 डिग्री, जबकि पृथ्वी का 23.5 डिग्री है। इसके अलावा शुक्र ग्रह पूर्व से पश्चिम की ओर घूमता है, जिसके कारण इस पर सूर्योदय पश्चिम दिशा में तथा सूर्यास्त पूर्व दिशा में होता है। पृथ्वी पर इसका विपरीत होता है। सारणी-7.4 में पृथ्वी और शुक्र ग्रह के विभिन्न आँकड़े दिखाए गए हैं।

सारणी-7.4

शुक्र ग्रह और पृथ्वी ग्रह के विभिन्न गणक

	गणक का नाम	*शुक्र ग्रह*	*पृथ्वी ग्रह*
1.	कक्षीय दूरी (कि.मी.)	10,82,00,000	14,96,00,000
2.	व्यास (कि.मी.)	12,103.6	12,756.3
3.	भार (कि.ग्रा.)	4.869×10^{24}	5.972×10^{24}
4.	घनत्व (कि.ग्रा./घन मीटर)	5.24	5.52
5.	1 दिन की अवधि	243 पृथ्वी दिवस	23 घं. 56 मि.
6.	1 वर्ष की अवधि	224.7 पृथ्वी दिवस	365.25 दिवस
7.	वायुमंडल	96% कार्बन-डाइ ऑक्साइड	77% नाइट्रोजन
		3% नाइट्रोजन	21% ऑक्सीजन
8.	पलायन गति (कि.मी./से.)	10.36	11.18
9.	सतह का गुरुत्व मीटर/से.^{2}	8.87	9.81
10.	अक्षीय झुकाव	177.36	23.5
11.	कक्षीय झुकाव	3.39	00.0
12.	उत्केंद्रता (इक्सेंट्रिसिटी)	0.007	0.017

शुक्र ग्रह का अन्वेषण

शुक्र ग्रह के लिए तथा किसी भी ग्रह के लिए प्रथम अंतरिक्ष मिशन 'वेनेरा-1' प्रोब था, जिसका प्रमोचन 12 फरवरी, 1961 को किया गया, लेकिन 7 दिन बाद इस प्रोब से पृथ्वी का संपर्क टूट गया। उस समय यह प्रोब पृथ्वी से 20 लाख कि.मी. दूर थी। यह एक सोवियत अंतरिक्ष मिशन था। अमेरिका का शुक्र ग्रह

चित्र 7.5 : मैरिनर-2 शुक्र ग्रह के लिए प्रमोचित एक सफल मिशन था, जिसका प्रमोचन वर्ष 1962 में किया गया था।

अभियान का प्रारंभ अच्छे तरीके से नहीं हुआ तथा प्रथम शुक्र मिशन 'मैरिनर-1' असफल रहा; लेकिन अमेरिका का दूसरा शुक्र ग्रह मिशन 'मैरिनर-2' काफी सफल सिद्ध हुआ। 14 दिसंबर, 1962 को ट्रांसफर कक्षा में 109 दिन तक रहनेवाला यह विश्व का प्रथम सफल अंतरातारकीय मिशन था, जो शुक्र ग्रह की सतह के ऊपर 34, 833 कि.मी. की ऊँचाई से गुजारा। इसमें लगे माइक्रोवेव और इन्फ्रारेड रेडियोमीटरों ने यह दरशाया कि शुक्र ग्रह के बादलों का ऊपरी भाग ठंडा था, लेकिन ग्रह की सतह अत्यधिक गरम थी—कम-से-कम 425 डिग्री सेंटीग्रेड। इससे यही अंदाजा लगाया जा सका कि शुक्र ग्रह में जीवन होने की कोई आशा नहीं दिखती। 'मैरिनर-2' ने भी शुक्र ग्रह के विषय में काफी जानकारी हासिल की; लेकिन इसकी चुंबकीय फील्ड अथवा विकिरण पेटियों के विषय में कोई भी जानकारी नहीं दे सका।

क. वायुमंडलीय प्रवेश

'वेनेरा-3' प्रोब 1 मार्च, 1966 को शुक्र ग्रह की सतह में लैंड करते समय

दुर्घटनाग्रस्त हो गई। यह प्रथम मानव-निर्मित पिंड था, जिसने किसी अन्य ग्रह (पृथ्वी के अलावा) के वायुमंडल में प्रवेश किया तथा उसकी सतह को स्ट्राइक किया। संचार तंत्र खराब हो जाने के कारण यह कोई डाटा नहीं भेज सका। शुक्र ग्रह का किसी अन्य मानव-रहित प्रोब से अगला एनकाउंटर 18 अक्तूबर, 1967 को हुआ जब 'वेनेरा-4' प्रोब सफलतापूर्वक शुक्र ग्रह के वायुमंडल में प्रवेश कर गई तथा इसने कई वैज्ञानिक परीक्षणों को डिप्लॉय किया। वेनेरा-4 प्रोब से यह बात भी मालूम पड़ी कि सतह तापक्रम (शुक्र ग्रह का) मैरिनर-2 प्रोब से मापित प्रोब से कहीं अधिक था (मैरिनर-2 ने सतह तापक्रम 500 डिग्री सेंटीग्रेड नापा था) और इसके वायुमंडल में 90 से 95 प्रतिशत कार्बन-डाइऑक्साइड थी। वेनेरा-4 प्रोब के डिजाइनरों के अनुमान से विपरीत शुक्र ग्रह का वायुमंडल काफी घना (डेंस) था तथा प्रोब की बैटरियाँ प्रोब के सतह के स्पर्श से पहले ही डिस्चार्ज हो चुकी थीं। शुक्र ग्रह की सतह पर उतरने की प्रक्रिया में इसने 93 मिनट तक ग्रह का डाटा पृथ्वी को भेजा। इसकी आखिरी दाब (प्रेशर) रीडिंग 18 बार थी, जो इसने 24.96 कि.मी. की ऊँचाई से भेजी थी।

10 अक्तूबर, 1967 को शुक्र ग्रह पर अन्य प्रोब 'मैरिनर-5' पहुँची। इसने शुक्र ग्रह के विभिन्न आँकड़े 4,000 कि.मी. की दूरी से भेजे। सोवियत-अमेरिकी वैज्ञानिकों ने संयुक्त रूप से वेनेरा-4 और मैरिनर-5 के आँकड़ों का विश्लेषण किया। वेनेरा-4 से प्राप्त उत्साहवर्द्धक आँकड़ों के आधार पर तत्कालीन सोवियत संघ ने जनवरी 1969 में ट्विन प्रोबें छह दिन के अंतराल में वेनेरा-5 और वेनेरा-6 भेजी। उनका 16 मई और 17 मई को शुक्र ग्रह से एनकाउंटर हुआ। इन प्रोबों के आधार पर पाया गया कि शुक्र ग्रह की सतह का दाब 75 और 100 वायुमंडलीय (पृथ्वी के) के समतुल्य था। दोनों में कोई भी सतह तक नहीं पहुँच सकी। उन्होंने 50 मिनट तक डाटा प्रदान किया तथा 20 कि.मी. की ऊँचाई पर नष्ट हो गईं।

ख. सतही विज्ञान

वेनेरा-7 ने ग्रह की सतह से डाटा भेजने में अभूतपूर्व सफलता पाई। इसका उतरनेवाला मॉड्यूल काफी मजबूत था, जो 180 बार का दाब सहन कर सकता था। 15 दिसंबर, 1970 को यह शुक्र ग्रह के वायुमंडल में प्रवेश करते समय पैराशूट के फट जाने से ग्रह की सतह से टकरा गई। इसने 23 मिनट तक तापक्रम का डाटा भेजा, लेकिन अभिग्रहीत सिग्नल काफी कमजोर था। इससे प्राप्त दूरमिति सिग्नल किसी अन्य ग्रह की सतह से प्राप्त प्रथम दूरमिति सिग्नल था। वेनेरा कार्यक्रम

चलता रहा तथा वेनेरा-8 ने सतह से 50 मिनट का डाटा भेजा। वेनेरा-9 और वेनेरा-10 ने शुक्र ग्रह की सतह के अनेक भू-दृश्य प्रतिबिंब भेजे। इसी बीच अमेरिका ने मैरिनर-10 प्रमोचित किया तथा 10 फरवरी, 1974 को यह शुक्र ग्रह से 5,790 कि.मी. की दूरी से गुजरा और इसने इस ग्रह के 4,000 फोटो भेजे। अमेरिका के पॉयनियर-वीनस परियोजना के अंतर्गत दो अलग-अलग मिशन भेजे गए। पॉयनियर-वीनस ऑरबिटर ने 4 दिसंबर, 1978 को शुक्र ग्रह की दीर्घवृत्तीय कक्षा में प्रवेश किया और वहाँ पर तेरह वर्ष रहकर राडार से इसकी सतह का मानचित्रण

चित्र 7.6 : पॉयनियर वीनस ऑरबिटर का प्रमोचन 4 दिसंबर, 1978 को किया गया।

किया तथा इसके वायुमंडल का अध्ययन किया। पॉयनियर-वीनस मल्टीप्रोब कार्यक्रम के अंतर्गत 5 प्रोबें छोड़ी गईं, जिन्होंने 9 दिसंबर, 1978 को शुक्र ग्रह के वायुमंडल में प्रवेश किया तथा उन्होंने इसकी संरचना, पवन एवं तापीय फ्लक्सों के विषय में महत्त्वपूर्ण आँकड़े प्रदान किए।

बाद के चार वर्षों में 4 अन्य वेनेरा लैंडर मिशन संपन्न किए गए। वेनेरा-11 और वेनेरा-12 ने शुक्र ग्रह के विद्युत् तूफानों (इलेक्ट्रिकल स्टार्म) का संसूचन किया तथा वेनेरा-13 एवं वेनेरा-14 ने शुक्र ग्रह की सतह के रंगीन फोटो भेजे। वेनेरा-15 एवं वेनेरा-16 के साथ वेनेरा कार्यक्रम का समापन हुआ। ये दोनों मिशन शुक्र ग्रह की कक्षा में स्थापित किए गए। इन मिशनों ने सिंथेटिक अपर्चर राडार द्वारा

इसकी सतह का मानचित्रण किया।

ग. राडार मानचित्रण

अमेरिका की मैगेलन प्रोब का प्रमोचन 4 मई, 1989 को किया गया, जिसका प्रमुख उद्देश्य शुक्र ग्रह की सतह का मानचित्रण करना था। 4.5 वर्ष के ऑपरेशन में तब तक के प्राप्त उच्च विभेदन प्रतिबिंबों में सबसे अच्छे चित्र थे। मैगेलन प्रोब ने शुक्र ग्रह की 98 प्रतिशत सतह का राडार मानचित्रण किया तथा 95 प्रतिशत मानचित्रण उसकी गुरुत्व फील्ड का किया।

चित्र 7.7 यूरोप का 'वीनस एक्सप्रेस' अभियान 11 अप्रैल, 2006 को शुक्र ग्रह की कक्षा में प्रवेश कर गया।

घ. वर्तमान और भावी शुक्र ग्रह मिशन

9 नवंबर, 2005 को प्रमोचित यूरोपीय अंतरिक्ष संस्था की प्रोब वीनस एक्सप्रेस 11 अप्रैल, 2006 को शुक्र ग्रह की कक्षा में प्रवेश कर गई। इस प्रोब ने शुक्र ग्रह की सतह और बादलों का वृहद् अध्ययन किया। जापान की अंतरिक्ष संस्था 'प्लैनेट-सी' नामक शुक्र ग्रह मौसमी ऑरबिटर सन् 2010 में प्रमोचित करने की योजना बना रही है।

☐

8

स्पेस शटल के निष्पादन का चढ़ता-उतरता ग्राफ

अंतरिक्ष अन्वेषण के लिए अंतरिक्ष परिवहन की अत्यधिक आवश्यकता है। यह आवश्यकता दिनोदिन बढ़ती ही जा रही है। प्रारंभ में और आज भी अंतरिक्ष अन्वेषण में परिवहन के रूप में रॉकेटों का प्रयोग बहुतायत से होता आया है, लेकिन अंतरिक्ष-यात्रा एक महँगा और खर्चीला कार्य होता है। एक अंतरिक्ष मिशन के लिए भेजा गया रॉकेट मिशन-समाप्ति और लक्ष्य पूर्ण होने के बाद पूरा जल जाता है तथा अगले मिशन के लिए एक नए रॉकेट की आवश्यकता पड़ती है। स्पेस शटल विश्व का सबसे सफल, विश्वसनीय और पुनः प्रयोज्यीय अंतरिक्ष यान है। यह पृथ्वी से एक रॉकेट की भाँति उठती है तथा एक वायुयान की भाँति पृथ्वी पर उतरती है। यह एक पुनः प्रयोज्यीय यान है—अर्थात् एक स्पेस शटल को कई बार प्रयोग किया जा सकता है। स्पेस शटल पृथ्वी ग्रह की सबसे जटिल मशीन है। अब तक स्पेस शटल की 119 उड़ानें संपन्न हो चुकी हैं (अगस्त 2007 तक), जिनमें दो उड़ानें असफल रहीं। इस प्रकार स्पेस शटल की विश्वसनीयता 98.32 प्रतिशत रही।

लेकिन पिछले कुछ वर्षों से स्पेस शटल की विश्वसनीयता में गिरावट नोट की गई है तथा इससे निष्पादन भी प्रभावित हुआ है। यह सिलसिला 28 जनवरी, 1986 से प्रारंभ होता है, जब स्पेस शटल चैलेंजर की दुर्घटना में सात अंतरिक्ष-यात्रियों की मृत्यु हो गई। इन सात अंतरिक्ष-यात्रियों में अंतरिक्ष में जानेवाला प्रथम अध्यापक की भूमिका में क्रिस्टा मैंकाफी भी थीं, जिनका अंतरिक्ष-यात्री बनने का सपना पूरा न हो सका। कहा जाता है कि स्पेस शटल चैलेंजर की दुर्घटना अंतरिक्ष इतिहास की सबसे बड़ी दुर्घटना थी। 30 मिनट तक स्पेस शटल चैलेंजर का मलबा अटलांटिक महासाग़र में गिरता रहा। चैलेंजर की दुर्घटना के बाद स्पेस शटल की उड़ानें 2 वर्ष 8 महीने के लिए बंद रहीं तथा चैलेंजर दुर्घटना के बाद पहली उड़ान

स्पेस शटल डिस्कवरी की हुई। उसकी उड़ान संख्या थी एस.टी.एस.-26। यह एक प्रायोगिक उड़ान थी। इसे 'रिटर्न-टु-फ्लाइट उड़ान' की संज्ञा दी गई। शटल उड़ानों के 2 वर्ष 8 महीने की स्थगित अवधि में शटल की सुरक्षा दृष्टि से इसके सभी तंत्रों की जाँच-पड़ताल की गई तथा दुर्घटना के कारणों का विश्लेषण किया गया। 29 सितंबर, 1988 को संपन्न रिटर्न-टु-फ्लाइट मिशन सफल रहा। इस उड़ान के बाद स्पेस शटल की व्यावसायिक उड़ानों का सिलसिला फिर चलता रहा। यह सिलसिला 24 नवंबर, 2002 को संपन्न हुई स्पेस शटल एंड्यौर की उड़ान संख्या एस.टी.एस.-113 तक सफलता से चलता रहा। स्पेस शटल के निष्पादन को दूसरा बड़ा झटका 16 जनवरी, 2003 को प्रमोचित स्पेस शटल 'कोलंबिया' की उड़ान संख्या एस.टी.एस.-107 से लगा। 1 फरवरी, 2003 को जब अपनी अंतरिक्ष-यात्रा को तथा अंतरिक्ष मिशन को पूरा करके स्पेस शटल 'कोलंबिया' पृथ्वी की ओर वापस आ रही थी तो यह अमेरिका के टेक्सास शहर के ऊपर टुकड़ों-टुकड़ों में बिखर गई तथा इसमें भारतीय मूल की प्रथम महिला अंतरिक्ष-यात्री

चित्र 8.1 : प्रमोचन पैड पर स्पेस शटल अटलांटिस (एस.टी.एस.-115)।

चित्र 8.2 : मोबाइल लॉञ्चर के ऊपर स्पेस शटल में ईंधन (प्रोपेलेंट) की भराई की जा रही है।

कल्पना चावला के साथ छह अन्य अंतरिक्ष-यात्रियों की मृत्यु हो गई। पहले की भाँति इस बार भी स्पेस शटल की उड़ानें 2 वर्ष 6 महीने के लिए बंद कर दी गईं तथा गहनता से दुर्घटना के कारणों का पता लगाया गया। तदनुसार सुरक्षात्मक कदम उठाते हुए स्पेस शटल के विभिन्न तंत्रों और उपतंत्रों में संशोधन किए गए। इसके साथ-साथ यह निर्णय भी लिया गया कि कोलंबिया शटल दुर्घटना के बाद तुरंत स्पेस शटल की कोई भी ऑपरेशनल उड़ान न की जाए, बल्कि ऑपरेशनल उड़ान से पहले दो प्रायोगिक उड़ानें संपन्न की जाएँ। (चित्र 8.1, 8.2)

कोलंबिया ट्रेजडी के बाद की 'रिटर्न-टु-फ्लाइट उड़ानें'

कोलंबिया शटल दुर्घटना के बाद जो 'रिटर्न-टु-फ्लाइट' उड़ानें संपन्न हुईं वे हैं—स्पेस शटल की उड़ानें एस.टी.एस.-114 और एस.टी.एस.-121 संपन्न हुईं। प्रथम उड़ान की कमांडर थीं एलीन कॉलिंस। इस उड़ान से पहले भी वे स्पेस शटल की कमांडर रह चुकी हैं। इस उड़ान का प्रारंभ 24 जुलाई, 2005 को हुआ तथा 9 अगस्त, 2005 को यह पृथ्वी पर वापस आ गई। यह उड़ान भी पूर्णरूप से दोषमुक्त नहीं थी।

अगला 'रिटर्न-टु-फ्लाइट' मिशन एस.टी.एस.-121 था। इसमें डिस्कवरी स्पेस शटल की उड़ान 4 जुलाई, 2006 को संपन्न हुई, जो अमेरिका का स्वतंत्रता दिवस था। अमेरिकी स्पेस शटल की यह प्रथम उड़ान थी, जो स्वतंत्रता दिवस के अवसर पर संपन्न हुई। एस.टी.एस.-114 की भाँति इस मिशन का उद्देश्य भी नई सुरक्षा और अंतरिक्ष रिपेयर प्रणालियों की जाँच करना था, जो कोलंबिया डिजास्टर के बाद प्रस्तावित की गई थीं। इसके साथ ही इसका उद्देश्य अल्फा स्टेशन के लिए आपूर्ति और उपकरणों को ले जाना भी था। इस उड़ान में स्पेस शटल के अंतरिक्ष-यात्रियों ने शटल सुरक्षा की दृष्टि से काफी कार्य किए। इस उड़ान के दौरान और प्रमोचन के बाद शटल के बाह्य टैंक और इसके इंसुलेशन फोम क्षति के मॉनीटरन पर काफी ध्यान केंद्रित किया गया था। इसके लिए शटल में अनेक नए कैमरे लगाए गए थे तथा स्पाटर वायुयानों द्वारा वीडियो दृश्य लिये गए थे। प्रत्येक ठोस रॉकेट बूस्टर में तीन कैमरे लगाए गए थे, जिनमें एक कैमरा रॉकेट बूस्टर के अलग होने (सेपरेशन) की प्रक्रिया का वीडियो लेता था तथा दो रॉकेट लीडिंगएज पर ध्यान केंद्रित करते थे। एक अन्य कैमरा बाह्य टैंक में लगाया गया था (ऐसा ही कैमरा एस.टी.एस.-114 'रिटर्न-टु-फ्लाइट' उड़ान में भी लगाया गया था)। इस कैमरे का उद्देश्य प्रमोचन के बाद की विभिन्न स्थितियों के फोटो पृथ्वी नियंत्रण केंद्र को भेजने थे।

अंतरिक्ष-यात्रियों में दो की ड्यूटी इस बात की लगाई गई थी कि जैसे ही मुख्य इंजनों का प्रज्वलन बंद हो वैसे ही वे अपनी सीटों को छोड़कर मिड-डेक से बाह्य टैंक के फोटोग्राफ और वीडियो लेंगे। दूसरा 'रिटर्न-टु-फ्लाइट' मिशन इस प्रकार सफलतापूर्वक संपन्न हुआ और 17 जुलाई, 2006 को कैनेडी स्पेस सेंटर में लैंड कर गया। लैंड करने के बाद एक प्रेस कॉन्फ्रेंस में यह बताया गया कि अगले मिशन में स्पेस शटल डिस्कवरी की खिड़कियाँ बदल दी जाएँगी।

कोलंबिया ट्रेजडी से प्रभावित अंतरिक्ष अभियान-अंतरराष्ट्रीय अंतरिक्ष स्टेशन अल्फा का निर्माण कार्य (चित्र 8.3)

चित्र 8.3 : स्पेस शटल का लैंडिंग गियर। लैंडिंग की तैयारी हो रही है।

कोलंबिया स्पेस शटल की दुर्घटना से सबसे अधिक प्रभावित होनेवाला अभियान है अंतरराष्ट्रीय अंतरिक्ष स्टेशन 'अल्फा' का अंतरिक्ष में निर्माण कार्य। इसका निर्माण कार्य 20 नवंबर, 1998 से प्रारंभ हुआ। 1 फरवरी, 2003 को कोलंबिया शटल की दुर्घटना से पहले तक इस स्टेशन में 3 अवयव लगाए जा चुके थे। कोलंबिया दुर्घटना से पहले 24 नवंबर, 2002 को स्पेस शटल एंड्यौर की अल्फा स्टेशन के लिए उड़ान संपन्न हुई थी, जिसके द्वारा स्टेशन में 'पी-1' ट्रस लगाई गई। अल्फा अंतरिक्ष स्टेशन के कारण 2 नवंबर, 2000 से अंतरिक्ष में स्थायी मानव उपस्थिति बनी हुई है। इस स्टेशन में दो प्रकार के अंतरिक्ष-यात्री आते हैं—एक असेंबली कार्यकर्ता होते हैं, जो हफ्ते-दस दिन के लिए यहाँ यंत्रों/उपतंत्रों को स्थापित करके वापस चले आते हैं। सामान्यत: ये असेंबली कार्यकर्ता स्पेस शटल से आते हैं और उसी से वापस जाते हैं। ये अधिकतम 7 की संख्या में होते हैं। दूसरे प्रकार के आगंतुक अंतरिक्ष-यात्रियों को स्थायी अंतरिक्ष-यात्री दल अथवा 'एक्सपेडीशन क्रयूज' कहते हैं तथा ये 3 की संख्या में अल्फा स्टेशन आकर वहाँ

पाँच-छह महीने रहते हैं और स्टेशन के रख-रखाव के कार्य करते हैं। स्पेस शटल प्रचालन में बाधा आने के कारण स्थायी अंतरिक्ष-यात्री दलों को अंतरिक्ष में जाने तथा वहाँ से वापस लाने की प्रक्रिया में रूसी सोयुज अंतरिक्ष यानों ने अत्यधिक महत्त्वपूर्ण भूमिका निभाई है तथा अब भी निभा रहे हैं। यह स्टेशन सोलह देशों के पारस्परिक सहयोग से बन रहा है तथा उस सहयोग के कारण ही स्पेस शटल में समस्या आने के बावजूद स्थायी अंतरिक्ष-यात्रियों की अदला-बदली का कार्य रूसी सोयुज यानों द्वारा चालू रहा है। कोलंबिया दुर्घटना से पहले तक स्पेस शटल की सोलह उड़ानों द्वारा अल्फा स्टेशन का असेंबली कार्य पूरा किया गया।

आओ समझें स्पेस शटल की जटिलता और विशालता

प्रमोचन मंच पर स्पेस शटल चित्र 8.1 में दिखाई गई है। इसके प्रमुख रूप से चार भाग होते हैं—ठोस रॉकेट बूस्टर, जिनकी संख्या 2 है; एक ऑरबिटर, जो वायुयान की भाँति (डी.सी.-10 वायुयान) होता है तथा इसे स्पेस शटल का हृदय कहा जाता है एवं अंतरिक्ष-यात्री इसी में रहते हैं; एक बाह्य टैंक (एक्सटर्नल टैंक) जिसमें मुख्य इंजनों के लिए क्रायोजेनिक ईंधन भरा जाता है तथा तीन मुख्य इंजन, जो ऑरबिटर के नीचे लगे होते हैं। (चित्र 8.4)

चित्र 8.4 : एस.टी.एस.-101 मिशन के दौरान प्रथम शटल अटलांटिस ने ग्लास कॉकपिट के साथ उड़ान भरी।

शटल के दो ठोस रॉकेट बूस्टरों में प्रत्येक की लंबाई 149.6 फीट होती है तथा व्यास 12.17 फीट है। इस प्रकार प्रत्येक की लंबाई लगभग अमेरिका की 'स्टैच्यू ऑफ लिबर्टी' (बिना पेडस्टल) के बराबर है, लेकिन 'स्टैच्यू ऑफ लिबर्टी' की तुलना में इनका भार (प्रत्येक का) लगभग तीन गुना है। इनमें से प्रत्येक का खाली भार 63,272.7 कि.ग्रा. है तथा उड़ान भरते समय ईंधन के साथ प्रत्येक का भार 5,90,000 कि.ग्रा. होता है। इन बूस्टरों में ठोस ईंधन का प्रयोग होता है। दोनों बूस्टर मिलकर 10 टन प्रति सेकंड के हिसाब से ईंधन का प्रयोग

करते हैं तथा 440 लाख हार्स पॉवर शक्ति पैदा करते हैं, जो लगभग 14,700 रेल इंजनों की हॉर्स पॉवर के समतुल्य है। एक 747 जंबो जेट के चार इंजन 1,88,000 पौंड का प्रणोद पैदा करते हैं, जबकि स्पेस शटल का एक अकेला ठोस रॉकेट बूस्टर जंबो जेट के चारों इंजनों की तुलना में सत्रह गुना अधिक प्रणोद पैदा करता है। अंतरिक्ष उड़ान भरते समय दोनों ठोस रॉकेट बूस्टरों की शक्ति 35 जंबो जेटों की शक्ति से भी ज्यादा होती है। यदि ताप ऊर्जा को विद्युत् ऊर्जा में परिवर्तित किया जाना संभव हो तो दोनों ठोस रॉकेट बूस्टरों के प्रज्ज्वलन से लगभग 22 लाख यूनिट विद्युत् ऊर्जा पैदा की जा सकती है। जब स्पेस शटल पृथ्वी से रॉकेट की भाँति उड़ती है तो प्रत्येक ठोस रॉकेट बूस्टर से निकलनेवाली गैसों का तापमान 3,370 डिग्री सेल्सियस पहुँच जाता है, जो सूर्य की सतह के तापमान की 2/3 हिस्सा होता है। इन गैसों की गति 6,000 मील प्रति घंटे होती है। उड़ान के समय इन रॉकेट बूस्टरों से निकलने वाली आग की लपटों की लंबाई 500 फीट तक होती है।

चित्र 8.5 : शटल के तीन इंजनों की नोजल।

ऑरबिटर शटल का हृदय कहा जाता है। इसकी लंबाई 122.17 फीट, विंग-स्पैन 78.06 फीट तथा ऊँचाई 58.58 फीट होती है। इसका खाली भार 1,09,000 कि.ग्रा. होता है तथा इसकी 'कार्गो-बे' का परिमाप 60 × 15 फीट

चित्र 8.6 : एडवर्ड्स वायुसेना बेस पर शटल (एस.टी.एस.-117) अटलांटिस उतरा। अगली उड़ान की जाँच-पड़ताल के लिए शटल को बोइंग-747 द्वारा केनेडी स्पेस सेंटर लाया जा रहा है।

होता है, जिसमें एक विशालकाय बस खड़ी हो सकती है। इसे स्पेस शटल की कर्मस्थली कहा जा सकता है, क्योंकि इसी 'कार्गो-बे' में रखकर पृथ्वी से नीतभार, उपग्रह, प्रोबें, अंतरिक्ष यानों, प्रयोगशालाओं को अंतरिक्ष में लाकर उन्हें यहीं से प्रमोचित किया जाता है। (चित्र 8.5, 8.6)

बाह्य टैंक एक विशालकाय कई मंजिली इमारत के समान होता है। इसकी लंबाई 153.8 फीट तथा व्यास 27.6 फीट होता है। इसमें तीन मुख्य इंजनों के लिए 5,35,000 गैलन ईंधन (क्रायोजेनिक ईंधन—द्रव हाइड्रोजन + ऑक्सीजन) भरा जाता है तथा 6.5 मिनट के अंदर यह संपूर्ण ईंधन इस्तेमाल हो जाता है। बाह्य टैंक का खाली भार 26,559 कि.ग्रा. तथा ईंधन के साथ इसका भार 7,57,000 कि.ग्रा. होता है। स्पेस शटल का केवल बाह्य टैंक ही ऐसा अवयव है, जो उड़ान के बाद नष्ट हो जाता है और टूट-टूटकर टुकड़ों में समुद्र में गिर जाता है। बाह्य टैंक की विशालता का आलम यह है कि इतना द्रव 20 × 20 फीट आकार के 16 स्वीमिंग पूलों को भर सकता है।

स्पेस शटल के मुख्य तीन इंजन 'रॉकेट डाइन ब्लॉक 2 ए' इंजन होते हैं तथा प्रत्येक 1.75 मेगा न्यूटन प्रणोद पैदा करता है। ये विश्व के प्रथम 'पुनः प्रयोज्यीय' इंजन हैं तथा प्रत्येक इंजन की लंबाई 14 फीट और व्यास 7.5 फीट होता है। ये अत्यधिक शक्तिशाली इंजन हैं तथा यदि प्रत्येक इंजन से जनित प्रणोद (थ्रस्ट) की तुलना अमेरिका के पूर्व प्रमोचन यानों से करें तो हम पाएँगे कि रेडस्टोन रॉकेट का जनित प्रणोद 78,000 पौंड था, एटलस रॉकेट का जनित प्रणोद 3,60,000 पौंड था, जबकि स्पेस शटल का एक मुख्य इंजन (अर्थात् तीन मुख्य इंजनों में से एक) ही 3,93,800 पौंड का प्रणोद पैदा करता है। इनकी शक्ति का एक और उदाहरण यह है कि ये अमेरिका के प्रसिद्ध हूवर डैम की तुलना में तेईस गुना ज्यादा ऊर्जा पैदा कर सकते हैं। स्पेस शटल के तीनों ठोस रॉकेट बूस्टर और तीन मुख्य इंजन मिलकर 73 लाख पौंड का प्रणोद पैदा करते हैं। इन मुख्य इंजनों की एक रोचक विशिष्टता यह है कि इन इंजनों में यद्यपि पृथ्वी में उपलब्ध सबसे ठंडा द्रव हाइड्रोजन (तापमान 253 डिग्री सेल्सियस) इस्तेमाल होता है, लेकिन जब यह द्रव ऑक्सीजन के साथ जलता है तो इन मुख्य इंजनों के चैंबरों का तापमान 3,316 डिग्री सेल्सियस तक पहुँच जाता है। एक दूसरी विशिष्टता यह है कि प्रत्येक इंजन का भार रेल इंजन के भार का लगभग 1/7 हिस्सा होता है, लेकिन प्रत्येक इंजन (शटल का) 39 रेलवे इंजनों की पॉवर अपने में रखता है। मुख्य इंजनों को यदि उनके निर्धारित कार्य से हटाकर केवल पानी को पंप करने के लिए प्रयोग में लाया जाए तो ये एक औसत आकार के स्वीमिंग पूल को प्रत्येक 25 सेकंड में खाली कर सकते हैं। शटल के

मुख्य इंजनों का विसर्जन दाब इतना अधिक होता है कि यह हवा में 36 मील लंबा जल वाष्प का कॉलम फेंकता है।

अपने इन चार प्रमुख अवयवों के साथ स्पेस शटल 8.5 मिनट में शून्य से 17,400 मील प्रति घंटे की गति तक पहुँच जाती है, जो बंदूक की गोली की गति का नौ गुना होती है। अंतरिक्ष में शटल की पृथ्वी से ऊँचाई 185 कि.मी. से 1,000 कि.मी. के बीच रहती है। अंतरिक्ष की निम्न कक्षा में स्पेस शटल की नीतभार ले जाने की क्षमता लगभग 28 टन की होती है। अपनी अंतरिक्ष-यात्रा में स्पेस शटल को दोनों ठोस रॉकेट बूस्टर 45.7 कि.मी. तक जाते हैं, जहाँ से उनको (दोनों ठोस रॉकेट बूस्टरों को) एकत्रित करके अगले मिशन के लिए प्रयुक्त किया जाता है। रॉकेट बूस्टरों का समुद्र में गिरना 126 सेकंड के बाद होता है। शटल की 45.7 कि.मी. से ऊपर की अंतरिक्ष-यात्रा तीन मुख्य इंजनों द्वारा पूरी होती है। 111 कि.मी. की ऊँचाई के बाद बाह्य टैंक शटल से अलग होकर पृथ्वी के वायुमंडल में प्रवेश करते समय जलकर टुकड़ों-टुकड़ों में बँट जाता है तथा ये टुकड़े समुद्र में गिर जाते हैं।

'कोलंबिया' शटल दुर्घटना के बाद स्पेस शटल की प्रथम ऑपरेशनल उड़ान

'कोलंबिया' शटल दुर्घटना के बाद दो सफल 'रिटर्न-टु-फ्लाइट' मिशनों के बाद प्रथम ऑपरेशनल उड़ान (अल्फा स्टेशन के लिए असेंबली मिशन) 'एस.टी.एस.-115' सितंबर 2006 की 9 तारीख को संपन्न हुई। इस मिशन में छह अंतरिक्ष-यात्री गए, जिसके कमांडर थे ब्रेंट जेट। इस असेंबली मिशन में अल्फा अंतरिक्ष स्टेशन में अल्फा स्टेशन की ट्रस के दो अवयव पी-3 और पी-4 को जोड़ा गया तथा स्टेशन में विद्युत् ऊर्जा के जनन को बढ़ाने के लिए दो नए सौर एरे (4 ए और 2 ए) लगाए गए। इन अवयवों को अल्फा स्टेशन में फिट करने के लिए तीन स्पेस वॉकें भी की गईं। यह 11 दिन का अंतरिक्ष मिशन था। इस मिशन में ले जाई गईं ट्रसें पी-3 और पी-4 और बैटरियों का भार इतना अधिक था कि सात की जगह छह अंतरिक्ष-यात्री अंतरिक्ष में गए। 21 सितंबर, 2006 को 'एस.टी.एस.-115' मिशन पृथ्वी पर वापस आया। इस मिशन ने अल्फा अंतरिक्ष स्टेशन की असेंबली प्रक्रिया को आगे बढ़ाने में मदद की।

स्पेस शटल की भावी योजना

अमेरिकी स्पेस शटल विश्व का प्रथम आंशिक रूप से 'पुनः प्रयोज्यीय'

अंतरिक्ष यान है, जिसकी पहली उड़ान यूरी गागरिन के अंतरिक्ष में जाने के बीस वर्ष बाद 12 अप्रैल, 1981 को संपन्न हुई। स्पेस शटल युग में 6 ऑरबिटरों का निर्माण किया गया, जो सभी वायुमंडल में उड़ानें भर चुके हैं तथा केवल 5 ने ही अंतरिक्ष यात्रा की। स्पेस शटल इंटरप्राइजेज का प्रयोग केवल एप्रोच और लैंडिंग टेस्टों के लिए किया गया। अंतरिक्ष में जानेवाली प्रथम स्पेस शटल 'कोलंबिया' थी तथा उसके बाद 'चैलेंजर' और फिर क्रमशः 'डिस्कवरी', 'अटलांटिस' और 'एंड्यौर' थीं। 'एंड्यौर' का विकास 'चैलेंजर' स्पेस शटल को रिप्लेस करने के लिए किया गया, जो जनवरी 1986 में दुर्घटनाग्रस्त हो गया था।

प्रथम (और अब तक केवल) स्वचालित 'पुनः प्रयोज्यीय' अंतरिक्ष यान रूस का अंतरिक्ष यान 'बुरान' था, जिसे तत्कालीन सोवियत संघ ने 15 नवंबर, 1988 को अंतरिक्ष में प्रमोचित किया तथा इसकी केवल एक ही उड़ान संपन्न हो सकी। इस अंतरिक्ष यान का डिजाइन अंतरिक्ष-यात्रियों के लिए विशेष रूप से किया गया था तथा अमेरिकी स्पेस शटल से काफी मिलता-जुलता था। इसके रॉकेट बूस्टरों (अमेरिकी स्पेस शटल के समतुल्य) में ठोस ईंधन के बदले द्रव ईंधन का प्रयोग किया गया था तथा इसके मुख्य इंजन इस अंतरिक्ष यान के बेस में लगाए गए थे, जहाँ अमेरिकी स्पेस शटल का बाह्य टैंक लगाया जाता है। 'विजन फॉर स्पेस एक्सप्लोरेशन' घोषणा के अंतर्गत सन् 2006 में नासा ने वर्तमान स्पेस शटल को सन् 2010 में रिटायर करने तथा इसे ओरियन अंतरिक्ष यान से रिप्लेस करने की घोषणा की। इसका कारण इसकी घटती हुई विश्वसनीयता तथा अंतरिक्ष कार्यक्रम में इसकी लगभग बिलियन डॉलर प्रति उड़ान का खर्च है, जो काफी ज्यादा है। स्पेस शटल अटलांटिस को संभवतः सन् 2008 तक ही रिटायर कर दिया जाएगा। स्पेस शटल का मानव परिवहन के रूप की भूमिका आंशिक पुनः प्रयोज्यीय 'क्रयू एक्सप्लोरेशन वेहिकल' (सी.ई.वी.) से बदला जाएगा तथा यह कार्य सन् 2014 के पहले संभव नहीं होगा। शटल की विशालकाय भारी कार्गो परिवहन की भूमिका को एक्सपेंडेबल रॉकेटों जैसे एवाल्व्ड एक्सपेंडेबल लॉञ्च वेहिकल ई.ई.एल.वी. या स्पेस शटल डेराइव्ड प्रमोचन यान से रिप्लेस किया जाएगा।

'कोलंबिया' दुर्घटना के बाद स्पेस शटल की प्रथम उड़ान एस.टी.एस.-114

स्पेस शटल कोलंबिया की दुर्घटना 1 फरवरी, 2003 को हुई। इसके बाद स्पेस शटल की उड़ानें 25 जुलाई, 2005 तक बंद रहीं। कोलंबिया शटल ट्रेजेडी के

बाद स्पेस शटल की प्रथम उड़ान—एस.टी.एस.-114 लगभग 29 महीने (907 दिन) बाद संपन्न हुई। इस उड़ान के प्रमोचन की तिथि थी 26 जुलाई, 2005 तथा यह 13 दिन, 21 घंटे, 33 मिनट तक अंतरिक्ष में रहने के बाद 9 अगस्त, 2005 को पृथ्वी पर वापस आ गई। इस उड़ान में स्पेस शटल डिस्कवरी प्रयुक्त की गई। इस मिशन की अनुमति दे दी गई थी, यद्यपि बाह्य टैंक के ईंधन संवेदक की समस्या का निदान नहीं किया जा सका था। इस समस्या के निदान न होने के कारण एस.टी.एस.-114 उड़ान को 13 जुलाई, 2005 को प्रमोचन की अनुमति नहीं दी गई थी। 9 अगस्त, 2005 को मिशन एस.टी.एस.-114 पूरा हुआ। खराब मौसम के कारण स्पेस शटल डिस्कवरी (एस.टी.एस-114) फ्लोरिडा के कैनेडी स्पेस सेंटर में लैंड नहीं कर सकी और इसकी लैंडिंग एडवर्ड्स वायुसेना बेस में हुई, जो गौण (सेकंडरी) लैंडिंग स्थल है। जो समस्या कोलंबिया स्पेस शटल की दुर्घटना का कारण बनी (स्पेस शटल के बाह्य टैंक से डेब्रिस का अलग होना), वही समस्या स्पेस शटल डिस्कवरी (एस.टी.एस-114) के प्रमोचन के समय भी सामने आई। इसी वजह से नासा ने 27 जुलाई, 2005 को भावी स्पेस शटल उड़ानों को विलंबित करने का निर्णय किया, ताकि भावी शटल उड़ानों में आवश्यक संशोधन किए जा सकें। 4 जुलाई, 2006 को नासा ने पुनः स्पेस शटल की उड़ान एस.टी.एस-121 प्रारंभ की।

चूँकि एस.टी.एस-114 उड़ान कोलंबिया शटल ट्रेजेडी के बाद की प्रथम उड़ान थी, इसलिए इसे 'रिटर्न-टु-फ्लाइट' उड़ान की संज्ञा दी गई।

एस.टी.एस-114 का अंतरिक्ष-यात्री दल

एस.टी.एस-114 उड़ान की एक खास बात यह थी कि इस उड़ान की कमांडर थीं महिला अंतरिक्ष-यात्री एलीन कॉलिंस, जो अपने अंतरिक्ष कैरियर में दूसरी बार किसी स्पेस शटल की कमांड सँभाल रहीं थीं। इस मिशन के निम्न अंतरिक्ष-यात्री थे, जो अल्फा स्टेशन में गए—

1. एलीन कॉलिंस—कमांडर
2. जिम केली—पायलट
3. सोइची नोगूची—मिशन विशेषज्ञ — प्रमुख अंतरिक्ष-यात्री दल
4. स्टीफन रोबिंसन—मिशन विशेषज्ञ
5. यूरी मैलेनचेंको—कमांडर — अल्फा अंतरिक्ष स्टेशन का
6. एडवर्ड लू—फ्लाइट इंजीनियर — स्थायी अंतरिक्ष-यात्री
7. अलेक्जेंडर कैलेरी—फ्लाइट इंजीनियर — दल-7, जो अल्फा स्टेशन

	में गया और लंबे अरसे तक रुका
8. केन बावरसॉक्स—कमांडर 9. निकोलाई बुडारिन—फ्लाइट इंजीनियर 10. डॉन पेटिट—फ्लाइट इंजीनियर	अल्फा अंतरिक्ष स्टेशन के स्थायी अंतरिक्ष यात्री दल-6, जो स्पेस शटल एस.टी.एस.-114 से वापस आया।

मिशन का विवरण

'एस.टी.एस.-114' मिशन प्रारंभ में अटलांटिस स्पेस शटल से संपन्न किया जाना था, लेकिन अटलांटिस स्पेस शटल के ब्रेकिंग तंत्र में कुछ समस्या आ जाने के कारण इस मिशन के लिए 'डिस्कवरी' स्पेस शटल का प्रयोग किया गया। इस मिशन द्वारा अल्फा स्टेशन के लिए आपूर्तियों को पहुँचाया गया। लेकिन इस मिशन का मुख्य ध्यानाकर्षण स्पेस शटल में लगाए गए नए सुरक्षा तकनीकी तंत्र की जाँच थी, जिसमें जाँच और रिपेयर की नई तकनीकें शामिल थीं। अंतरिक्ष-यात्रियों ने नया 'ऑरबिटर बूम सेंसर सिस्टम' (ओ.बी.एस.एस.) का प्रयोग किया, जो एक प्रकार से 50 फीट लंबा ऐसा एक्सटेंशन है, जो शटल के रिमोट मैनीपुलेटर तंत्र में लगाया गया है तथा इसमें कुछ खास उपकरण भी लगे हैं। इन उपकरणों में लगाए गए उपकरण हैं 'दृष्टिगोचर प्रतिबिंबन उपकरण' एवं 'लेजर डाइनॉमिक रेंज प्रतिबिंबक', जिसके द्वारा शटल के तापीय सुरक्षा तंत्र की समस्याओं का संसूचन किया जा सकता है। अंतरिक्ष-यात्रियों ने इस मिशन के दौरान शटल के पीछे के पंखों, शटल की नोज कैप, अंतरिक्ष-यात्री कंपार्टमेंट (क्षतिग्रस्त होने की दृष्टि से) तथा अन्य संभावित समस्याओं का मॉनीटरन उड़ान भरने के समय के वीडियो चित्रों के आधार पर किया।

एस.टी.एस.-114 को लॉजिस्टिक्स उड़ान-1 के आधार पर वर्गीकृत किया गया था। स्टेशन को आपूर्ति पहुँचाने के अलावा स्पेस शटल मिशन द्वारा अल्फा स्टेशन के एक नियंत्रण आवेग जाइरोस्कोप को भी बदला गया। इस उड़ान में इटली निर्मित बहूउद्देशीय लॉजिस्टक मॉड्यूल रैफेलो भी ले जाया गया।

अंतरिक्ष-यात्रियों ने इस मिशन के दौरान तीन स्पेस वॉकें कीं। प्रथम स्पेस वॉक में स्पेस शटल के तापीय सुरक्षा तंत्र की रिपेयर तकनीक का प्रदर्शन किया गया। दूसरी स्पेस वॉक के दौरान स्पेस वॉकरों ने खराब हो गए जाइरोस्कोप को

बदला। तीसरी स्पेस वॉक में अंतरिक्ष-यात्रियों ने बाह्य स्टोवेज प्लेटफॉर्म का स्थापन किया तथा स्पेस शटल का रिपेयर कार्य किया। यह पहला मौका था, जब पहली बार किसी अंतरिक्ष यान के बाह्य भाग में स्पेस वॉक द्वारा रिपेयर का कार्य किया गया था।

भावी स्पेस शटल दुर्घटनाओं को रोकने के लिए किए गए उपाय

बाह्य टैंक से गिरनेवाले संभावित डेब्रिस और उससे शटल को होनेवाली क्षति का संसूचन करने के लिए अमेरिकी अंतरिक्ष संस्था 'नासा' ने निम्नलिखित इंतजाम किए हैं—

1. 107 कैमरे (इन्फ्रारेड उच्च गति डिजिटल वीडियो, उच्च परिभाषन टेलीविजन, 35 मि.मी., 16 मि.मी.) प्रमोचन पैड के इर्द-गिर्द लगाए गए हैं, जिससे स्पेस शटल के प्रमोचन का संपूर्ण दृश्य फिल्मांकित किया जा सके।
2. प्रमोचन पैड के 40 मील के दायरे में आनेवाली 10 साइटों को भी विभिन्न कैमरों से लैस कर दिया गया है, जिससे स्पेस शटल के चित्र उस समय लिये जा सकें, जब शटल आसमान की ओर चढ़ रही होती है।
3. जब आसमान में बादल ज्यादा होंगे तो पृथ्वी पर स्थापित कैमरे अधिक सक्रिय नहीं हो पाएँगे। इसके लिए एक अलग प्रबंध किया गया है। इस दिन दो डब्ल्यू.बी.-57 वायुयान ऊँचाई से शटल उड़ान का फिल्मांकन करेंगे।
4. तीन राडार सुविधाएँ (एक सी-बैंड के साथ तथा दो डॉप्लर राडार के साथ) शटल से गिरनेवाले किसी डेब्रिस का मॉनीटरन करेंगी।
5. बाह्य टैंक में नए डिजिटल वीडियो कैमरे लगाए गए हैं, जिनका उद्‍देश्य ऑरबिटर की साइडों का मॉनीटरन करके उस आँकड़े को ग्राउंड नियंत्रण केंद्र को भेजना है।
6. बाह्य टैंक का मॉनीटरन करने के लिए ठोस रॉकेट बूस्टरों की नोकों में कैमरे लगाए गए हैं।
7. स्पेस शटल के अंतरिक्ष-यात्री दल को मिशन के दौरान हाथ में पकड़े जानेवाले (हैंडहेल्ड) कैमरे दिए जाएँगे, जिससे वे उस समय के चित्र

ले सकें, जब बाह्य टैंक क्रायोजेनिक ईंधन को खाली हो जाने के बाद स्पेस शटल से अलग होकर पृथ्वी पर गिरता है तथा पृथ्वी के वायुमंडल में प्रवेश करते समय जलकर नष्ट हो जाता है। बाह्य टैंक के शटल से अलग हो जाने के प्रतिबिंबों को शटल के ऑरबिटर के लैपटॉप कंप्यूटर में लोड करने के बाद पृथ्वी के नियंत्रण केंद्र को प्रेषित कर दिए जाते हैं।

8. एक अलग से भी डिजिटल कैमरे का प्रबंध किया गया है, जिसके द्वारा स्पेस वॉक के दौरान अंतरिक्ष-यात्री अंतरिक्ष की कक्षा में स्पेस शटल के ऑरबिटर की जाँच (इंस्पेक्शन) कर सकेंगे।
9. स्पेस शटल की उड़ान को और सुरक्षित बनाने के लिए कनाडा ने 50 फीट के एक लंबे एक्सटेंशन का निर्माण किया है, जिसे रिमोट मैनीपुलेटर तंत्र/ऑरबिटर संवेदक तंत्र कहते हैं। इसे रोबोटिक भुजा के साथ संलग्न किया जा सकता है। इस एक्सटेंशन द्वारा रोबोटिक भुजा ऑरबिटर के निचले भाग तक पहुँचकर उसकी वस्तुस्थिति का मॉनीटरन कर सकेगी। इस एक्सटेंशन पर लगाए गए कैमरे क्षतिग्रस्त भाग का चित्रण कर सकते हैं।
10. इसके अलावा अभियंताओं और तकनीशियनों ने 66 लघु आकार के त्वरण मापक (एक्सेलेरोमीटर्स) और 22 तापक्रम मापक संवेदक ऑरबिटर के पंखों के पीछेवाले भाग में लगाए गए हैं। ये उपकरण किसी डेब्रिस द्वारा ऑरबिटर में पड़नेवाले किसी भी आघात (इंपैक्ट) का संसूचन करेंगी।

प्रतिबिंबन तंत्र तथा शटल के पंखों में लगाए गए संवेदकों का प्रमुख उद्देश्य डेब्रिस के गिरने से होनेवाली किसी भी प्रकार की क्षति का मॉनीटरन और संसूचन करना है। इन मॉनीटरनों द्वारा अभियंता एवं प्रशासक इन प्रतिबिंबों का विश्लेषण करके अंतरिक्ष-यात्रियों को उड़ान के दौरान ही आवश्यक सुझाव (रिकमंडेशन) दे सकते हैं।

स्पेस शटल की उड़ान के दौरान ही रिपेयर कार्य

'नासा' इस बात पर भी विचार कर रहा है कि क्षतिग्रस्त स्पेस शटल की उड़ान के दौरान ही किस प्रकार मरम्मत की जाए। इस प्रकार के चित्रणों में निम्नलिखित चीजें शामिल हैं—

1. छोटी-छोटी दरारों में प्री-सिरैमिक पॉलीमर भर दिया जाए।
2. क्षतिग्रस्त स्थल का रिपेयर करने के लिए कार्बन-सिलिकन कार्बाइड निर्मित लघु आकार के यांत्रिकी प्लगों का प्रयोग किया जाए, जो 6 इंच व्यास के हों।

ऑरबिटर की रिपेयर इस बात पर निर्भर करेगी कि उड़ान में यह कहाँ पर है। यदि यह अंतरराष्ट्रीय अंतरिक्ष स्टेशन के साथ जुड़ा हुआ (डाकिंग) है तो अंतरिक्ष-यात्री स्टेशन की रोबोटिक भुजा का प्रयोग करके स्पेस वॉकों द्वारा इसकी रिपेयर कर सकते हैं। स्टेशन की रोबोटिक भुजा रिपेयर के लिए एक प्लेटफॉर्म का काम करेगी। लेकिन यदि स्पेस शटल कक्षा में अकेली है तो स्पेस शटल की रोबोटिक भुजा का प्रयोग नहीं किया जा सकता है। इन चिंतनों का प्रयोग अनेक उड़ानों द्वारा किया जा चुका है। एस.टी.एस.-114 मिशन के दौरान नए सुरक्षा तरीकों और तकनीकों तथा उड़ान के दौरान स्पेस शटल के रिपेयर का परीक्षण किया गया।

1 फरवरी, 2003 को स्पेस शटल कोलंबिया की दुर्घटना (जिसमें सात अंतरिक्ष-यात्रियों की मृत्यु हो गई) के बाद स्पेस शटल के प्रचालन में एक अविश्वसनीयता महसूस की गई तथा इसके लिए शटल कार्यक्रम कुछ महीनों के लिए बंद करके इसमें अनेक प्रकार के संशोधन और परिवर्तन किए गए, जिससे स्पेस शटल का प्रमोचन और अधिक सुरक्षित बन सके। इन संशोधनों के बाद स्पेस शटल की दो प्रायोगिक उड़ानें—26 जुलाई, 2005 को स्पेस शटल डिस्कवरी की उड़ान एस.टी.एस.-114 और 4 जुलाई, 2006 को पुनः स्पेस शटल डिस्कवरी की उड़ान एस.टी.एस.-121 संपन्न हुई। इन दोनों प्रायोगिक उड़ानों को 'रिटर्न टु फ्लाइट' मिशन की संज्ञा दी गई। स्पेस शटल कोलंबिया की दुर्घटना से जो सबसे बड़ा और सबसे अधिक प्रभावित कार्यक्रम रहा है, वह है अंतरराष्ट्रीय अंतरिक्ष स्टेशन अल्फा का असेंबली कार्यक्रम, जिसका निर्माण कार्य अंतरिक्ष में नवंबर 1998 से प्रारंभ हुआ। अल्फा स्टेशन के विलंबन की वजह से उसके रख-रखाव कार्यक्रम में भी बाधा आई, लेकिन उसे रूसी सोयुज अंतरिक्ष यानों द्वारा दूर किया गया। कोलंबिया शटल की दुर्घटना के कारण अब 'अल्फा' अंतरिक्ष स्टेशन की संपूर्णता की तिथि सन् 2010 तक पहुँच गई है। इस प्रकार स्पेस शटल अटलांटिस की उड़ान एस.टी.एस.-115 कोलंबिया स्पेस शटल के बाद का पहला असेंबली मिशन है, जिसका प्रमोचन 9 सितंबर, 2006 को फ्लोरिडा स्थित कैनेडी स्पेस सेंटर के प्रमोचन पैड-39 को सार्वभौमिक समय 15 : 14 : 55 बजे संपन्न हुआ। इस अंतरिक्ष मिशन का दूसरा

नाम अंतरराष्ट्रीय अंतरिक्ष स्टेशन कार्यक्रम के अंतर्गत 'आई.एस.एस.-12 ए' है। इस असेंबली मिशन का प्रमुख उद्देश्य अल्फा अंतरिक्ष स्टेशन के बाएँ भाग के ट्रस का टुकड़ा (तकनीकी संबोधन आई.टी.एस.पी. 3/पी 4), सौर पैनलों का एक जोड़ा (तकनीकी संबोधन 2 ए और 4 ए) तथा कुछ बैटरियों को अल्फा स्टेशन में डिलीवर करना था।

एस.टी.एस.-115 का प्रमोचन वास्तव में अप्रैल 2003 में होना था, लेकिन फरवरी 2003 में कोलंबिया दुर्घटना के बाद इस उड़ान का प्रमोचन अगस्त 2006 के लिए निर्धारित किया गया। यह निर्धारण भी कुछ अनेक कारणों से परिवर्तित किया गया। इस विलंबन के कारणों में एक चक्रवात (उड़ान के समय) 'एरनेस्टो' तथा अत्यधिक तीव्र लाइटनिंग स्ट्रोक थे, जिनसे प्रमोचन के बाद शटल क्षतिग्रस्त हो सकती थी। यह भी निर्धारित किया गया था कि यदि इस मिशन से संबंधित किसी रेस्क्यू मिशन की आवश्यकता पड़ती है तो उसका भी प्रबंध एस.टी.एस.-301 उड़ान के रूप में किया गया था, जिसे स्पेस शटल डिस्कवरी से पूरा किया जाना था। इस रेस्क्यू मिशन का प्रमोचन 11 नवंबर के बाद होना था। इस मिशन के कुछ प्रमुख आँकड़े सारणी 8.1 में दिए गए हैं।

सारणी-8.1

एस.टी.एस.-115 मिशन के सांख्यिकीय आँकड़े

1.	मिशन का नाम	:	एस.टी.एस.-115
2.	शटल का नाम	:	अटलांटिस
3.	अंतरिक्ष-यात्रियों की संख्या	:	6
4.	प्रमोचन पैड का नाम	:	39-बी
5.	प्रमोचन तिथि	:	9 सितंबर, 2006, 15:14:55 (यूनीवर्सल टाइम)
6.	लैंडिंग	:	21 सितंबर, 2006
7.	मिशन अवधि	:	11 दिन, 19 घंटे, 6 मिनट
8.	कक्षीय ऊँचाई (पृथ्वी से)	:	122 नॉटिकल मील (225 कि.मी.)
9.	मिशन में चली गई दूरी	:	79 लाख कि.मी.

मिशन के अंतरिक्ष-यात्री (चित्र 8.7)

इस मिशन के अंतरिक्ष-यात्री दल का चयन सन् 2002 में किया गया था। इस दल को अंतरिक्ष में जाने के लिए चयन से लेकर प्रमोचन तक लगभग चार वर्षों

चित्र 8.7 : शटल का ट्रांसपोर्टेशन।

तक प्रतीक्षा करनी पड़ी। अंतरिक्ष-यात्री दल के छह सदस्य हैं, जो इस प्रकार हैं—

1. मिशन कमांडर ब्रेंटजेट, जिनकी यह चौथी उड़ान थी।
2. पॉयलट क्रिस्टोफर फर्ग्युसन, जिनकी यह प्रथम उड़ान थी।
3. मिशन विशेषज्ञ जोसेफ टैनर, जिनकी यह चौथी उड़ान थी।
4. मिशन विशेषज्ञ डेनियल बरबैंक, जिनकी यह दूसरी उड़ान थी।
5. मिशन विशेषज्ञ हेडेमैरी स्टिफेंशीयन पाइपर, जिनकी यह प्रथम उड़ान थी।
6. स्टीव मैक्लीन, जो एक मिशन विशेषज्ञ की हैसियत से गए। वे कनाडावासी हैं और उनकी यह दूसरी अंतरिक्ष उड़ान थी। कनाडा अंतरिक्ष संस्था के अंतरिक्ष-यात्री मैक्लीन पहले कनाडावासी हैं, जिन्होंने कनाडा-2 भुजा तथा इसके मोबाइल बेस को अंतरिक्ष में ऑपरेट किया। उन्होंने इस अंतरिक्ष मिशन में तीन अंतरिक्ष वॉकें भी कीं।

इस मिशन में संपन्न तीन स्पेस वॉकों का उद्देश्य ट्रस सेगमेंटों का अंतरिक्ष में जोड़ना है। अल्फा स्टेशन की यह ट्रस काफी विशाल है तथा स्टेशन के ढाँचे का प्रमुख अवयव है। स्पेस वॉकों का उद्देश्य अल्फा स्टेशन को भावी अंतरिक्ष उड़ान एस.टी.एस.-116 के लिए तैयार करना भी है।

मिशन के कुछ गणक

सामान और स्पेस शटल के साथ मिशन का कुल भार 2,000 मीट्रिक टन (प्रमोचन के समय) था। मिशन की पेरिजी (अर्थात् शटल की अंतरिक्ष में पृथ्वी से निम्नतम दूरी) तथा अपोजी (अर्थात् पृथ्वी से इष्टतम दूरी) क्रमशः 157.4 कि.मी. तथा 226.6 कि.मी. थी। इस मिशन में स्पेस शटल की कक्षा भूमध्य रेखा पर 51.6 डिग्री के झुकाव पर थी।

मिशन की भूमिका

स्पेस शटल अटलांटिस ऑरबिटर प्रोसेसिंग सुविधा से वेहिकल असेंबली बिल्डिंग में 24 जुलाई, 2006 को ले जाई गई। इसे 26 जुलाई को मोबाइल लॉञ्चर प्लेटफॉर्म में लगाया गया तथा 2 अगस्त को सुबह इसे प्रमोचन पैड 39 बी में ले जाया गया। वैसे तो यह विलंबन प्रक्रिया थी, क्योंकि प्रारंभिक शेड्यूल के अनुसार प्रमोचन पैड पर 31 जुलाई को ले जाना था, लेकिन कैनेडी स्पेस सेंटर के आस-पास के क्षेत्रों में भयानक तूफान तथा लाइटनिंग के डर से (कहीं ऑरबिटर लाइटनिंग से न टकरा जाएँ) इस मिशन को विलंबित किया गया।

अगस्त 5 से 6 के बीच नासा के इंजीनियरों ने उड़ान की तैयारी पूरी की। शटल के मुख्य इंजनों की जाँच-पड़ताल की गई। अंतरिक्ष-यात्री दल (इस उड़ान के) 7 अगस्त को कैनेडी स्पेस सेंटर में चार दिन के रिहर्सल के लिए आए, जिसमें काउंट डाउन रिहर्सल भी शामिल थी। काउंट डाउन रिहर्सल 10 अगस्त को प्रारंभ की गई। बेहतर लाइटिंग परिस्थितियों के लिए (जिससे कि बाह्य टैंक का उड़ान के दौरान अधिक स्पष्ट फोटो लिया जा सके) प्रमोचन तिथि को 27 अगस्त कर दिया गया। इस 'इस लॉञ्च विंडो' का कोऑर्डीनेशन सितंबर के मध्य में होनेवाली रूसी उड़ान टी.एम.ए.-9 अंतरिक्ष यान के प्रमोचन से भी किया गया। यह अंतरिक्ष यान उस समय अल्फा स्टेशन से नहीं जुड़ेगा, जब स्पेस शटल अल्फा स्टेशन से जुड़ी होगी। 15 अगस्त से 16 अगस्त के बीच उड़ान की तैयारी के लिए नासा के मैनेजरों ने एक मीटिंग की। इसका उद्देश्य प्रमोचन-तिथि का निर्धारण करना

मिशन का प्रमोचन (चित्र 8.8, 8.9)

सभी तरह की जाँच-पड़ताल और तैयारियों के बाद एस.टी.एस.-115 मिशन 9 सितंबर, 2006 को 15 बजकर 14 मिनट और 55 सेकंड (यूनीवर्सल समय) पर स्पेस शटल अटलांटिस द्वारा अंतरराष्ट्रीय अंतरिक्ष स्टेशन अल्फा के लिए

चित्र 8.8 : स्पेस शटल को प्रोसेसिंग सुविधा से वेहिकल असेंबली बिल्डिंग में ले जाया जा रहा है।

रवाना हुआ। 8.5 मिनट की उड़ान के बाद इंजनों के बंद हो जाने के बाद टैनर और मैक्लीन अंतरिक्ष-यात्रियों ने हाथ में पकड़े जानेवाले वीडियो डिजिटल कैमरे से बाह्य टैंक के स्पेस शटल से अलग होने का फोटो लिया, जिससे उड़ान के समय की किसी भी क्षति का अनुमान लगाया जा सके। इस मिशन की कुछ विशिष्टताएँ सारणी-8.2 में दी गई हैं।

चित्र 8.9 : सन् 2001 में स्पेस शटल अटलांटिस का सूर्यास्त के बाद प्रमोचन।

सारणी-8.2

एस.टी.एस.-115 मिशन की कुछ विशिष्टताएँ

1. स्पेस शटल की 116वीं उड़ान
2. कोलंबिया स्पेस शटल दुर्घटना के बाद की तीसरी उड़ान
3. स्पेस शटल चैलेंजर की दुर्घटना के बाद की 91वीं उड़ान
4. स्पेस शटल अटलांटिस की 27वीं उड़ान
5. स्पेस शटल का दिन में 88वाँ प्रमोचन
6. प्रमोचन पैड 39बी पर दिन का 52वाँ प्रमोचन
7. कैनेडी स्पेस सेंटर पर 63वीं पूर्व नियोजित (प्लांड) लैंडिंग
8. दिन के समय पूर्व नियोजित 94वीं लैंडिंग
9. कैनेडी स्पेस सेंटर की दिन के समय 49वीं पूर्व नियोजित लैंडिंग
10. स्पेस शटल चैलेंजर की दुर्घटना के 20.63 वर्ष के बाद हुई उड़ान
11. एस.टी.एस.-107 (कोलंबिया डिजास्टर) के 3.61 वर्ष के बाद की उड़ान
12. पृथ्वी का एक चक्कर लगाने में समय : 91.6 मिनट
13. स्पेस शटल अटलांटिस की अंतरिक्ष कक्षा का पृथ्वी की भूमध्य-रेखा पर झुकाव : 51.6 डिग्री

14. अटलांटिस की कक्षा में गति : 17,188 मील प्रति घंटे
15. अंतरराष्ट्रीय अंतरिक्ष स्टेशन अल्फा के लिए 31वीं मानव-युक्त उड़ान

उड़ान के दूसरे दिन अर्थात् 10 सितंबर, 2006 को अंतरिक्ष में पूरे दिन अंतरिक्ष-यात्रियों ने ऑरबिटर बूम सेंसर तंत्र के साथ अटलांटिस स्पेस शटल की पूर्णरूप से जाँच-पड़ताल की। इसके साथ-साथ उन्होंने अटलांटिस की रोबोटिक आर्म के 50 फीट के एक्सटेंशन की भी जाँच की। पायलट क्रिस फर्गुसन तथा मिशन विशेषज्ञों—बरबैंक और स्टीव मैक्लीन ने शटल की नोजकैप एवं कार्बन-कार्बन रीनफोर्स्ड पैनलों की जाँच-पड़ताल की। इसके साथ ही उन्होंने दिन भर डाकिंग की भी तैयारी की। उधर, अंतरराष्ट्रीय अंतरिक्ष स्टेशन अल्फा में पहले से मौजूद स्थायी अंतरिक्ष-यात्री दल-13 के फ्लाइट इंजीनियर जेफ्री विलियम्स ने अल्फा स्टेशन में आ रही स्पेस शटल को रिसीव करने की तकनीकी तैयारी पूरी की। उन्होंने शटल की हीट शील्ड के उच्च विभेदन (हाई रिज़ॉल्यूशन) के फोटो लेनेवाले डिजिटल कैमरों को भी तैयार किया। अंतरिक्ष-यात्री (यात्री दल-13) विलियम्स ने मेटिंग एडॉप्टर को दाबयुक्त किया, क्योंकि इसी के साथ शटल को अल्फा स्टेशन से जुड़ना था।

11 सितंबर को यूनिवर्सल समय 10 बजकर 46 मिनट पर स्पेस शटल अटलांटिस अंतरिक्ष स्टेशन अल्फा से जुड़ गई। जुड़ने (डाकिंग) के दो घंटे बाद शटल और स्टेशन के बीच के हैच खुले। अंतरिक्ष-यात्री दल-13 के सदस्यों ने स्पेस शटल के अंतरिक्ष-यात्रियों का स्वागत किया। डॉकिंग के बाद फेर्गुसन और बरबैंक ने शटल की रोबोटिक भुजा से 17.5 टन की पी 3/पी 4 ट्रसों को पकड़ा तथा उन्हें अल्फा स्टेशन की रोबोटिक भुजा के हवाले कर दिया। तत्पश्चात् अल्फा स्टेशन में पूर्व निर्धारित कार्य चलते रहे। सोलर कार्यों के अलावा कुछ और भी छोटे-मोटे कार्य पूरे किए गए।

17 सितंबर, 2006 इस मिशन की उड़ान का नौवाँ दिन था। दोनों अंतरिक्ष-यात्री दलों के बीच पारंपरिक फेयरवेल समारोह के बाद अटलांटिस शटल और अल्फा स्टेशन के बीच हैच यूनिवर्सल समय के अनुसार 10 बजकर 27 मिनट पर बंद हो गया। इसके बाद अंतरिक्ष-यात्रियों ने पृथ्वी के वायुमंडल में प्रवेश से पहले शटल की हीट शील्ड का इंसपेक्शन किया तथा बूम सेंसर तंत्र और रोबोटिक भुजा को प्रयोग करते हुए यह सुनिश्चित किया कि इस उड़ान में शटल को किसी भी प्रकार की क्षति नहीं पहुँची है। (चित्र 8.10)

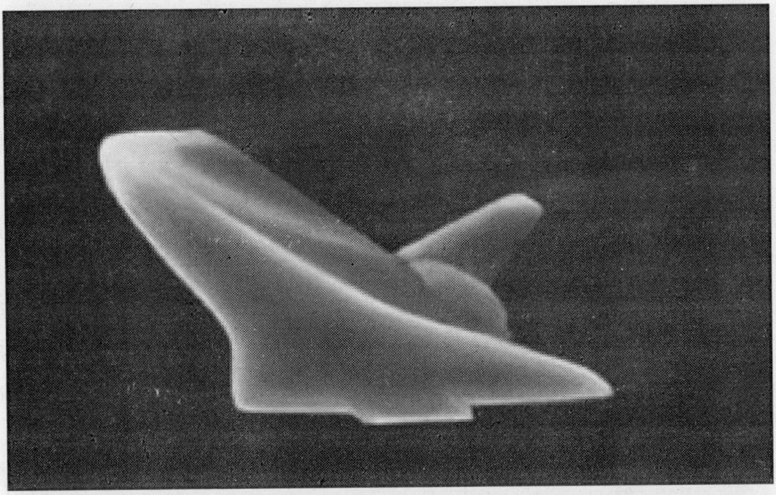

चित्र 8.10 : अंतरिक्ष से वापसी में जब ऑरबिटर पृथ्वी के वायुमंडल में प्रवेश करता है तो उच्च तापक्रम के कारण यह एक आग के गोले की भाँति दिखाई पड़ता है।

एस.टी.एस. मिशन की वापसी

21 सितंबर, 2006 को यूनिवर्सल समय के अनुसार 10 बजकर 22 मिनट 16 सेकंड पर स्पेस शटल अटलांटिस कैनेडी स्पेस सेंटर के रनवे 33 पर उतरी। इस प्रकार स्पेस शटल का यह प्रथम असेंबली मिशन (कोलंबिया शटल ट्रेजेडी के बाद का प्रथम मिशन) पूरा हुआ। इस असेंबली मिशन में स्पेस शटल अटलांटिस ने 70.9 लाख कि.मी. की यात्रा की तथा पृथ्वी के 186 चक्कर लगाए।

इस मिशन से संबंधित एस.टी.एस.-300 और 301 मिशन क्या थे?

'एस.टी.एस.-300' उस कांटीजेंसी शटल अंतरिक्ष-यात्री सपोर्ट मिशन का एक संबोधन था, जो डिस्कवरी शटल के एस.टी.एस.-114 या एस.टी.एस.-121 की असफलता पर संपन्न किया जाता। यह रेस्क्यू मिशन एस.टी.एस.-115 मिशन का परिवर्द्धित स्वरूप होता। इसी प्रकार एस.टी.एस.-301 मिशन भी एक रेस्क्यू मिशन होता, यदि एस.टी.एस.-115 मिशन में कोई समस्या आती।

मिशन के कुछ फन-फैक्ट्स

1. शटल के प्रमोचन के समय स्पेस शटल के बाह्य टैंक में क्रायोजेनिक

ईंधन भरा जाता है। बाह्य टैंक की ईंधन फिलिंग का यह 200वाँ अवसर था।

2. इस मिशन में अल्फा स्टेशन की ट्रस के दो टुकड़े पी 3/पी 4 ले जाए गए थे तथा उन्हें अल्फा स्टेशन की ट्रस के साथ जोड़ा गया। ये टुकड़े इतने भारी थे (17 टन भार था) कि अंतरिक्ष-यात्री दल (जो सामान्यतया 7 अंतरिक्ष-यात्रियों का होता है) के सदस्यों की संख्या 7 से 6 करनी पड़ी। ट्रसों के भार के साथ बैटरियों का भार भी शामिल था।
3. अंतरिक्ष-यात्रियों के कपड़ों में लगे हुए बिल्ले (पैच) का डिजाइन ओंटैरियो स्थित टोरंटो विश्वविद्यालय के विद्यार्थियों ने किया। यह वही विश्वविद्यालय है, जिसके अंतरिक्ष-यात्री स्टीव मैक्लीन (मिशन विशेषज्ञ तथा कनाडावासी) कभी विद्यार्थी रहे हैं।

एस.टी.एस.-115 मिशन अंतरिक्ष में 11 दिन, 19 घंटे 7 मिनट 21 सेकंड तक रहा तथा इस दौरान अंतिरक्ष-यात्रियों ने तीन स्पेस वॉकें भी कीं। इस दौरान मिशन के निम्नलिखित तीन उद्देश्यों को पूरा किया गया—

1. दो ट्रस टुकड़ों (पी 3/पी 4) की डिलीवरी और स्टेशन में स्थापन।
2. दो नए सोलर एरे (4 ए और 2 ए) की डिलीवरी और स्टेशन में स्थापन।
3. तीन स्पेस वॉकें करना।

मिशन कमांडर ब्रेंटजेट का प्री-फ्लाइट साक्षात्कार

कमांडर ब्रेंटजेट का साक्षात्कार नासा द्वारा लिया गया। प्रस्तुत हैं उसी साक्षात्कार के कुछ अंश—

प्रश्न : विश्व में हजारों पायलट और वैज्ञानिक हैं। लेकिन उनमें लगभग 100 केवल अमेरिकी अंतरिक्ष-यात्री हैं। किस चीज ने आपको अंतरिक्ष-यात्री बनने के लिए तथा अंतरिक्ष में उड़ने के लिए प्रेरित किया?

जेट : मैं सोचता हूँ कि संभवत: यह उस विशिष्ट कहानी से भिन्न है, जो आप अंतरिक्ष-यात्रियों से सुनते हैं। जो हमारे उम्र के लोग हैं, उन्होंने '60 के दशक में मर्करी, जैमिनी एवं अपोलो अंतरिक्ष-अभियानों के कारनामे टेलीविजन पर देखे हैं और इन अभियानों के अंतरिक्ष-यात्री एक नायक के रूप में उभरे हैं। लेकिन उस समय मेरे दिमाग में यह बात नहीं आई कि एक दिन मैं भी अंतरिक्ष-यात्री बनूँगा तथा कभी मैंने यह सोचा भी नहीं था कि ऐसा भी हो सकता है। हाँ, मैं वायुयानों के

प्रति प्रारंभ से ही आकर्षित था और इस आकर्षण ने मेरे पैर नेवल एकेडमी की ओर मोड़े। नेवी ने मुझे पायलट बनाया तथा इसके लिए मेरा प्रशिक्षण नेवी के टेस्ट पायलट स्कूल में हुआ। पायलट बनने के बाद मुझे जॉनसन स्पेस सेंटर देखने का मौका मिला तथा वहाँ मैंने देखा कि अंतरिक्ष-यात्री क्या-क्या करते हैं। यह सौभाग्य की बात है कि अंतरिक्ष-यात्री के रूप में मेरा चयन हुआ।

प्रश्न : कुछ फोर्ट लाउडरडेल के विषय में बताएँ, जहाँ पर आप बड़े हुए?

जेट : बहुत लंबा समय गुजर गया है। मिलिटरी में रहने के बावजूद हमारी जड़ें हमारे कस्बे से जुड़ी रहीं तथा अपने कस्बे से जुड़े रहना एक स्वाभाविक बात है। मैं नासा में सन् 1992 में आया, तब मैं चौदह वर्ष का था। मुझे लगभग ऐसा लगने लगा है कि ह्यूस्टन मेरा लाउडरडेल की अपेक्षा बेहतर होमटाउन है, लेकिन मेरा परिवार अब भी फोर्ट लाउडरडेल में रहता है। मैंने सन् 1976 में यह शहर छोड़ा और तब से इस शहर में काफी परिवर्तन हुए हैं।

प्रश्न : आपका कस्बा फोर्ट लाउडरडेल अंतरिक्ष से कैसा दिखता है?

जेट : यह पता करना थोड़ा मुश्किल है, क्योंकि वहाँ अनेक विकास हो चुके हैं।

प्रश्न : आज आप जो कुछ भी हैं, उसमें वहाँ के लोगों और वहाँ के स्थान का कितना योगदान है?

जेट : मैं समझता हूँ कि यह प्रश्न मूल रूप से मेरे परिवार से संबंधित है। निस्संदेह यह मेरा परिवार था, जिसने मुझे वह व्यक्ति बनाया, जो मैं आज हूँ। इसका श्रेय मेरे अध्यापकों को भी जाता है। मेरे माता-पिता मुझसे आशा करते थे कि मैं स्कूल में अच्छा करूँ तथा मैं समझता हूँ कि सबसे अच्छी चीज मेरे साथ यही हुई।

प्रश्न : अपनी शिक्षा और प्रोफेशनल कैरियर के विषय में कुछ बताएँ?

जेट : मैं इसके विषय में पहले बता चुका हूँ। हाई स्कूल से निकलने के बाद मैं सीधे नेवल एकेडमी में नहीं गया, बल्कि एक वर्ष मैंने फ्लोरिडा विश्वविद्यालय में पढ़ाई की और मैं समझता हूँ कि यह मेरे लिए बड़ा फायदेमंद रहा। उसके बाद मैं नेवल एकेडमी गया तथा वहाँ चार वर्ष गुजारे, फ्लाइट स्कूल, ग्रेजुएट स्कूल और टेस्ट पायलट स्कूल के दौर से गुजरा। मैं वास्तव में ही नेवी का बहुत एहसानमंद हूँ।

प्रश्न : आप अंतरिक्ष स्टेशन 'अल्फा' के असेंबली मिशन 12 ए के कमांडर हैं। संक्षिप्त में इस स्पेस शटल मिशन के प्रमुख उद्देश्य बताएँ तथा यह भी बताएँ कि इस मिशन में आपकी क्या ड्यूटी होंगी?

जेट : इस मिशन के उद्देश्यों की अपेक्षा अंतरराष्ट्रीय अंतरिक्ष स्टेशन

अल्फा के असेंबली मिशन पर बात करना अधिक महत्त्वपूर्ण होगा। जैसा कि आपको पता है कि कोलंबिया दुर्घटना के बाद दो 'रिटर्न टु फ्लाइट' मिशन संपन्न हो चुके हैं तथा ये बड़े उपयोगी पाए गए हैं। एस.टी.एस.-115 'रिटर्न टु असेंबली मिशन' है और मैं समझता हूँ कि यह एक बहुत महत्त्वपूर्ण मिशन है। हमारे पास एक लक्ष्य है कि हम सन् 2010 तक अल्फा स्टेशन की असेंबली का कार्य पूरा करें। उसके बाद वर्तमान नासा स्पेस शटल रिटायर कर दी जाएगी। इसलिए हमें 'रिटर्न टु फ्लाइट मोड' से अधिक ऑपरेशनल असेंबली स्वीकेंस में शिफ्ट होना है।

प्रश्न : अल्फा स्टेशन के असेंबली कार्य में भागीदारों का निर्धारित योगदान कितना हो सका है ?

जेट : हमने अमेरिका योगदान के काफी अवयवों को स्टेशन में लगा दिया है तथा कुछ अमेरिकी अवयव अभी लगने बाकी हैं। लेकिन भागीदार देशों में केवल कनाडा का निर्धारित सहयोग 'कनेडियन आर्म' ही स्टेशन में स्थापित हो सकी है। कोलंबस मॉड्यूल (ब्रिटिश योगदान) तथा जापानी मॉड्यूल अब भी ऊपर जाना बाकी है। मैं समझता हूँ कि वैश्विक दृष्टि से यह आवश्यक है कि यदि नासा अंतरिक्ष अन्वेषण के क्षेत्र में नेतृत्व प्रदान करता है तो यह आवश्यक हो जाता है कि हम अपने-अपने वायदे निभाएँ।

प्रश्न : अब हम आपके मिशन की सूक्ष्मता से चर्चा करते हैं। आप अपने अंतरिक्ष-यात्री दल के साथ फरवरी 2002 से प्रशिक्षण ले रहे हैं। आप इतने लंबे समय से इसमें कैसे ध्यान केंद्रित कर सके हैं ?

जेट : इसका उत्तर है कि चार वर्ष तक आप किसी एक चीज पर केंद्रित नहीं रह सकते। यह असंभव है। आपने पूछा कि इस मिशन में मेरी क्या ड्यूटी थी ? शायद (जो मेरे दिमाग में है) सबसे आवश्यक मेरी ड्यूटी नेतृत्व प्रदान करना है तथा अंतरिक्ष-यात्री दल को इस मिशन के लिए तैयार करना है और यह सुनिश्चित करना है कि हमारे पास एक योजना है तथा हम फ्लाइट नियंत्रण टीम के साथ मिलकर कार्य कर सकते हैं एवं एकता के साथ टीम भावना से काम करके मिशन को सफल बना सकते हैं।

प्रश्न : कोलंबिया दुर्घटना के बाद कुछ इंसपेक्शन से संबंधित कार्य हैं। इनके विषय में बताएँ, जैसे—प्रमोचन के दौरान किसी क्षति का अवलोकन।

जेट : हम इस बात से संबंधित जो कुछ कार्य करेंगे, वह एस.टी.एस.-114 और एस.टी.एस.-121 मिशनों से भिन्न नहीं होगा। हम ऊपर जा रहे हैं तथा उड़ान के दूसरे दिन हम पंखों के लीडिंग एज, नोजकैप (जो सभी कार्बन-कार्बन रीइनफोर्स्ड

हैं) का बड़ी सूक्ष्मता से इंसपेक्शन करेंगे। इसके बाद उड़ान के दौरान ही एक और इंसपेक्शन करेंगे। उड़ान में दूसरा खतरा तापीय सुरक्षा तंत्र को है। यह खतरा उल्काओं द्वारा हो सकता है। वैसे तो यह ऐसा खतरा है, जिसे हम प्रत्येक मिशन में डील करते हैं। यह सब इस बात पर भी निर्भर करता है कि आप किस ऊँचाई पर उड़ रहे हैं। इस प्रकार के इंसपेक्शनों का कारण यह है कि यदि ऊपर उठने के समय आप किसी क्षति का इंसपेक्शन करते हैं तो मिशन के दौरान और बाद में भी इंसपेक्शन यह जानने के लिए आवश्यक है कि आप किसी डैमेज से कितना बच पाए हो।

प्रश्न : अब जरा हम कार्गो की बात करते हैं, जो आप इस उड़ान में ले जा रहे हैं। यह एक असेंबली मिशन है। आप एक अवयव, जिसका नाम पी 3/पी 4 ट्रस है, ले जा रहे हैं। समझाकर बताएँ कि यह क्या है, यह क्या करेगा तथा स्पेस स्टेशन के लिए यह क्यों आवश्यक है?

जेट : यह ट्रस स्टेशन के मूल ढाँचे का सृजन करती है। इसी में विभिन्न पावर मॉड्यूल लगाए जाते हैं, जो पावर पैदा करते हैं। यह पावर यूरोपीय और जापानी प्रयोगशाला मॉड्यूलों को प्रदान की जाएगी।

प्रश्न : मानव द्वारा अंतरिक्ष अन्वेषण के विषय में आपके अपने क्या विचार हैं?

जेट : आपको पता है कि अंतरिक्ष अन्वेषण ने हमें पृथ्वी के समीप तथा भारहीनता और निर्वातमय परिस्थिति में पृथ्वी की निम्न कक्षा में स्थायी उपस्थिति का अवसर प्रदान किया है। यह बहुत ही अच्छा और पहला कदम है। जब आप सौर तंत्र का अन्वेषण करते हैं तो आपको चंद्रमा पर और शायद मंगल ग्रह पर स्थायी नहीं तो कम-से-कम अस्थायी उपस्थिति की आवश्यकता पड़ती है। इसलिए मैं सोचता हूँ कि जिस दिशा में हम लोग जा रहे हैं, वह काफी हद तक सही है। आप अपोलो अंतरिक्ष मिशनों तथा प्रारंभिक अन्वेषकों (जो यूरोप से उत्तरी अमेरिका में आए) के बीच एक समानता का विश्लेषण कर सकते हैं। प्रारंभ में वे गए, बेस का स्पर्श किया और अपने घर वापस आ गए। लेकिन वास्तव में उद्देश्य था स्थायी उपस्थिति का सृजन करना। इस प्रकार जैसे-जैसे हम चंद्रमा पर तथा बाद में मंगल ग्रह पर एक स्थायी उपस्थिति बनाना चाहते हैं, वैसे-वैसे इस प्रकार के कार्यों की चुनौतियाँ बढ़ती जाती हैं। पृथ्वी की निम्न कक्षा में अपनी उपस्थिति से हमें बहुत कुछ सीखने को मिला है तथा हमारे अभियानों की सफलता में इस एहसास का महत्त्वपूर्ण योगदान है; लेकिन इस प्रश्न के दूसरे पहलू का टुकड़ा यह है कि हम

क्यों जा रहे हैं ? शायद मैं उस पाले पर खड़ा हूँ, जो इस बात की वकालत करता है कि ऐसा करना हमारे स्वभाव में है। यह मानव के स्वभाव में है कि वह अन्वेषणों का शौकीन है। (चित्र 8.11, 8.12)

चित्र 8.11 : स्पेस शटल की लैंडिंग।

ऐसा माना जाता है कि स्पेस शटल पृथ्वी ग्रह में निर्मित सबसे जटिल मशीन है तथा यह अंतरिक्ष परिवहन का सबसे सफल साधन सिद्ध हुआ है। इसकी अब तक 117 उड़ानें संपन्न हो चुकी हैं; जिनमें 2 उड़ानें असफल रहीं। इस प्रकार इसकी विश्वसनीयता (रिलाएबिलिटी) 98.3 प्रतिशत बनती है। स्पेस शटल अनेक विचित्रताओं से भरी हुई है। प्रस्तुत विज्ञान प्रश्न स्तंभ के अंतर्गत स्पेस शटल के विभिन्न पहलुओं को एक क्विज के माध्यम से प्रस्तुत किया गया है।

चित्र 8.12 : स्पेस शटल चैलेंजर की दुर्घटना (एस.टी.एस.-51 एल)।

1. स्पेस शटल को पुनः प्रयोज्यीय (रीयूजेबल) अंतरिक्ष यान कहते हैं, क्योंकि—
   क. स्पेस शटल मूल रूप से एक वायुयान है।
   ख. स्पेस शटल में ईंधन के खर्च को नियंत्रित किया जा सकता है।
   ग. एक स्पेस शटल को कई अंतरिक्ष मिशनों के लिए प्रयुक्त किया जा सकता है।
   घ. स्पेस शटल यान मानव नियंत्रित मशीन है।
2. स्पेस शटल के प्रमुख अवयवों में 1 ऑरबिटर, 2 ठोस रॉकेट बूस्टर, 1 बाह्य टैंक (एक्सटर्नल टैंक ईटी) और
   क. तीन प्रमुख इंजन होते हैं।
   ख. एक गाइडेंस तंत्र होता है।

ग. ग्लोबल पोजीशनिंग तंत्र (जी.पी.एस.) होता है।

घ. दो पंख होते हैं।

3. अमेरिका के पास स्पेस शटलें—डिस्कवरी, चैलेंजर, कोलंबिया, अटलांटिस एवं एंड्यौर थीं, जिनमें दो शटल दुर्घटनाग्रस्त होकर नष्ट हो चुकी हैं और ये हैं—

क. कोलंबिया, अटलांटिस   ख. डिस्कवरी, चैलेंजर

ग. एंड्यौर, कोलंबिया   घ. चैलेंजर, कोलंबिया

4. स्पेस शटल में दो प्रकार के ईंधनों का प्रयोग किया जाता है—ठोस और

क. नाभिकीय   ख. क्रायोजेनिक

ग. सौर ऊर्जा   घ. टाइडल

5. स्पेस शटल की प्रथम उड़ान की तिथि थी—

क. 2.2.1990   ख. 12.2.1964

ग. 4.7.1974   घ. 12.4.1981

6. दो ठोस रॉकेट बूस्टरों में प्रत्येक का परिमाप 149.16 फीट लंबाई तथा 12.17 फीट चौड़ाई है, जो ऊँचाई में अमेरिका की 'स्टैच्यू ऑफ लिबर्टी' की ऊँचाई के बराबर है; पर प्रत्येक बूस्टर भार की दृष्टि से 'स्टैच्यू ऑफ लिबर्टी' के भार का—

क. 100 गुना है   ख. आधा है

ग. बराबर है   घ. 3 गुना है

7. ठोस रॉकेट बूस्टर (दोनों) ठोस ईंधन का प्रयोग करते हैं तथा इस ईंधन की खपत दर है—

क. 10 टन प्रति सेकंड   ख. 50 टन प्रति मिनट

ग. 10 टन प्रति मिनट   घ. 50 कि.ग्रा. प्रति सेकंड

8. शटल के तीन मुख्य इंजनों में क्रायोजेनिक ईंधन प्रयुक्त होता है, जिसकी खपत दर होती है—

क. 10 गैलन प्रति सेकंड   ख. 100 गैलन प्रति सेकंड

ग. 1,000 गैलन प्रति सेकंड   घ. 10,000 गैलन प्रति सेकंड

9. क्रायोजेनिक ईंधन में होता है—

क. द्रव हाइड्रोजन + द्रव ऑक्सीजन

ख. द्रव नाइट्रोजन + द्रव हाइड्रोजन

ग. द्रव मीथेन + द्रव नाइट्रोजन

घ. द्रव मीथेन + द्रव ईथेन

10. स्पेस शटल पृथ्वी से 185 से 643 कि.मी. की दूरी पर रहकर पृथ्वी का चक्कर लगाती है। स्पेस शटल को अंतरिक्ष में पहुँचने का यात्रा-समय 8.5 मिनट का होता है तथा 8.5 मिनट में इसकी गति शून्य से पहुँच जाती है—

    क. 1,000 मील प्रति घंटे   ख. 7 मील प्रति घंटे
    ग. 17,000 मील प्रति घंटे   घ. 36,000 मील प्रति घंटे

11. स्पेस शटल का ऑरबिटर शटल का मस्तिष्क एवं हृदय कहा जाता है। इसी में अंतरिक्ष-यात्री बैठते हैं और सामान रखा जाता है। यह एक डी.सी.-9 वायुयान के समान होता है, लेकिन ऑरबिटर सामान्य वायुयान से इस मामले में भिन्न होता है कि—

    क. सामान्य वायुयान की तुलना में ऑरबिटर में ज्यादा ईंधन लगता है।
    ख. सामान्य वायुयान हलका तथा ऑरबिटर भारी होता है
    ग. सामान्य वायुयान की विंग ऑरबिटर से बड़ी होती है
    घ. पृथ्वी पर उतरते समय इसकी गति 375 कि.मी. प्रति घंटा होती है, जबकि सामान्य हवाई जहाज के उतरने की गति 209 कि.मी. प्रति घंटा होती है।

12. स्पेस शटल के लैंडिंग तंत्र का नाम है—

    क. इंस्ट्रूमेंट लैंडिंग तंत्र
    ख. माइक्रोवेव स्कैनिंग बीम लैंडिंग तंत्र
    ग. रेडियो रेंजिग तंत्र
    घ. सुदूर संवेदन तंत्र

13. शटल में भारी सामान रखने के लिए एक विशालकाय कार्गो होती है, जिसका परिमाप है—

    क. 10 मी. × 10 मी.   ख. 18.2 मि. × 4.6 मी.
    ग. 15.5 मी. × 4 मी.   घ. 50 मी. × 2 मी.

14. निर्धारित डिजाइन आँकड़ों के अनुसार स्पेस शटल पृथ्वी से 185 से 643 कि.मी. की दूरी के बीच उड़ सकती है। 24 अप्रैल, 1990 को हब्बल स्पेस टेलीस्कोप के स्थापन में स्पेस शटल सबसे अधिक ऊँचाई पर उड़ी। यह ऊँचाई थी—

    क. 300 कि.मी.   ख. 438 कि.मी.
    ग. 640 कि.मी.   घ. 619 कि.मी.

15. स्पेस शटल पृथ्वी पर एक वायुयान की भाँति उतरती है तथा अंतरिक्ष में जाती है—
   क. रॉकेट की भाँति
   ख. वायुयान की भाँति
   ग. पहले रॉकेट की भाँति, फिर वायुयान की भाँति
   घ. निम्न कक्षा तक वायुयान तथा फिर रॉकेट की भाँति
16. पृथ्वी की निम्न कक्षा में स्पेस शटल द्वारा ले जानेवाले सामान का अधिकतम भार होता है—
   क. 500 टन   ख. 80 टन
   ग. 28 टन   घ. 12 टन
17. स्पेस शटल की 8.5 मिनट की यात्रा दो भागों में—2 ठोस रॉकेट बूस्टरों द्वारा और फिर 3 मुख्य क्रायोजेनिक इंजनों द्वारा पूरी की जाती है। 2 ठोस रॉकेट बूस्टर स्पेस शटल को पहुँचाते हैं—
   क. 100 मील   ख. 28 मील
   ग. 12 मील   घ. 55 मील
18. स्पेस शटल के तीन मुख्य इंजनों को क्रायोजेनिक ईंधन की आपूर्ति बाह्य टैंक करता है, जिसमें द्रव ऑक्सीजन + द्रव हाइड्रोजन की मात्रा होती है—
   क. 1,00,000 गैलन   ख. 4,000 गैलन
   ग. 50,000 गैलन   घ. 5,35,000 गैलन
19. तीनों मुख्य इंजन विश्व के प्रथम पुन:प्रयोज्यीय इंजन हैं तथा इनका परिमाप होता है—
   क. 4 फीट लंबाई, 2 फीट चौड़ाई
   ख. 12 फीट लंबाई, 7.5 फीट चौड़ाई
   ग. 12 फीट लंबाई, 10 फीट चौड़ाई
   घ. 18 फीट लंबाई, 12 फीट चौड़ाई
20. तीनों मुख्य इंजनों में पृथ्वी पर मौजूद सबसे ठंडा ईंधन द्रव हाइड्रोजन (–253 डिग्री सेल्सियस) प्रयुक्त होता है, लेकिन द्रव ऑक्सीजन के साथ जलकर यह इंजनों के चैंबरों का तापमान पहुँचा देता है—
   क. 3,316 डिग्री सेल्सियस   ख. 1,000 डिग्री सेल्सियस
   ग. 2,000 डिग्री सेल्सियस   घ. 1,215 डिग्री सेल्सियस
21. स्पेस शटल की लैंडिंग हवाई पट्टी का परिमाप है—

क. 4,572 मीटर लंबाई, 91.4 मीटर चौड़ाई
ख. 1,500 मीटर लंबाई, 20 मीटर चौड़ाई
ग. 1,374 मीटर लंबाई, 30 मीटर चौड़ाई
घ. 7,025 मीटर लंबाई, 50 मीटर चौड़ाई

22. स्पेस शटल का वह भाग, जो नष्ट हो जाता है तथा जो दोबारा नहीं प्रयुक्त होता है, वह है—

क. शटल का गाइडेंस तंत्र ख. दोनों बूस्टर
ग. बाह्य टैंक घ. तीन मुख्य इंजन

23. अंतरिक्ष में असेंबली कार्यों, नीतभार स्थापन तथा पृथ्वी से ले गए सामान को अंतरिक्ष स्टेशनों में रखने के लिए क्रेन की भाँति एक रोबोटिक भुजा होती है। यद्यपि पृथ्वी पर इसका भार 905 पौंड होता है, लेकिन अंतरिक्ष में यह स्थांतरित कर सकती है—

क. 66,000 पौंड का भार ख. 14,000 पौंड का भार
ग. 1,00,000 पौंड का भार घ. 25,000 पौंड का भार

24. पृथ्वी से प्रमोचन के समय स्पेस शटल का भार 45 लाख पौंड होता है, जिसमें ईंधन की मात्रा होती है—

क. 10 लाख पौंड ख. 2 लाख पौंड
ग. 35 लाख पौंड घ. 5 लाख पौंड

25. स्पेस शटल की प्रथम उड़ान के कमांडर थे—

क. जॉन यंग ख. जेरी रॉस
ग. नील आर्मस्ट्रांग घ. एलीन कॉलिंस

26. स्पेस शटल से अंतरिक्ष में सबसे अधिक उम्र—77.3 वर्ष में जानेवाले प्रथम अंतरिक्ष-यात्री हैं—

क. वैंस ब्रैंड ख. स्टोरी मुसाग्रेव
ग. जॉन ग्लेन घ. डेनिस टिटो

27. चूँकि तीनों इंजन क्रायोजेनिक ईंधन का प्रयोग करते हैं, इसलिए इनके प्रज्वलन के समय स्पेस शटल से निकलनेवाला विसर्जन है—

क. ठोस द्रव्य ख. गैसें
ग. प्लाज्मा घ. जलवाष्प

28. उड़ान भरते समय दोनों ठोस बूस्टरों से 3,370 डिग्री सेल्सियस (सूर्य की सतह का दो-तिहाई तापमान) तापमान गैसों की ज्वालाएँ निकलती हैं, जिनकी

लपटों की लंबाई होती है—

क. 500 फीट　　　　ख. 40 फीट

ग. 1,000 फीट　　　　घ. 100 फीट

29. मुख्य इंजनों का विसर्जन दाब (डिस्चार्ज प्रेशर) इतना अधिक होता है कि यह फेंक सकता है—

क. 100 मील लंबा जल कॉलम

ख. 36 मील लंबा द्रव हाइड्रोजन कॉलम

ग. 50 मील लंबा ऑक्सीजन कॉलम

घ. रंगीन ज्वाला

30. शटल के दोनों ठोस बूस्टर और तीनों मुख्य इंजनों द्वारा जनित प्रणोद कितना होता है—

क. 1,000 लाख पौंड　　　　ख. 10 लाख पौंड

ग. 73 लाख पौंड　　　　घ. 1 लाख पौंड

31. स्पेस शटल के मुख्य इंजनों की जाँच होती है—

क. न्यूयार्क में　　　　ख. मिसीसिपी में

ग. ह्यूस्टन में　　　　घ. वाशिंगटन में

32. वही दोनों बूस्टर दोबारा कैसे प्रयुक्त होते हैं—

क. समुद्र से इकट्‌ठा करके　　　　ख. ऑरबिटर से फँस जाते हैं

ग. हेलीकॉप्टर से इकट्‌ठा करके　　　　घ. एक टावर में फँस जाते हैं

33. शटल के केवल दो ठोस रॉकेट बूस्टरों द्वारा जनित शक्ति होती है—

क. 2 करोड़ हार्स पावर　　　　ख. 100 लाख हार्स पावर

ग. 50 हजार हार्स पावर　　　　घ. 440 लाख हार्स पावर

34. अपनी संपूर्ण यात्रा में शटल को तापमान के अनेक परिवर्तन झेलने पड़ते हैं जिनमें अंतरिक्ष में निम्नतम तापमान—156.7 डिग्री सेल्सियस से पृथ्वी के वायुमंडल में (वापसी के समय) प्रवेश करते समय का भीषण तापमान होता है—

क. 12,000 डिग्री सेल्सियस　　　　ख. 40 डिग्री सेल्सियस

ग. 1,648 डिग्री सेल्सियस　　　　घ. 100 डिग्री सेल्सियस

35. विश्व में एक ही अंतरिक्ष-यात्री हैं, जो अमेरिका की सभी स्पेस शटलों द्वारा अंतरिक्ष-यात्रा कर चुके हैं और वे हैं—

क. डॉ. शैनन ल्युसिड　　　　ख. एलन शेपर्ड

ग. नॉर्मन थैगर्ड घ. डॉ. स्टोरी मुसाग्रेव

36. स्पेस शटल एक अंतरिक्ष परिवहन है, जिसके द्वारा अंतरिक्ष की कक्षा में सामान पहुँचाने का खर्च आता है—

क. 2,000 डॉलर प्रति कि.ग्रा. ख. 22,000 डॉलर प्रति कि.ग्रा.

ग. 60,000 डॉलर प्रति कि.ग्रा. घ. 100 डॉलर प्रति कि.ग्रा.

37. स्पेस शटल में जो लोग जाते हैं उनमें एक कमांडर, एक पायलट और कुछ मिशन विशेषज्ञ होते हैं। आज की तिथि तक स्पेस शटल की दो ही महिला कमांडर हुई हैं, जिनमें प्रथम महिला हैं—

क. सैली राइड ख. जूली पेटे

ग. एलीन कॉलिंस घ. पामेला मेलरवाय

38. स्पेस शटल का बाह्य टैंक पानी के जहाज में लादकर कैनेडी स्पेस सेंटर पहुँचाया जाता है। इसका निर्माण होता है—

क. हवाई द्वीप में ख. सानफ्रांसिस्को में

ग. फ्लोरिडा में घ. ल्यूसीनिया में

39. सामान्यत: स्पेस शटल का अंतरिक्ष-प्रवास 7-10 दिन का होता है। स्पेस शटल का सबसे लंबा अंतरिक्ष-प्रवास नवंबर 1996 में हुआ। यह सबसे लंबा अंतरिक्ष-प्रवास था—

क. 25 दिन का ख. 17.5 दिन का

ग. 28 दिन का घ. 16 दिन का

40. बाह्य टैंक में भरे ईंधन को ठंडा रखने तथा ताप से बचाने के लिए बाह्य टैंक के ऊपर एक इंच मोटी परत का स्प्रे किया जाता है। परत का द्रव्य है—

क. पॉलीआइसोसाइनूरेट फोम ख. पॉलीटेट्राक्लोराइड फोम

ग. आइसोप्रोपाइल ब्रोमाइड फोम घ. सफेद रंग

41. स्पेस शटल के तीन मुख्य इंजन प्रज्वलित किए जाते हैं—

क. उड़ान के 1 सेकंड बाद ख. उड़ान से 1 सेकंड पहले

ग. उड़ान से 6.6 सेकंड पहले घ. उड़ान के 6.6 सेकंड बाद

42. स्पेस शटल का बाह्य टैंक का जब सारा क्रायोजेनिक ईंधन समाप्त हो जाता है तो यह शटल से अलग होकर गिर जाता है तथा अनेक टुकड़ों में विभक्त हो जाता है। बाह्य टैंक शटल से अलग होता है—

क. 30 मिनट के बाद ख. 9 मिनट के बाद

ग. 15 मिनट के बाद घ. 12 मिनट के बाद

43. स्पेस शटल में अंतरिक्ष-यात्रियों के आवास और शयन का प्रबंध होता है—
   क. अपर डेक में   ख. लोअर डेक में
   ग. बैक डेक में   घ. मिड डेक में
44. शटल के ईंधन सेल द्रव हाइड्रोजन और द्रव ऑक्सीजन द्वारा पानी बनाते हैं। पानी बनाने की दर होती है—
   क. 20 कि.ग्रा. पानी प्रति घं.   ख. 100 कि.ग्रा. पानी प्रति घं.
   ग. 5 कि.ग्रा. पानी प्रति घं.   घ. 11 कि.ग्रा. पानी प्रति घं.
45. स्पेस शटल डिस्कवरी की पहली उड़ान हुई थी—
   क. मार्च 1980   ख. अगस्त 1984
   ग. दिसंबर 1984   घ. जुलाई 1984
46. स्पेस शटल की प्रथम महिला कमांडर प्रथम महिला पायलट और केवल महिला कमांडर हैं—
   क. एलीन कॉलिंस   ख. कैथरीन थार्नटन
   ग. पामेला मेलरुवाय   घ. शैनन ल्युसिड
47. स्पेस शटल अभियानों (अथवा यों कहिए कि आज की तिथि तक के सभी अंतरिक्ष अभियानों द्वारा) केवल एक ही विवाहित जोड़ा अभी तक अंतरिक्ष में गया है। यह विवाहित जोड़ा था पुरुष अंतरिक्ष-यात्री मार्क सी.ली तथा महिला अंतरिक्ष-यात्री जैन डेविस (जो पति-पत्नी थे) तथा स्पेस शटल उड़ान थी—
   क. एस.टी.एस.-100   ख. एस.टी.एस.-5
   ग. एस.टी.एस.-98   घ. एस.टी.एस.-47
48. स्पेस शटल के अवयवों की संख्या 25 लाख से अधिक है, जिनमें शामिल हैं—370 कि.मी. लंबे तार, 1,060 से भी अधिक प्लंबिंग वॉल्व और कनेक्शन, 1,440 से अधिक सर्किट ब्रेकर तथा—
   क. 27,000 कुचालक टाइलें   ख. 10,000 कुचालक टाइलें
   ग. 1,500 कुचालक टाइलें   घ. 1,000 कुचालक टाइलें
49. पृथ्वी के ग्राउंड नियंत्रण-तंत्र से संचार संपर्क करने के लिए स्पेस शटल जिन उपग्रहों का प्रयोग करती है वे हैं—
   क. ट्रैफिंग एवं डाटा रिले उपग्रह (टी.डी.आर.एस.)
   ख. इंटलसैट उपग्रह
   ग. अनिक उपग्रह
   घ. वेस्टार उपग्रह

50. अंतरिक्ष में अपनी स्थिति का परिशुद्धता से अंदाजा लगाने के लिए शटल का ऑरबिटर प्रयोग करता है—

क. गैलीलियो तंत्र ख. ग्लोनास तंत्र

ग. खगोलिकी पिंडों की मदद घ. जी.पी.एस. तंत्र

प्रश्नों के उत्तर

1. (ग)	2. (क)	3. (घ)	4. (ख)
5. (घ)	6. (घ)	7. (क)	8. (ग)
9. (क)	10. (ग)	11. (घ)	12. (ख)
13. (ख)	14. (घ)	15. (क)	16. (ग)
17. (ख)	18. (घ)	19. (ख)	20. (क)
21. (क)	22. (ग)	23. (क)	24. (ग)
25. (क)	26. (ग)	27. (घ)	28. (क)
29. (ख)	30. (ग)	31. (ख)	32. (क)
33. (घ)	34. (ग)	35. (घ)	36. (ख)
37. (ग)	38. (घ)	39. (ख)	40. (क)
41. (ग)	42. (ख)	43. (घ)	44. (घ)
45. (ख)	46. (क)	47. (घ)	48. (क)
49. (क)	50. (घ)		

☐

9

विश्व के अंतरिक्ष केंद्र

आज अंतरिक्ष अन्वेषण का विषय काफी महत्त्वपूर्ण हो गया है और इसीलिए विश्व के अनेक देशों ने अपने यहाँ अंतरिक्ष अन्वेषण केंद्र एवं सुविधाएँ खोल दी हैं। इनका विवरण यहाँ दिया जा रहा है। प्रमोचन केंद्रों का विवरण सारणी-9.1 में दिया गया है।

भारत

भारत में अंतरिक्ष कार्यक्रमों का सूत्रपात सन् 1962 में उस समय हुआ, जब अंतरिक्ष अनुसंधान के लिए राष्ट्रीय समिति—'इनकोस्पार' (इंडियन नेशनल कमेटी फॉर स्पेस रिसर्च) का गठन परमाणु ऊर्जा विभाग द्वारा किया गया तथा थुंबा भूमध्यीय रॉकेट प्रमोचन स्टेशन (टर्ल्स) पर कार्य प्रारंभ किया गया। सन् 1963 में 21 नवंबर को टर्ल्स प्रमोचन स्थल से प्रथम साउंडिंग रॉकेट का प्रमोचन किया गया। सन् 1965 में थुंबा में अंतरिक्ष विज्ञान और तकनीकी केंद्र की स्थापना की गई तथा 1967 में अहमदाबाद में भारत के प्रथम उपग्रह दूरसंचार स्टेशन की स्थापना की गई। सन् 1968 में (2 फरवरी) टर्ल्स संयुक्त राष्ट्र संघ को समर्पित किया गया। 15 अगस्त, 1969 को परमाणु ऊर्जा विभाग के अंतर्गत भारतीय

चित्र 9.1 : भारतीय अंतरिक्ष अनुसंधान संगठन (इसरो) सतीश धवन अंतरिक्ष केंद्र, शार।

चित्र 9.2 : इनसेट प्रधान नियंत्रण सुविधा (एम.सी.एफ.), हासन।

अंतरिक्ष अनुसंधान संगठन की स्थापना हुई। 1 जून, 1972 को अंतरिक्ष आयोग एवं अंतरिक्ष विभाग की स्थापना हुई और भारतीय अंतरिक्ष अनुसंधान संगठन (इसरो) को अंतरिक्ष विभाग के अंतर्गत रखा गया।

'इसरो' के प्रथम उपग्रह 'आर्यभट्ट' का प्रमोचन 19 अप्रैल, 1975 को किया गया, लेकिन उससे पहले 1 अप्रैल, 1975 को इसरो (भारतीय अंतरिक्ष अनुसंधान संगठन) सरकारी संगठन बन चुका था। सन् 1975-76 के दौरान अमेरिकी उपग्रह ए.टी.एस.-6 को प्रयोग करके भारत में उपग्रह शैक्षणिक दूरदर्शन परीक्षण (साइट) किया गया, जो विश्व का सबसे बड़ा जनसंचार (मास कम्युनिकेशन) परीक्षण था। सन् 1977 में भारत ने फ्रांस व जर्मनी के सहयोग से निर्मित उपग्रह 'सिंफोनी' को प्रयोग करके एक विशाल दूरसंचार परीक्षण किया।

7 जून, 1979 को इसरो ने प्रथम भू-प्रेक्षण (अर्थ-ऑब्जर्वेशन) उपग्रह 'भास्कर-1' को अंतरिक्ष में प्रमोचित किया। इसी संदर्भ में 'भास्कर-2' का प्रमोचन 20 नवंबर, 1981 को किया गया।

संचार के साथ-साथ अंतरिक्ष-विज्ञान के क्षेत्र में भारत में दो अन्य कार्य भी प्रगति की ओर अग्रसर थे और ये थे—भू-प्रेक्षण के लिए सुदूर संवेदन (रिमोट सेंसिंग) उपग्रहों को अंतरिक्ष में स्थापित करना तथा उपग्रहों के प्रमोचन के लिए अंतरिक्ष प्रमोचन यानों का विकास करना। इस प्रकार भारत में अंतरिक्ष-विज्ञान को तीन भागों में बाँटा जा सकता है—

1. संचार

भारत का प्रथम भू-स्थिर संचार उपग्रह 'एप्पल' 19 जून, 1981 को अंतरिक्ष

में प्रमोचित किया गया। भूस्थिर कक्षा वह कक्षा होती है, जो पृथ्वी से 36,000 कि.मी. की दूरी पर होती है तथा इसमें स्थापित कोई भी उपग्रह उसी गति से घूमता है जिस गति से पृथ्वी घूमती है। इस प्रकार दोनों के बीच सापेक्ष (रिलेटिव) गति शून्य होती है। इसका एक अत्यंत महत्त्वपूर्ण लाभ यह होता है कि यदि आप किसी भूस्थिर कक्षा में स्थित संचार उपग्रह की ओर भूकेंद्र का एंटेना कर दें तो भूकेंद्र का एंटेना हर समय उपग्रह की ओर उन्मुख रहेगा। आपको बार-बार एंटेना एडजस्ट करने की आवश्यकता नहीं पड़ेगी। यद्यपि उपग्रह और भूकेंद्र दोनों ही घूम रहे हैं, लेकिन दोनों की गति एक होने के कारण ऐसा लगेगा जैसे वे (अर्थात् भूकेंद्र का एंटेना और उपग्रह का एंटेना) एक-दूसरे के सामने स्थिर अवस्था में पड़े हैं।

चित्र 9.3 : इसरो उपग्रह केंद्र, बंगलौर।

भारत में सुदृढ़ संचार व्यवस्था स्थापित करने के उद्देश्य से भारत के घरेलू उपग्रह संचार-तंत्र 'इनसैट' (इंडियन नेशनल सैटेलाइट) की स्थापना की गई। इनसैट-तंत्र की प्रथम पीढ़ी के उपग्रह 'इनसैट-1ए' का प्रमोचन 10 अप्रैल, 1982 को किया गया। 'इनसैट-1बी' का प्रमोचन 30 अगस्त, 1983 को किया गया। 21 जुलाई, 1988 को 'इनसैट-1सी' और 12 जून, 1990 को 'इनसैट-1डी' का प्रमोचन समाप्त हुआ। इसके साथ ही प्रथम पीढ़ी के इनसैट उपग्रहों का प्रमोचन समाप्त हुआ। इनसैट-1 शृंखला के उपग्रहों का निर्माण बाहर से कराया गया, लेकिन बाद के इनसैट शृंखला के सभी उपग्रहों का निर्माण देश के अंदर किया गया।

दूसरी पीढ़ी के प्रथम उपग्रह 'इनसैट-2ए' का प्रमोचन 10 जुलाई, 1992 को तथा 'इनसैट-2बी' का प्रमोचन 23 जुलाई, 1993 को किया गया। दूसरी पीढ़ी के तृतीय उपग्रह 'इनसैट-2सी' का प्रमोचन 7 दिसंबर, 1995 को तथा चौथे उपग्रह 'इनसैट-2डी' का प्रमोचन 4 जून, 1997 को हुआ। दूसरी पीढ़ी के आखिरी उपग्रह 'इनसैट-2ई' का प्रमोचन 3 अप्रैल, 1999 को हुआ और इसी के साथ इनसैट शृंखला की दूसरी पीढ़ी के उपग्रहों का प्रमोचन समाप्त हुआ।

अब इनसैट की तीसरी पीढ़ी के उपग्रहों का प्रमोचन प्रारंभ हुआ। इनसैट की

सारणी–9.1

विश्व के अंतरिक्ष प्रमोचन केंद्र

	देश	प्रमोचन स्थल	अक्षांश	देशांतर	1957–85	1986–90	1991–95	कु. प्रमोचन
1.	सी.आई.एस./सो सं	प्लेसेत्स्क	62.8° उ.	40.1° पू.	1,056	243	127	1,426
2.	सी.आई.एस./सो सं	बेकानूर/ट्युराटम	45.6° उ.	63.4° पू.	693	181	113	987
3.	सी.आई.एस./सो सं	कपूस्टिन यार	48.4° उ.	45.8° पू.	82	1	0	83
4.	सी.आई.एस./ सो सं	स्वोबोड्नी	51.4° उ.	128.3° पू.	0	0	0	0
5.	अमेरिका	केप केनेवरल/के.एस.सी.	28.5° उ.	81.0° प.	370	49	98	517
6.	अमेरिका	बैंडेनबर्ग वायुसेना बेस	34.4° उ.	120.35° प.	467	20	20	507
7.	अमेरिका	वैलेप्स उपद्वीप	37.8° उ.	75.5° प.	19	0	0	19
8.	अमेरिका	एडवर्ड्स वायुसेना बेस	35° उ.	118° प.	0	1	4	5
9.	फ्रांस	कोरू	5.2° उ.	52.8° प.	18	23	39	80
10.	फ्रांस	हम्मागुइर	31.0° उ.	8° प.	4	0	0	4
11.	जापान	टानेगाशीमा	30.4° उ.	131° पू.	13	9	5	27
12.	जापान	कागोशीमा	31.2° उ.	131.1° पू.	16	3	3	22
13.	चीन	जिउक्वान	40.6° उ.	99.9° पू.	13	5	4	22
14.	चीन	क्सिचेंग	28.25° उ.	102° पू.	2	6	9	17
15.	चीन	टैउवान/उझाई	37.5° उ.	112.6° पू.	0	2	0	2
16.	इटली	सॉन मार्को	2.9° द.	40.3° पू.	8	1	0	9

17.	भारत	श्रीहरिकोटा	13.9° उ.	80.4° पू.	3	0	3	6
18.	इजराइल	पामाचिम/यावने	31.5° उ.	34.5° पू.	0	2	1	3
19.	ऑस्ट्रेलिया	वूमेरा	31.1° द.	136.8° पू.	2	0	0	2
20.	ब्राजील	अलकांटारा	2.3° द.	44.4° प.	0	0	0	0
21.	स्पेन	टोरेजोन ए.बी	40.5° उ.	3.5° प.	0	0	0	0
				कुल प्रमोचन	**2,766**	**546**	**426**	**3,738**

के.एस.सी.—कैनेडी स्पेस सेंटर, उ.—उत्तर, पू.—पूर्व, द.—दक्षिण, प.—पश्चिम।

तीसरी पीढ़ी का प्रथम उपग्रह 'इनसैट-3 बी' था, जिसका प्रमोचन 22 मार्च, 2000 को किया गया। तीसरी पीढ़ी के दूसरे उपग्रह 'इनसैट-3सी' का प्रमोचन 24 जनवरी, 2002 को तथा तीसरे उपग्रह 'इनसैट-3ए' का प्रमोचन 10 अप्रैल, 2003 को किया गया। 28 सितंबर, 2003 को 'इनसैट-3ई' के प्रमोचन के साथ तीसरी पीढ़ी के इनसैट उपग्रहों का प्रमोचन भी समाप्त हो गया।

चित्र 9.4 : राष्ट्रीय सुदूर संवेदन संस्था, हैदराबाद।

इनसैट श्रृंखला की चौथी पीढ़ी के उपग्रहों का प्रमोचन प्रारंभ हो गया है। चौथी पीढ़ी के प्रथम उपग्रह 'इनसैट-4ए' का प्रमोचन 22 दिसंबर, 2005 को किया गया। 10 जुलाई, 2006 को 'इनसैट-4सी' का प्रमोचन किया गया, लेकिन इस उपग्रह को अंतरिक्ष की वांछित कक्षा में स्थापित नहीं किया जा सका। चौथी पीढ़ी के तीसरे उपग्रह 'इनसैट-4बी' का प्रमोचन 12 मार्च, 2007 को किया गया। 2 सितंबर, 2007 को भारत की श्रीहरिकोटा टेंज से इनसैट-4 सी आर का प्रमोचन किया गया।

'इसरो' के प्रमोचन यान

'इसरो' ने 4 प्रकार के प्रमोचन यान विकसित किए। ये थे—एस.एल.वी.-3, (सैटेलाइट लॉञ्च वेहिकल-3), ए.एस.एल.वी. (आगुमेंटेड सैटेलाइट लॉञ्च वेहिकल), पी.एस.एल.वी. (ध्रुवीय उपग्रह प्रमोचन यान) और जी.एस.एल.वी. (भूस्थिर उपग्रह प्रमोचन यान)। एस.एल.वी.-3 प्रमोचन यान की चार उड़ानें संपन्न हुईं तथा इनमें प्रमोचित नीतभार थे 'रोहिणी उपग्रह' एस.एल.वी.-3 प्रमोचन यानों के बाद ए.एस.एल.वी. के प्रमोचन यानों का विकास किया गया तथा ए.एस.एल.वी. की चार उड़ानें 24 मार्च, 1987 से 4 मई, 1994 के बीच संपन्न हुईं। इन उड़ानों में नीतभार 'स्रास' उपग्रह थे।

भारत का पी.एस.एल.वी. प्रमोचन यान काफी सफल अंतरिक्ष प्रमोचन यान सिद्ध हुआ। इसकी प्रथम उड़ान 20 सितंबर, 1993 को इसरो की प्रमोचन रेंज श्री-

हरिकोटा से संपन्न हुई; लेकिन इसके द्वारा प्रमोचित नीतभार 'आई.आर.एस.-1ई' अंतरिक्ष की कक्षा में स्थापित नहीं किया जा सका। 23 अप्रैल, 2007 तक पी.एस.एल.वी. की 11 अंतरिक्ष उड़ानें हुईं।

चित्र 9.5 : इसरो उपग्रह अनुवर्तन केंद्र (आइस्ट्रैक), बंगलौर।

इसरो का सबसे शक्तिशाली प्रमोचन यान जी.एस.एल.वी. है, जो उपग्रहों को 36,000 कि.मी. की दूरी की कक्षा में स्थापित करता है। इसकी प्रथम उड़ान 18 अप्रैल, 2001 को हुई, जिसके द्वारा 'जी सैट-1' उपग्रह प्रमोचित किया गया। जी.एस.एल.वी. की द्वितीय उड़ान 8 मई, 2003 को संपन्न हुई तथा इसके द्वारा 'जी सैट-2' उपग्रह प्रमोचित किया गया। जी.एस.एल.वी. की प्रथम प्रचालनीय उड़ान 20 सितंबर, 2004 को हुई और इसने भारत के शैक्षणिक उपग्रह 'एडूसैट' को अंतरिक्ष में स्थापित किया। जी.एस.एल.वी. की द्वितीय प्रचालनीय उड़ान 10 जुलाई, 2006 को संपन्न हुई, जिसके द्वारा 'इनसैट-4 सी' को प्रमोचित किया गया, लेकिन उपग्रह इनसैट-4 सी को कक्षा में स्थापित नहीं किया जा सका।

सुदूर संवेदन और भू-प्रेक्षण उपग्रह

सुदूर संवेदन वह प्रक्रिया है, जिसके द्वारा किसी पदार्थ के संपर्क में आए बिना उस पदार्थ के गुणों का पता लगाया जाता है। सुदूर संवेदन उपग्रहों द्वारा अंतरिक्ष से पृथ्वी की सतह की विभिन्न जानकारियाँ प्राप्त की जाती हैं, जैसे—फसलों की स्थिति, जल एवं पेट्रोलियम पदार्थों की पृथ्वी के अंदर उपलब्धता, खनिज पदार्थों और धातुओं की उपलब्धता इत्यादि। भारत के प्रथम सुदूर संवेदन उपग्रह का नाम 'आई.आर.एस.-1 ए' था। इसके बाद 'आई.आर.एस.-1 बी', 'आई.आर.एस.-1 ई', 'आई.आर.एस.-पी 2', 'आई.आर.एस.-पी 3', 'आई.आर.एस.-1 डी' का प्रमोचन किया गया। इसके बाद अन्य सुदूर संवेदन उपग्रह 'आई.आर.एस.-पी 4' (जिसे ओसेनसैट भी कहते हैं), 'आई.आर.एस.-पी 6' (जिसे रिसोर्ससैट-1 भी कहते हैं), 'कार्टोसैट-1' और 'कार्टोसैट-2' प्रमोचित किए गए।

इसके अलावा कुछ अन्य उपग्रह—तकनीकी परीक्षण उपग्रह (टी.ई.एस.), अमैच्योर उपग्रह 'हैमसैट', मौसम-विज्ञानी उपग्रह 'कल्पना-1' भी प्रमोचित किए गए। भावी मानवयुक्त अंतरिक्ष उड़ान के संदर्भ में इसरो ने 'पी.एस.एल.वी.सी.-7' उड़ान द्वारा 10 जनवरी, 2007 को एक अंतरिक्ष रिकवरी कैप्सूल (एस.आर.ई.-1) प्रमोचित किया, जिसे बारह दिन अंतरिक्ष में रखने के बाद (इस अवधि में कैप्सूल पृथ्वी का चक्कर लगा रहा था) 22 जनवरी, 2007 को बंगाल की खाड़ी में उतार कर (श्रीहरिकोटा से 140 कि.मी. दूर) रिकवर कर लिया गया। भारत के लिए यह एक अति महत्त्वपूर्ण अभियान था।

इसरो द्वारा विदेशी उपग्रहों का प्रमोचन

जैसा पहले बताया जा चुका है, भारत का पी.एस.एल.वी. अंतरिक्ष प्रमोचन यान काफी सफल सिद्ध हुआ है तथा इसे कई अन्य देशों के उपग्रहों को अंतरिक्ष में प्रमोचन के लिए उपयोग में लाया गया है। प्रमोचित विदेशी उपग्रहों में शामिल हैं—कोरिया का 'किट सैट-3' उपग्रह, जर्मनी का 'डी.एल.आर-टबसैट' एवं 'बर्ड' उपग्रह, बेल्जियम का 'प्रोबा' उपग्रह, इंडोनेशिया का 'लपान-टबसैट' एवं अर्जेंटाइना का 'पेहुनसैट-1' उपग्रह।

इसरो के विभिन्न केंद्र/इकाइयाँ

संचार और सुदूर संवेदन उपग्रहों का निर्माण, प्रमोचन यानों का निर्माण और प्रमोचन, विभिन्न प्रकार के प्रमोचन यानों के नोदन का विकास तथा विभिन्न प्रोजेक्टों का नियोजन एवं अंतरिक्ष में उपग्रहों के प्रमोचन के समय का सपोर्ट, ऑन-ऑरबिट जाँच तथा उपग्रहों के अंतरिक्ष की कक्षा में रख-रखाव के कार्य इसरो के विभिन्न केंद्रों एवं इकाइयों द्वारा संपन्न किए जाते हैं। इन सबका विवरण इस प्रकार है—

क. विक्रम साराभाई केंद्र—यह इसरो का रॉकेट और प्रमोचन यान परियोजना के लिए प्रमुख केंद्र है। इस केंद्र की अनुसंधान प्रक्रियाओं में वैज्ञानिकी, पदार्थ विज्ञान यांत्रिकी इंजीनियरिंग, ठोस नोदन इत्यादि कवर होते हैं। यहाँ प्रोपेलेंट्स, पॉलीमर्स और रसायन-तंत्र विश्वसनीयता से संबंधित कार्य भी होते हैं। यहाँ की अंतरिक्ष भौतिकी से संबंधित प्रयोगशाला में वायुमंडलीय और संबंधित विज्ञान के परीक्षण किए जाते हैं। इस केंद्र की उपलब्धियों में साउंडिंग रॉकेटों का विकास, इसरो प्रमोचन यान, एस.एल.वी.-3, ए.एस.एल.वी., पी.एस.एल.वी. है।

जी.एस.एल.वी. पर कार्य जारी है। यह केंद्र तिरुवनंतपुरम् में है।

ख. इसरो उपग्रह केंद्र, बंगलौर—यह केंद्र उपग्रह तकनीकी का नेतृत्व केंद्र है। इस केंद्र की गतिविधियों में डिजिटल तंत्र, पावर तंत्र, संचार एवं माइक्रोवेव तंत्र, अंतरिक्ष यान असेंबली, इंटीग्रेशन और जाँच, स्ट्रक्चर, तापीय अंतरिक्ष यान यांत्रिकी, नियंत्रण तंत्र, अंतरिक्ष यान मिशन नियोजन तथा विश्लेषण, कंप्यूटर एवं सूचना, तंत्र विश्वसनीयता और अंतरिक्ष भौतिकी शामिल हैं। केंद्र की सुविधाओं में उपग्रह परियोजनाओं की जाँच सुविधा शामिल है। विद्युत्-प्रकाशिकी संवेदक प्रयोगशाला इस केंद्र के मार्गदर्शन में काम करती है। इस केंद्र की उपलब्धियों में वैज्ञानिक संचार और सुदूर संवेदन उपग्रहों का डिजाइन एवं विकास शामिल है।

ग. सतीश धवन अंतरिक्ष केंद्र (भार)—यह इसरो का प्रमुख प्रमोचन केंद्र है, जो चेन्नई से 100 कि.मी. उत्तर में स्थित है। यहाँ ठोस नोदन की प्रोसेसिंग तथा उन पर ग्राउंड टेस्ट किए जाते हैं। यहाँ से एस.एल.वी.-3, ए.एस.एल.वी., पी.एस.एल.वी. और जी.एस.एल.वी. के प्रमोचन किए गए।

घ. द्रव नोदन तंत्र केंद्र (एल.पी.एस.सी.)—यह केंद्र द्रव और क्रायोजेनिक नोदन के विकास में संलग्न है तथा ये नोदन प्रमोचन यानों एवं उपग्रहों की विभिन्न स्टेजों में प्रयुक्त होते हैं। द्रव नोदन स्टेजों, क्रायोजेनिक नोदन स्टेजों और नियंत्रण तंत्र (प्रमोचन यानों एवं अंतरिक्ष के लिए) पर कार्य तिरुवनंतपुरम् में होते हैं। टेस्ट सुविधाएँ महेंद्रगिरि में हैं, जो तमिलनाडु में स्थित है। परिशुद्ध फैब्रीकेशन सुविधाएँ, ट्रांसड्यूसरों का विकास एवं उपग्रहों के साथ इंटीग्रेशन का कार्य बंगलौर में होता है। इस केंद्र की उपलब्धियों में पी.एस.एल.वी. की द्रव नोदन स्टेजें, एस.एल.वी.-3, ए.एस.एल.वी., पी.एस.एल.वी. और जी.एस.एल.वी. के नियंत्रण तंत्र एवं इनसैट और सुदूर संवेदन उपग्रहों के नोदन तंत्र शामिल हैं।

च. अंतरिक्ष उपयोग केंद्र, अहमदाबाद—यह केंद्र उपग्रह संचार और सुदूर संवेदन के क्षेत्र में अंतरिक्ष उपयोग पर अनुसंधान करता है। इसके अलावा इसका प्रमुख कार्य सुदूर संवेदन और संचार उपग्रहों के नीतभारों का डिजाइन व विकास करना है। यहाँ पर भू-केंद्रों के उपकरण भी बनाए जाते हैं। इस केंद्र की सुविधाओं में यांत्रिक फैब्रीकेशन, नीतभार फैब्रीकेशन, एम.आई.सी. फैब्रीकेशन एवं पर्यावरणीय जाँचें शामिल हैं। दिल्ली का भू-केंद्र भी इसी केंद्र के अंतर्गत आता है। इस केंद्र की उपलब्धियों में इनसैट-तंत्र के संचार और मौसम-विज्ञानी नीतभारों का विकास करना है तथा इसके साथ-साथ भारतीय सुदूर संवेदन उपग्रहों के कैमरों के नीतभार का विकास भी शामिल है।

छ. इसरो दूरमिति, अनुवर्तन और दूरादेश नेटवर्क (आइसट्रैक)— यह संस्थान पृथ्वी-समीप उपग्रहों और प्रमोचन यान मिशनों को सपोर्ट प्रदान करता है। इस संस्थान से संबद्ध ग्राउंड स्टेशनों का एक विशाल नेटवर्क है, जिसके ग्राउंड स्टेशन बंगलौर, लखनऊ, पोर्ट ब्लेयर, श्रीहरिकोटा और तिरुवनंतपुरम् में हैं। इसके अलावा इसके दूरमिति और दूरादेश स्टेशन मॉरीशस, बियर्स लेक (रूस), बियाक (इंडोनेशिया) और ब्रूनी में हैं। एक बहूउद्‌देशीय अंतरिक्ष यान नियंत्रण केंद्र बंगलौर में स्थित है। यह संस्था अंतरराष्ट्रीय उपग्रह आधारित खोज और बचाव कार्यक्रम के अंतर्गत स्थायी उपभोक्ता टर्मिनल/मिशन नियंत्रण केंद्र का प्रचालन भी करती है।

ज. इनसैट प्रधान नियंत्रण सुविधा— यह सुविधा उपग्रहों के प्रमोचन के बाद के कक्षीय प्रमोचन, कक्षीय परीक्षण, कक्षीय प्रसाधनों, उपग्रहों की स्टेशन कीपिंग तथा कक्षीय रख-रखाव के लिए उत्तरदायी है।

झ. इसरो जड़त्वीय इकाई— यह इकाई जड़त्वीय संवेदकों एवं तंत्रों का विकास करती है, जिनका उपयोग उपग्रहों और प्रमोचन यानों के लिए किया जाता है, जिनमें नेविगेशन तंत्र, उपग्रह जड़त्वीय तंत्र भी शामिल हैं। इस इकाई में अनेक सुविधाएँ हैं, जिनमें परिशुद्ध फैब्रिकेशन, असेंबली, इंटीग्रेशन एवं टेस्टिंग शामिल है।

ट. राष्ट्रीय सुदूर संवेदन केंद्र, हैदराबाद— यह केंद्र अंतरिक्ष विभाग की ऑटोनोमस संस्था है। यह सुदूर संवेदन उपग्रहों से डाटा के अर्जन, प्रोसेसिंग एवं डाटा की उपभोक्ता संस्थाओं को आपूर्ति के लिए उत्तरदायी है। इस संस्था के भू-केंद्र हैदराबाद में शादनगर स्थान पर हैं, जहाँ भारतीय सुदूर संवेदन उपग्रहों, अमेरिकी 'लैंडसैट' और 'नोआ', फ्रेंच उपग्रह 'स्पाट' और यूरोपीय सुदूर संवेदन उपग्रहों 'ई.आर.एस.' से डाटा का अभिग्रहण किया जाता है। इस संस्था के अंतर्गत भारतीय इंस्टीट्यूट ऑफ सुदूर संवेदन, देहरादून संस्थान भी चलाए जाते हैं।

ठ. भौतिक अनुसंधान प्रयोगशाला (पी.आर.एल.)— यह अंतरिक्ष और संबद्ध विज्ञान के अनुसंधान के लिए एक राष्ट्रीय केंद्र है तथा यह अंतरिक्ष विभाग के अंतर्गत है। इस प्रयोगशाला के अनुसंधान कार्यक्रमों में खगोल-भौतिकी एवं खगोल-विज्ञान, ग्रहीय वायुमंडल और वायविकी (एरोनॉमी), भू-विज्ञान और सौर तंत्र के अध्ययन शामिल हैं। इस प्रयोगशाला के अंतर्गत एक उदयपुर सौर प्रेक्षणशाला भी कार्यरत है।

अमेरिका

अमेरिकी अंतरिक्ष संस्था 'नासा' और इसके अंतरिक्ष केंद्र

राष्ट्रीय वैज्ञानिकी एवं अंतरिक्ष प्रशासन (नेशनल एरोनॉटिक्स ऐंड स्पेस एडमिनिस्ट्रेशन—नासा) अमेरिकी अंतरिक्ष संस्था है, जो अमेरिका के अंतरिक्ष कार्यक्रमों के प्रति उत्तरदायी है। नासा की स्थापना राष्ट्रीय वैमानिकी ऐंड अंतरिक्ष

चित्र 9.6 : गोडार्ड स्पेस फ्लाइट सेंटर, मेरीलैंड (नासा)

नियम के तहत 29 जुलाई, 1958 को की गई। इसका मुख्यालय अमेरिका की राजधानी वाशिंगटन (डी.सी.) में है। वर्तमान में इसके प्रशासक माइकल डी. ग्रिफिन हैं। 29 जुलाई, 1958 को तत्कालीन राष्ट्रपति ड्विट डी. आइजनहॉवर ने नासा के स्थापना अध्यादेश पर हस्ताक्षर किए। 1 अक्तूबर, 1958

चित्र 9.7 : नासा का केनेडी अंतरिक्ष केंद्र।

को जब नासा ने कार्य करना प्रारंभ किया तो इसके अंतर्गत उसके 4 प्रयोगशालाएँ एवं 80 कर्मचारी थे।

नासा का अंतरिक्ष कार्यक्रम 'मर्करी' से प्रारंभ हुआ। 5 मई, 1961 को नासा के अंतरिक्ष-यात्री एलन बी. शेपर्ड अंतरिक्ष में जानेवाले प्रथम अंतरिक्ष-यात्री बने, जब उन्होंने 15 मिनट की उपकक्षीय उड़ान में 'फ्रीडम-7' अंतरिक्ष यान को उड़ाया। 20 फरवरी, 1962 को जॉन ग्लेन प्रथम अमेरिकी बने, जिन्होंने 'फ्रीडम-7' द्वारा 5.15 घंटे पृथ्वी का चक्कर लगाया।

एक बार जब 'मर्करी परियोजना' सफल हो गई तो यह सिद्ध हो गया कि अंतरिक्ष उड़ान संभव है। इसके पश्चात् 'जैमिनी परियोजना' का प्रारंभ किया गया, जिसका प्रमुख उद्देश्य चंद्र मिशन के लिए समुचित अनुभव प्राप्त करना था। 'जैमिनी' मिशन की प्रथम उड़ान के अंतरिक्ष-यात्री थे गस ग्रिसम और जॉन डब्ल्यू. यंग। उनकी उड़ान 23 मार्च, 1965 को संपन्न हुई। इसके बाद नौ अन्य अंतरिक्ष मिशन संपन्न किए गए, जिससे यह सिद्ध किया जा सका कि दीर्घकालीन मानव-युक्त अंतरिक्ष उड़ान संभव है तथा इस दौरान अंतरिक्ष में दो अंतरिक्ष यानों का पास-पास आना तथा उनके जुड़ाव पर भी परीक्षण किए गए। इसी दौरान मानव पर अंतरिक्ष की भारहीनता से संबंधित मेडिकल आँकड़े भी इकट्ठा किए गए।

इतना कार्य संपन्न हो जाने के बाद नासा ने 'अपोलो परियोजना' प्रारंभ की। इसके द्वारा नील आर्मस्ट्रांग चंद्र सतह पर उतरनेवाले प्रथम मानव बने। 'अपोलो परियोजना' द्वारा चंद्र सतह के 400 कि.ग्रा. नमूने पृथ्वी पर लाए गए। चंद्रमा पर 6 अपोलो मिशन उतरे तथा अनेक प्रकार के परीक्षण किए गए। इसके बाद 'स्काईलैब परियोजना' प्रारंभ हुई। 'स्काईलैब' अमेरिका का प्रथम अंतरिक्ष स्टेशन तथा अंतरिक्ष की प्रथम प्रयोगशाला थी। इस प्रयोगशाला ने सन् 1973 से 1979 के दौरान कार्य किया। सन् 1979 में इसे कक्षा से हटाकर पृथ्वी पर समुद्र के ऊपर गिरा दिया गया।

'स्काईलैब' मिशन के बाद 'स्पेस शटल कार्यक्रम' नासा का सबसे विख्यात कार्यक्रम बना। स्पेस शटल 'कोलंबिया' की प्रथम उड़ान 12 अप्रैल, 1981 को संपन्न हुई। वैसे तो स्पेस शटल काफी महँगा अंतरिक्ष परिवहन है, लेकिन इसके द्वारा काफी मिशन अंतरिक्ष में स्थापित किए गए। वर्तमान में अंतरिक्ष में बन रहे अंतरराष्ट्रीय अंतरिक्ष स्टेशन 'अल्फा' के अंतरिक्ष में स्थापन से संबंधित समुचित अनुभव प्राप्त करने के लिए स्पेस शटल नौ बार रूसी अंतरिक्ष स्टेशन 'मीर' से जुड़ी। स्पेस शटल द्वारा विश्व-प्रसिद्ध अंतरिक्ष टेलीस्कोप हब्बल स्पेस टेलीस्कोप का अंतरिक्ष में स्थापन किया गया। स्पेस शटल की अगस्त 2007 तक 119 उड़ानें

संपन्न हो चुकी हैं, जिनमें दो उड़ानें—सन् 1986 में 'चैलेंजर' तथा 2003 में स्पेस शटल 'कोलंबिया' की उड़ानें असफल रहीं और दुर्घटना में चैलेंजर एवं कोलंबिया स्पेस शटलें नष्ट हो गईं।

नासा की ऑन-गोइंग गतिविधियाँ

नासा द्वारा वर्तमान के चल रहे अंतरिक्ष अभियानों में मंगल ग्रह और शनि ग्रह का सर्वेक्षण और पृथ्वी एवं सूर्य का अध्ययन शामिल है। नासा के अन्य अंतरिक्ष यान बुध ग्रह और प्लूटो की यात्राओं पर हैं। बृहस्पति ग्रह के अभियान परियोजना स्थिति में हैं तथा नासा के प्रस्तावित कार्यक्रम में आधा सौर तंत्र कवर करने का प्रस्ताव है।

नासा का 'फीनिक्स मिशन' 4 अगस्त, 2007 को मंगल ग्रह के लिए रवाना हो चुका है। सितंबर 2007 में नासा का एक अन्य मिशन 'डान' अपनी यात्रा पर जा चुका है, जो दो क्षुद्र ग्रहों—'सेरेस' और 'वेस्टा' का अध्ययन करेगा। प्लूटो का 'न्यू होरिजंस' मिशन 2006 में प्रमोचित किया गया। सन् 2015 में यह प्लूटो के समीप पहुँचेगा। फरवरी 2007 में 'न्यू होरिजंस' प्रोब ने ग्रैविटी असिस्ट तकनीक द्वारा यात्रा के दौरान बृहस्पति ग्रह से अतिरिक्त बल प्राप्त किया तथा इस दौरान इस प्रोब ने बृहस्पति ग्रह के कुछ चंद्रमाओं के विषय में सूचनाएँ भी भेजीं।

नासा के अंतरिक्ष केंद्र

अपने विभिन्न अभियानों को पूरा करने के लिए नासा ने कई अंतरिक्ष केंद्र खोल रखे हैं, जहाँ विभिन्न अंतरिक्ष मिशनों से संबंधित अनेक कार्य संपन्न किए जाते हैं। नासा के ये विभिन्न केंद्र निम्न हैं—

क. कैनेडी स्पेस सेंटर (के.एस.सी.)—नासा का कैनेडी अंतरिक्ष केंद्र सबसे महत्त्वपूर्ण केंद्र है। यह नासा की अंतरिक्ष यान प्रमोचन सुविधा है, जो फ्लोरिडा में ब्रेवार्ड काउंटी के मेरिट्ट उपमहाद्वीप में स्थित है। यह स्थल केपकेनेवरल के पास मियामी और जैक्सनविले (फ्लोरिडा) के बीच में स्थित है। परिमाप में कैनेडी अंतरिक्ष केंद्र 34 मील लंबा तथा 6 मील चौड़ा और 219 वर्गमील का क्षेत्र घेरता है। लगभग 17,000 लोग इस केंद्र में कार्यरत हैं। अमेरिका का यह वह क्षेत्र है, जो आकाशीय बिजली से काफी प्रभावित रहता है तथा इसीलिए आकाशीय बिजली से प्रमोचन के समय होनेवाली क्षति को रोकने के लिए नासा को यहाँ बहुत धन खर्च करना पड़ता है।

वर्तमान में इस केंद्र का उपयोग स्पेस शटल के प्रमोचन स्थल के रूप में किया जा रहा है तथा इसके लिए 'प्रमोचन कामलेक्स 39' का प्रयोग किया जा रहा है। इससे पहले इस केंद्र का उपयोग मर्करी, जैमिनी और अपोलो परियोजनाओं के लिए किया गया था। स्पेस शटल की प्रथम उड़ान इसी केंद्र से की गई थी। यहाँ शटल के लिए लैंडिंग साइट भी है, जो 4.6 कि.मी. लंबी है। स्पेस शटल की लैंडिंग यहाँ पहली बार 11 फरवरी, 1984 को हुई। इससे पहले शटल की लैंडिंग एडवर्ड्स वायुसेना बेस में होती थी।

चित्र 9.8 : केनेडी अंतरिक्ष केंद्र का शटल प्रमोचन पैड।

ख. नासा का एम्स अनुसंधान केंद्र—नासा का यह केंद्र तथा इसकी सुविधाएँ मोफेट फेडरल एयरफील्ड पर स्थित है, जो 43 एकड़ क्षेत्र में कैलीफोर्निया में फैला हुआ है। इसकी स्थापना 20 दिसंबर, 1939 को की गई। इस केंद्र का नाम जोसेफ स्वीटमैन एम्स को सम्मान देने के लिए 'एम्स अनुसंधान केंद्र' रखा गया था जो अमेरिका की राष्ट्रीय परामर्श समिति (वैमानिकी के लिए) के चेयरमैन थे। सन् 1960 से 1990 के दशक में इस केंद्र ने 'पॉयनियर परियोजना' को हैंडल किया। इसके अलावा यह केंद्र नासा के अनेक वैज्ञानिक अभियानों—'सोफिया', केप्लर, 'ओरियन' का भी केंद्रबिंदु है। यह केंद्र वैज्ञानिकी, जीव-विज्ञान, अंतरिक्ष-विज्ञान, तकनीकी अनुसंधान और विशेषकर सूचना तकनीकी (जिसमें मशीन प्रशिक्षण और कृत्रिम इंटेलीजेंस शामिल है) क्षेत्र में सक्रिय है। अन्य अंतरिक्ष अभियानों, जिसमें इस केंद्र की भागीदारी रही है, वे हैं—चंद्र अभियान ल्यूनर प्रोस्पेक्टर, जेनेसैट-1, फीनिक्स मिशन, ल्यूनर क्रेटर ऑब्जर्वेशन ऐंड सेंसिंग उपग्रह इत्यादि।

ग. जेट प्रोपल्शन लैबोरेटरी (जे.पी.एल.)—जे.पी.एल. नासा का एक अनुसंधान केंद्र है, जो लॉस एंजेलिस के पास (कैलीफोर्निया में) पसाडेना के पास स्थित है। इसका प्रबंधन कैलीफोर्निया इंस्टीट्यूट ऑफ टेक्नोलॉजी द्वारा किया जाता है। जे.पी.एल. नासा के लिए मानव-रहित अंतरिक्ष यानों का निर्माण और प्रचालन करता है। इसके द्वारा वर्तमान में प्रचालित की जा रही अंतरिक्ष परियोजनाओं में

प्रमुख हैं—कैसिनी हाइगंस मिशन, मार्स रिकॉनिसंस ऑरबिटर और स्पाइजर अंतरिक्ष टेलीस्कोप। जे.पी.एल. के इंजीनियरों ने अमेरिका के प्रथम कृत्रिम उपग्रह एक्सप्लोरर का डिजाइन एवं निर्माण किया तथा मानव-रहित चंद्र अभियानो—रेंजर और सर्वेयर का भी विकास किया तथा इन्हीं मिशनों ने चंद्र परियोजना 'अपोलो' के लिए मार्ग प्रशस्त किया। जे.पी.एल. ने अंतरातारकीय अन्वेषणों का रास्ता भी खोला, जिसमें शुक्र, मंगल और बुध ग्रह मिशन मैरिनर शामिल थे। सन् 1970 में काफी महत्त्वपूर्ण 'वाइकिंग' मिशन मंगल ग्रह के लिए भेजा गया। वायजर मिशन बृहस्पति और शनि ग्रह के लिए तथा उससे भी आगे के लिए भेजे गए। सन् 1990 में शुक्र ग्रह के मानचित्रण के लिए मैगेलन मिशन, बृहस्पति ग्रह के अध्ययन के लिए गैलीलियो मिशन तथा मंगल ग्रह के लिए 'पाथ फाइंडर' एवं 'मार्स ग्लोबल सर्वेयर' जैसे मिशन भेजे गए। वर्तमान में पुच्छल तारा मिशन 'स्टारडस्ट' भी जे.पी.एल. का उत्तरदायित्व है।

घ. लैंगले अनुसंधान केंद्र—यह नासा का सबसे पुराना फील्ड केंद्र है। यह केंद्र वर्जीनिया में हैंपटन स्थान पर स्थित है तथा पोकोसन (वर्जीनिया) एवं लैंगले वायुसेना बेस इस केंद्र की सीमाओं से लगे हुए हैं। इस केंद्र में मुख्य रूप से वैमानिकी अनुसंधान कार्य किए जाते हैं; लेकिन 'ल्यूनर लैंडर' की फ्लाइट टेस्टिंग इसी केंद्र पर की गई थी। इसके अलावा यहाँ उच्च महत्त्व की परियोजनाओं का डिजाइन और विकास कार्य भी किया जाता है। इस केंद्र का स्थापन सन् 1917 में अमेरिका की 'नेशनल एडवाइजरी कमेटी फॉर एरोनॉटिक्स' द्वारा किया गया था। इसीलिए इस केंद्र के दो-तिहाई कार्यक्रम वैमानिकी (एरोनॉटिक्स) पर आधारित होते हैं। एक-तिहाई कार्यक्रम अंतरिक्ष-विज्ञान पर होते हैं। इस केंद्र में उच्च कोटि के वायुयानों और अंतरिक्ष यानों के निर्माण के लिए अनुसंधानकर्ता चालीस से भी अधिक प्रकार की 'विंड टनेल' का प्रयोग करते हैं। सन् 1958 से 1963 के बीच जब नासा ने 'मर्करी' परियोजना प्रारंभ की तो 'अंतरिक्ष में मानव' कार्यक्रम का यह केंद्र प्रमुख कार्यालय था। बाद में इसे जॉनसन अंतरिक्ष केंद्र में स्थानांतरित किया गया।

च. ग्लेन अनुसंधान केंद्र—ग्लेन अनुसंधान केंद्र, ओहियो के क्लीवीलैंड स्थान पर क्लीवीलैंड हॉपकिंस अंतरराष्ट्रीय हवाई अड्डा और राकी नदी के बीच में स्थित है। इस केंद्र का यह नाम अमेरिका के प्रथम अंतरिक्ष-यात्री तथा विश्व के सबसे वयोवृद्ध अंतरिक्ष-यात्री जॉन ग्लेन (जो दूसरी बार 77.3 वर्ष की उम्र में अंतरिक्ष में गए) को सम्मान देने के लिए रखा गया। इस केंद्र का प्रमुख उद्देश्य उस

चित्र 9.9 : नासा का ग्लेन अंतरिक्ष अनुसंधान केंद्र।

तकनीकी का विकास करना है, जो वैमानिकी और अंतरिक्ष के लिए प्रयोग में लाई जा सके। इस केंद्र का स्थापन सन् 1942 में किया गया तथा बाद में इसे नासा के साथ वायुयानों के इंजन संबंधी अनुसंधान के लिए जोड़ दिया गया। इसका प्रारंभिक नाम 'वायुयान इंजन अनुसंधान प्रयोगशाला' था और यह नाम सन् 1940 में रखा गया। सन् 1947 में इसका नाम 'उड़ान नोदन अनुसंधान प्रयोगशाला' रखा गया तथा 1948 में इसका नाम 'लेविस उड़ान नोदन प्रयोगशाला' रखा गया। 1 मार्च, 1999 को इसका नाम 'ग्लेन अनुसंधान केंद्र' रखा गया। जॉर्ज डब्ल्यू. लेविस सन् 1919 से 1947 के बीच अमेरिकी राष्ट्रीय परामर्श समिति (वैमानिकी के लिए) के अध्यक्ष थे।

छ. गोडार्ड अंतरिक्ष उड़ान केंद्र—गोडार्ड अंतरिक्ष उड़ान केंद्र नासा की एक प्रमुख अनुसंधान प्रयोगशाला है, जिसकी स्थापना 1 मई, 1959 को की गई। उस समय यह नासा का प्रथम अंतरिक्ष उड़ान-केंद्र था। इसमें लगभग 10,000 सिविल कर्मचारी कार्य करते हैं तथा यह वाशिंगटन (डी.सी.) से 6.5 मील दूर उत्तर-पूर्व में ग्रीनबेल्ट (मेरीलैंड) में स्थित है। इस केंद्र में वैज्ञानिकों एवं इंजीनियरों की सबसे अधिक संख्या है, जो पृथ्वी और सौर तंत्र पर अनेक प्रकार के अनुसंधान कार्य करते हैं, जिनसे इन क्षेत्रों में ज्ञान को बढ़ाया जा सके। यह केंद्र अमेरिका की सबसे बड़ी प्रयोगशाला है, जहाँ मानव-रहित अंतरिक्ष यानों का विकास और

प्रचालन किया जाता है। यहाँ के वैज्ञानिक और इंजीनियर किसी भी अंतरिक्ष मिशन को विकसित करके उसे सपोर्ट दे सकते हैं। यह केंद्र अंतरिक्ष उड़ान के लिए अनुवर्तन और डाटा-अर्जन नेटवर्क का प्रचालन करता है तथा डाटा सूचक-तंत्र का रख-रखाव भी करता है। यह केंद्र नासा के तथा अन्य अंतरराष्ट्रीय मिशनों को प्रचालित करता है, जैसे—हब्बल स्पेस टेलीस्कोप, एक्सप्लोरर कार्यक्रम, डिस्कवरी कार्यक्रम, भू-प्रेक्षण तंत्र, इंटीग्रल और सोहो प्रेक्षणशाला इत्यादि। संक्षिप्त में मानव-रहित भू-प्रेक्षण मिशन एवं पृथ्वी की कक्षा में स्थित प्रेक्षणशालाओं का प्रबंधन इस केंद्र द्वारा किया जाता है तथा मानव-रहित ग्रहीय मिशनों का प्रबंधन जेट प्रोपल्शन प्रयोगशाला द्वारा किया जाता है।

चित्र 9.10 : नासा मुख्यालय (वाशिंगटन, डी सी)

इस केंद्र का नामकरण विख्यात रॉकेट नोदन के कर्णधार डॉ. रॉबर्ट एच. गोडार्ड को सम्मान देने के लिए 'गोडार्ड स्पेस फ्लाइट सेंटर' रखा गया।

इसके अलावा वर्जीनिया के वैलप्स उपमहाद्वीप में नासा की वैलप्स उड़ान सुविधा भी गोडार्ड स्पेस फ्लाइट सेंटर के अंतर्गत आती है। इसके अलावा न्यूयार्क शहर में स्थित अंतरिक्ष उड़ानों के लिए गोडार्ड संस्थान तथा पश्चिमी वर्जीनिया में स्थित 'इंडिपेंडेंट वेरीफिकेशन ऐंड वैलीडेशन सुविधा' गोडार्ड स्पेस फ्लाइट सेंटर के अंतर्गत है।

ज. लिंडन बी. जॉनसन अंतरिक्ष केंद्र—इस केंद्र को संक्षिप्त में जे.एस.सी. कहते हैं। इसका नामकरण पूर्व अमेरिकी राष्ट्रपति लिंडन बी. जॉनसन को सम्मान देने के लिए किया गया। यह केंद्र प्रमुख रूप से मानव-युक्त अंतरिक्ष उड़ान गतिविधियों के लिए उत्तरदायी है। इस केंद्र में 100 इमारतें हैं, जो 1,620 एकड़ क्षेत्रफल में फैली हुई हैं। यह केंद्र दक्षिण-पूर्व ह्यूस्टन (टेक्सास) के क्लियर लेक क्षेत्र में स्थित है। यह केंद्र अमेरिकी अंतरिक्ष-यात्रियों का घर है तथा अमेरिकी और

चित्र 9.11 : एडवर्ड्स वायु सेना बेस।

अंतरराष्ट्रीय अंतरिक्ष-यात्रियों के प्रशिक्षण के लिए उत्तरदायी है। इस केंद्र का स्थापन और प्रचालन सन् 1965 में किया गया। इसके अलावा इस केंद्र में मिशन नियंत्रण केंद्र है। नासा का यह वह नियंत्रण केंद्र है, जो सभी अमेरिकी अंतरिक्ष उड़ानों का मॉनीटरन करता है तथा उन्हें आवश्यक सहयोग प्रदान करता है। यह सभी स्पेस शटल उड़ानों तथा अंतरराष्ट्रीय अंतरिक्ष स्टेशन अल्फा के अंतरिक्ष-यात्रियों को मिशन निर्देश देता है। यह केंद्र न्यू मेक्सिको स्थित ह्वाइट सैंड्स मिसाइल रेंज को दिशा-निर्देशन और प्रचालन के लिए भी उत्तरदायी है।

नासा के अंतरिक्ष-यात्रियों को प्रशिक्षण इस केंद्र के सोनी कार्टर प्रशिक्षण सुविधा में दिया जाता है। यहाँ की 'न्यूट्रल बायोंसी प्रयोगशाला' में अंतरिक्ष-यात्रियों को स्पेस वॉक का भी प्रशिक्षण दिया जाता है।

झ. मार्शल अंतरिक्ष उड़ान केंद्र—यह केंद्र नोदन (प्रोपल्शन), स्पेस शटल नोदन (प्रोपल्शन), शटल बाह्य ईंधन टैंक, अंतरिक्ष-यात्री प्रशिक्षण और नीतभार अंतरराष्ट्रीय अंतरिक्ष स्टेशन के डिजाइन और निर्माण में, कंप्यूटर नेटवर्क तथा सूचना प्रबंधन क्षेत्र में अग्रणी और प्रतिष्ठित केंद्र है। यह केंद्र अल्बामा के हंट्सविले में रेडस्टोन अर्सेनल में स्थित है। इसका नामकरण जनरल जॉर्ज मार्शल को सम्मान देने के लिए रखा गया था। इस केंद्र में शटल मिशन प्रचालन केंद्र भी है, जिसे 'हंट्सविले प्रचालन सपोर्ट केंद्र' कहते हैं तथा यह एक सुविधा है, जो कैनेडी

चित्र 9.12 : नासा का लांगले अंतरिक्ष अनुसंधान केंद्र।

स्पेस सेंटर की शटल प्रमोचन और नीतभार एवं परीक्षण गतिविधियों को सपोर्ट प्रदान करती है। यह अल्फा स्टेशन से संबंधित गतिविधियों को भी सपोर्ट प्रदान करती है।

ट. एडवर्ड्स वायुसेना बेस—यह वासुसेना बेस कर्नकाउंटी और लॉस एंजेलिस काउंटी की सीमा पर रोसामंड से 7 मील की दूरी पर स्थित है। इसका प्रारंभिक नाम 'म्युरोक थलसेना एयरफील्ड' था; लेकिन 8 दिसबंर, 1949 को इसका पुनः नामकरण किया गया। यह नामकरण कनाडा मूल के टेस्ट पायलट ग्लेन एडवर्ड्स को सम्मानित करने के लिए किया गया। इसका विशाल क्षेत्रफल और सारे वर्ष अच्छे मौसम के कारण इस बेस का फ्लाइट टेस्टिंग की दृष्टि से विशिष्ट महत्त्व है। यहाँ अमेरिका का टेस्ट पायलट स्कूल भी है तथा नासा का 'ड्राइडेन फ्लाइट रिसर्च सेंटर' भी यहाँ है। खराब मौसम के कारण अंतरिक्ष-यात्री सुनीता विलियम्स को लेकर अंतरिक्ष से आ रही अटलांटिस स्पेस शटल को एडवर्ड्स वायु सेना बेस पर उतारा गया था। 9 अगस्त, 2004 को डिस्कवरी स्पेस शटल की उड़ान एस.टी.एस.-114 भी इसी बेस पर लैंड की थी।

चित्र 9.13 : नासा की जेट प्रॉपल्सन प्रयोगशाला, कैलीफोर्निया।

कॉमनवेल्थ ऑफ इंडिपेंडेंट स्टेट्स (सी.आई.एस.)/पूर्व सोवियत संघ (यू.एस.एस.आर.)

सी.आई.एस. का गठन दिसंबर 1991 में किया गया। सी.आई.एस./यू.एस.एस.आर. के अंतर्गत निम्न केंद्र आते हैं—

क. बेकानूर/ट्युराटम—रूस का बेकानूर कॉस्मोड्रोम विश्व का सबसे पुराना और विख्यात प्रमोचन स्थल है। अंतरिक्ष-विज्ञान के क्षेत्र का यह बहुत महत्त्वपूर्ण स्थल है। यहाँ से विश्व का प्रथम कृत्रिम उपग्रह (स्पुतनिक-1), प्रथम जानवर (लाइका कुतिया), प्रथम मानव (यूरी गगारिन), प्रथम महिला (वैलेंतीना तेरेस्कोवा), प्रथम अंतरिक्ष स्टेशन (सैल्युट-1), अंतरराष्ट्रीय अंतरिक्ष स्टेशन का प्रथम अवयव (जरया) तथा विश्व के प्रथम, द्वितीय, तृतीय, चतुर्थ एवं पंचम अंतरिक्ष पर्यटक अंतरिक्ष में प्रमोचित किए गए। बेकानूर प्रमोचन कांप्लेक्स में नौ प्रमोचन स्थल हैं (15 पैडों के साथ)। यह एकमात्र अकेला कॉस्मोड्रोम है जो प्रोटान, जेनिट प्रमोचन यानों को सपोर्ट देता है।

ख. कपूस्टिन यार

ग. प्लेसेत्स्क

घ. स्वोबोड्नी।

फ्रांस

कोरू—यह फ्रांस का स्पेस पोर्ट है तथा विश्व का अत्यधिक महत्त्वपूर्ण प्रमोचन स्थल है। यह कोरू में स्थित है। कोरू में प्रमोचन सुविधा को विकसित करने का निर्णय फ्रांस द्वारा सन् 1964 में लिया गया। प्रारंभिक निर्माण कार्य सन् 1968 में पूरा किया गया। कोरू से 'एरियन-1 रॉकेट' की प्रथम उड़ान नवंबर 1971 में संपन्न हुई। इसके बाद कोरू विश्व की व्यावसायिक अंतरिक्ष गतिविधियों का केंद्र बन गया। 'एरियन-2' और 'एरियन-3' रॉकेटों से अंतरिक्ष में प्रमोचन सन् 1984 में प्रारंभ हुआ तथा 15 जून, 1988 को 'एरियन-4' की उड़ान यहीं से हुई। इसके बाद 'एरियन-5' रॉकेट से अंतरिक्ष प्रमोचन का सिलसिला यहाँ से प्रारंभ हुआ। कोरू प्रमोचन स्थल की सबसे विशेष बात यह है कि यह भूमध्य-रेखा के अति समीप (5.2 डिग्री उत्तरी अक्षांश) स्थित है। इसलिए यहाँ से प्रमोचन में रॉकेट को पृथ्वी के घूर्णन का पूरा लाभ मिलता है।

ऑस्ट्रेलिया

ऑस्ट्रेलिया में प्रमोचन सुविधाएँ वूमेरा स्थल पर विकसित की गई हैं।

ब्राजील

ब्राजील में अंतरिक्ष प्रमोचन सुविधा अलकंटारा में स्थित है। यह अटलांटिक समुद्र के किनारे स्थित है (साओ लुइस के बाहर)। इसे फरवरी 1990 में प्रचालनीय घोषित किया गया। इस प्रमोचन-स्थल पर साउंडिंग रॉकेटों, मौसम-विज्ञानी अध्ययन रॉकेटों और अन्य वैज्ञानिक प्रमोचन यानों के प्रमोचन पैड स्थित हैं। पृथ्वी की भूमध्य-रेखा के समीप होने के कारण यहाँ से प्रमोचित यानों को केपकेनेवरल अंतरिक्ष प्रमोचन सुविधा की तुलना में पृथ्वी के घूर्णन का 25 प्रतिशत अधिक लाभ मिलता है।

इटली

इटली के प्रमोचन-स्थल का नाम 'सॉन मार्को' है। यह रेंज ऑपरेशनल

स्थिति में है तथा इस प्रमोचन-स्थल का दूरादेश और दूरमिति तंत्र यूरोपीय अंतरिक्ष संस्था के ठेके में है। यह रेंज सन् 1966 में ऑपरेशनल हो गई थी तथा 1976 के मध्य में यहाँ से आठ उपग्रह प्रमोचित किए गए थे। यह प्रमोचन स्थल भी भूमध्य-रेखा के काफी समीप 2.9 डिग्री दक्षिणी अक्षांश पर स्थित है।

इजराइल

इजराइल के अंतरिक्ष प्रमोचन स्थल का नाम 'पाल्माचिम' है तथा यह तेल अवीव के दक्षिण में पाल्माचिम वायुसेना बेस के पास स्थित है।

जापान

जापान में दो अंतरिक्ष केंद्र हैं, जो इस प्रकार हैं—

1. **कागोशीमा अंतरिक्ष केंद्र**—यह प्रशांत महासागर के पास स्थित है। जापान के प्रथम छह उपग्रहों का सफल प्रमोचन यहीं से किया गया था। सन् 1995 के अंत में 21 कक्षीय प्रमोचन किए गए, जो सफल रहे। इसी स्थल पर फरवरी 1962 में साउंडिंग रॉकेट के प्रमोचन की साइट का विकास किया गया। तथा बाद में वैज्ञानिक उपग्रहों के लिए इसे एम-प्रकार के प्रमोचन यानों के लिए भी विकसित किया गया।
2. **टानेगाशीमा अंतरिक्ष केंद्र**—यह अंतरिक्ष केंद्र (कक्षीय प्रमोचन सुविधा) टानेगाशीमा उपमहाद्वीप के दक्षिणी छोर पर टोकियो से 1,000 कि.मी. दक्षिण-पश्चिम में स्थित है।

चीन

चीन के तीन प्रमुख अंतरिक्ष केंद्र हैं, जो इस प्रकार हैं—

1. **जिउकुआन उपग्रह प्रमोचन केंद्र**—इसका निर्माण गोबी रेगिस्तान में सन् 1960 के प्रारंभ में किया गया तथा यह बीजिंग से 1600 कि.मी. दूर है।
2. **क्सिचैंग उपग्रह प्रमोचन केंद्र**—यह प्रमोचन स्थल भू-स्थिर उपग्रहीय मिशन के लिए काफी उपयोगी है।
3. **तेयुआन उपग्रह प्रमोचन केंद्र।**

□□□